江苏高校品牌专业建设工程项目成果
江苏省高等学校重点专业建设项目成果

法学教育评论

第四辑

新时代卓越法治人才培养与法学教育创新

夏锦文／主编
菅从进　张　波／执行主编

LEGAL EDUCATION REVIEW VOLUME 4
TRAINING EXCELLENT TALENTS IN THE NEW ERA AND
MAKING INNOVATIONS IN THE FIELD OF LEGAL EDUCATION

法律出版社
LAW PRESS · CHINA

序　言

法学教育是一个国家法治建设的基础性工程,其主旨在于培养治国理政和从事法律职业的优秀人才。建设社会主义法治国家,离不开一支高素质的法治人才队伍。健全法治人才培养机制,立德树人,德法兼修,培养大批高素质法治人才,是我国法学教育的时代使命。

改革开放以来,我国法学教育进入一个快速发展的时期,经过四十多年的恢复、改革与发展,逐渐形成了办学层次结构多元、综合素质教育与职业教育相结合、学科部门领域齐全的法学教育体系,基本适应了建设社会主义现代化国家的需要,为全面依法治国和世界法治文明作出了重要贡献。随着法治中国建设的全面推进,市场经济进一步规范化、法治化,社会事务的处理逐步纳入法治轨道,提高法律人才培养质量,培养更多面向社会发展需要的应用型、高层次法律人才,充分发挥法学教育的基础性、先导性作用,为加快建设社会主义法治国家提供强有力的人才保证和智力支撑,成为深化高等法学教育改革的重要内容。

江苏法学教育基础深厚、底蕴悠长。在长期的历史发展中,江苏法学教育始终秉承开放务实的人才培养理念,坚持以社会需求为导向、以实践应用为基础、以能力提升为内容的法学教育模式,培养出大批思想信念坚定、基础理论厚实、知识结构合理、实践能力突出的优秀法治人才。同时,江苏区位优势明显,市场经济发达,社会治理法治化程度较高,也不断催生出体现学科交叉融合、区域法治特色的复合型法律人才培养模式。在此基础上,江苏省法学会法学教育研究会于2012年成立,旨在搭建法学教育领域理论研究、实践交流的高端平台,为推进法学教育改革总结经验、汇聚力量。经过近几年的不断努力,我们已经在卓越法律人才培养机制、法律实践性教学、法学教育与法律职业的融合、"互联网+"时代的法学教育、高素质法治人才培养与法学教育改革等领域取得了重要的研讨成果,形成了一批具有区域特色的法学教育成果。鉴于此,我们在2016年年底决定出版《法学教育评论》,借此载体,汇理论之共识,传育人之经验,进一步推进法学教育改革创新和法治人才队伍建设,加强法学教育、法学研究和法治实践之间的深入交流,为我国的法学教育事业做出自己的贡献。

我们将始终坚持关注法治人才培养,面向中国法治实践,立德树人、德法兼修的教育理念,聚焦中国法学教育的创新问题、实践问题和发展问题。

所谓创新问题,是指法学教育要具有改革精神和创新思维,体现法治人才培养满足社会发展需要的教育理念。鼓励和提倡结合自身优势、优化已有资源、强化特色发展,实现差异化竞争。高校法学教育要面向法治建设实践,准确把握经济社会发展趋势,积极调整自身的人才培养模式、专业结构设置等内容,培养在职业技能、法律思维、职业伦理等方面契合社会发展需要的法治人才。法学教育应该对这一问题保持高度的关注并予以不断探索,唯有如此,才能提高法治人才培养的竞争优势。

所谓实践问题,是指法学教育在坚持知识教学的同时,要强化实践教学,并处理好二者关系。习近平总书记在视察中国政法大学的讲话中指出,法学学科是实践性很强的学科,法学教育要处理好知识教学和实践教学的关系;要打破高校和社会之间的体制壁垒,将实际工作部门的优质实践教学资源引进高校,加强法学教育与法治实践之间的交流。法学所具有的强烈的职业背景决定了它是一门应用性学科,具有较强的实践性特点,法学教育应该培养应用性、实践性法律人才。法律职业素养的养成,法律语言的掌握,法律思维的形成都是一个培育、积累和训练的实践过程。而法律职业技能如人际沟通能力、法律文书写作能力、鉴别和运用证据能力、发现和适用法律的能力,都必须通过严格的训练才能习得和提升。我们认为,必须要强化法学教育的实践导向,形成完善的实践教学体系,以明确的实践教学规范保证教学效果,提高学生的法学实践能力。同时,也要重视协同创新,强化资源整合意识,通过与法律实务部门合作、资源共享,形成开放性的协同创新机制,突破高校与实务部门之间的壁垒,有效提升法学教育与法律职业之间的契合度,提升法学教育的整体水平。

所谓发展问题,是指要全面关注法学教育在新时代所呈现的规律、面临的挑战以及发展的动向。新时代的法学教育要在体现与时代发展主要命题相同步的人才培养理念的指引下,优化管理制度、办学条件、师资队伍、学科建设,以及教学内容和手段等,使其在各方面都有适应新时代要求的跨越式发展。

秉持着前述培养理念,及时地反映江苏法学教育的最新研究成果,《法学教育评论》在2017年、2018年、2019年连续出版三辑后,2020年出版第四辑。第四辑的研究主题为卓越法治人才2.0背景下法学人才培养及一流专业建设问题。围绕该主题,江苏省内法学教育工作者分别探讨了新文科视野中的法学教育、新时代卓越法治人才司法实践能力培养路径、现代信息技术在高校法学教育中的运用、法律硕士专业学位顶岗实习模式、卓越法学人才培养的标准及其实施路径等一系列问题，形成了较为丰富的法学教育研究新成果。

《法学教育评论》（第四辑）将继续沿袭前三辑的出版理念，关注法学教育研究的思想性、前瞻性和实践性问题，致力于推进理论创新、制度创新和实践创新，促进法学教育研究成果的出版、推广和应用转化，以地方性实践，为我国法学教育汇聚智慧力量，拓展更多的发展空间。

夏锦文

二〇二〇年五月

目　录

新时代卓越法治人才司法实践能力培养路径研究

——以民事指导性案例研习为视角

陈　清*

(江苏师范大学法学院)

摘　要:作为法律渊源的民事指导性案例,以创新法律解释的方法,统一着司法裁判。将民事指导性案例运用于卓越法治人才培养,有助于提升法科学生的法治信仰、思辨思维、逻辑推理以及语言表达能力。通过民事指导性案例中的法律发现、法律解释、法律推理、法律论证,培养学生更广阔的法治视野、更自信的法治情怀、更严谨的法治思维、更娴熟的法治技巧。

关键词:卓越法治人才　民事指导性案例　司法实践能力

法律的生命在于实施,法律唯有在实施中方能彰显其作为社会规则的价值。作为研究法律现象的法律科学以其显著的实践性,为学界所共识。2018年,教育部、中央政法委下发《关于坚持德法兼修实施卓越法治人才培养计划2.0的意见》(以下简称《卓越人才计划2.0版》),明确指出"重实践,强化法学教育之要"。[1] 故各地高校在法学人才培养过程中应持续关注学生实践能力的提升,而不能再仅仅停留于纸面法律的教学。作为法律实施重要载体的司法实践,也就顺理成章地成为法科同学的研习内容。在很长一段时间内,各地高校在法律人才培养中围绕司法实践能力提升作出大量有益尝试,其中就包括模拟法庭、法律诊所、法学见习等。[2] 但需要注意的是,司法实践所形成的丰硕

---

* 陈清,讲师,法学博士,硕士研究生导师,研究方向为民法学。

〔1〕《卓越人才计划2.0版》,是新时代法学教育改革的纲领性文件,载法制网:http://www.legaldaily.com.cn/Education_Channel/content/content_7856741.html,最后访问日期:2019年8月24日。

〔2〕坐落在江苏徐州的江苏师范大学法学院,是2016年年初成立的年轻学院,其实践教育早已颇具特色,基本形成了法律诊所、法律援助、模拟法庭三位一体的模式。其中学生代理的许多案件先后被《人民法院报》《中国教育报》《江苏法制报》中央电视台今日说法、中国教育电视台、中国法院网等媒体报道。

成果,尤其是指导性案例,在法学教育中被忽略,这严重制约着学生司法实践能力的提升。

一、民事指导性案例的功能与定位

(一)民事指导性案例与法院公报案例

指导性案例的前身可追溯至最高人民法院于1985年颁布的法院公报案例,现如今已成为颇具中国特色的法律术语,为法律人所熟知。相比于早期的公报案例,指导性案例具有以下一些特征:第一,发布的主体更广泛。发布的主体已扩展到最高人民法院、最高人民检察院、公安部,截至目前,最高人民法院已发布22批次,最高人民检察院已发布14批次,公安部发布的指导性案例由于未对外公开无从统计。[1] 第二,发布的案例更经典。由于案例课以指导司法裁判为重任,因此,所遴选的案例较以往更为严格与谨慎,体现着示范功能。第三,发布的案例具有鲜明的时代特色。司法审判除了具有定分止争的个案裁判功能,还应具有引领社会价值导向的使命。2018年,最高人民法院为了深入贯彻"法治德治一体化"战略,一次性公布弘扬社会主义核心价值观的十大指导性案例,对于积极回应民众关切、统一社会认知具有重大的时代意义。由此可见,指导性案例在中国已具备规范、指引、教育的全套法律功能,是展示新时代司法裁判成果的重要窗口。

值得注意的是,指导性案例中民事类的占比最高,这不仅是源于民事案件受理基数大,更凸显了民事案件的裁判难。随着近年来司法改革的深入,各地法院在解决"立案难"的同时,也助推了民事案件立案数量的井喷式增长。根据最高人民法院发布的《2017全国法院司法统计公报》中数据显示,2017年全国各级法院受理民事案件为13063235件,占整个案件受理数量的57.8%。[2] 即便在法院内部机构持续优化的背景下,民事案件的审理压力仍然巨大。与此同时,民事案件审判还存在价值权衡难的问题。民事案件的双方当事人法律地位平等,需要受到司法同等保护,正如孟德斯鸠所言"在民法慈母一般的眼神里,每个人就是整个国家"。但事实是,在市场经济条件下,每个人都是自身利益的最佳判断者,诉讼利益的坚定捍卫者,因此,要想在个案中实现真正的司法公正需要极高的司法智慧。司法公正既是主观的,又是客观的。但从客观上讲,司法公正是主观的。为了统一司法裁判尺度,维护法治权威,民事类指导性

---

[1] 为贯彻中央政法委《关于探索建立案例指导制度工作方案》的精神,公安部早在2010年以公法〔2010〕661号发布了《关于建立案例指导制度有关问题的通知》,但笔者并没有公开检索到相关的指导案例。

[2] 《中华人民共和国最高人民法院公报》,最高人民法院办公厅出版,2018年第4期。

案例应运而生,人们通过其探究司法实践的规律意义重大。

(二)民事指导性案例与判例法

我国民事指导性案例与西方判例法是分别植根于两大法系的不同制度,切莫混为一谈。众所周知,判例制度是英美法系的重要标志,故人们在很多时候习惯于将英美法系称为"判例法系",足以见得判例法在英美法系法律文化中的符号意义。在我国,围绕是否可以实行判例制度,学界认识不一。在两大法系高度融合、大陆法系纷纷借鉴英美法的背景下,有些学者乐观地认为判例制度在中国立足生根并不遥远。但学界主流观点对此并不看好,主要源于法律文化与政治文化一脉相承性,在政治制度截然不同的东西方,并非所有的制度都可随意地逾越与效仿。判例制度是西方三权分立政治模式在司法领域的展现,是允许法官造法的生动体现,在以人民代表大会制度为根本政治制度的中国,判例法缺乏基本的生存土壤与空间。

据笔者观察,法官在司法裁判中所形成的判决,对司法实务的影响主要有三种路径:第一,仅具有指导意义;第二,拥有解释法律的功能,具有法律强制力;第三,不仅可以解释法律的内涵,而且可以创制新的法律原则及规则。英美法系实行的判例法显然属于第三种情形,即法官可以造法。我国现行的指导性案例则属于第一种情形,其目的是避免"同案不同判问题"的发生。尽管指导性案例中的判决不具有法律上的强制力,但并不意味着它们在司法实践中就不发挥事实上的约束力。发布这些指导性"案例"的最高人民法院、最高人民检察院、公安部显然不允许本系统内针对同一案件作出不同裁判或处理意见情况的发生。违背指导性案例进行裁判或处理的法院、检察院、公安上级单位完全可以通过行使撤销权(或监督权)来维护本系统内司法裁判尺度的统一性,由此形成的"隐性强制力"在中国司法实践中不可忽略。为了缓和指导性案例制度理论与实践的分离、加强指导性案例制度与判例制度融合,笔者认为,第二种路径或许是我国指导性案例制度的未来与出路。根据1981年6月全国人民代表大会常务委员会《关于加强法律解释工作的决议》规定,全国人民代表大会常务委员会授权司法机关行使司法解释权,最高人民法院、最高人民检察院在审判和检察工作中遇到具体法律问题可以进行解释。[1] 指导性案例完全可以在创新司法解释方式的过程中实现新的价值与使命。

(三)民事指导性案例与民事法律渊源

"法律渊源"一词,既有实质意义的含义,又有形式意义的内容,前者是在本质上探究法律的起源,后者仅仅关注法律的表现形式,即法律规范究竟以一

---

[1] 卓泽渊主编:《法理学》,法律出版社1998年版,第367页。

种什么样的方式呈现于世人的面前。由于前者实属法的本质范畴,故今天人们在提及法律渊源时,一般均指后者,本文所说的民事法律渊源也是如此。民事法律渊源的探究,在很大程度上是为司法裁判工作服务的,是为法官适法寻找明确的依据,在法律适用中是一项基础性、前置性工作。

2017 年《民法总则》第 10 条关于民法法源的规定在中国大陆立法史上是一个创举,因为之前对此并未有所涉及。就全世界范围而言,用一个条文对民法的法源进行厘定也屈指可数。[1] 然而,《民法总则》第10 条的出台也引发了学界关于民法法源是否已经穷尽的思考。换言之,以民事指导性案例为代表的"其他"是否可以能够作为民法的渊源,能否在法官裁判案件中得以援引使用?

笔者的回答是肯定的,原因有二:第一,民事案件的普适性,造就了民法渊源的开放性。西方社会一直流传着"法官不得拒绝裁判"的古老法谚。[2] 18世纪伟大的法国思想家孟德斯鸠在其名著《论法的精神》一书中曾写道:"法律明确时,法官应遵循法律;法律不明确时,法官则应该探究法律的精神。"[3] 为了在立法上实现这一目标,《瑞士民法典》第 1 条、我国台湾地区"民法典"第 1 条都建立涵盖成文法、习惯、法理、惯例等在内的开放法源体系。虽然我们在立法上没有如此遵循,但鉴于对"法官不得拒绝裁判"精神的坚守,中国司法审判也应保持民法法源的开放性。第二,从理论上说,民法的渊源,既包括正式意义上渊源,也包括非正式意义上渊源,前者是具有法律上的强制力,后者仅有参考价值。依最高人民法院 2010 年 11 月 26 日发布《关于案例指导工作的规定》(以下简称《规定》)第 7 条之规定,最高人民法院发布的指导性案例,各级人民法院审理类似案例时应当参照。民事指导性案例从设立之初,就被赋予了非正式意义上法律渊源的地位。

由此可见,在研习民法过程中,既需掌握形式意义上的民法,又要把握实质意义上的民法;既需掌握民法的正式渊源,又要把握民法的非正式渊源。唯有此,方能真正领会现代民法的精神。

二、民事指导性案例与卓越人才司法实践能力的培养

全面依法治国是个系统工程,但核心是人的培养,尤其是信仰法治、践行法治、维护法治的卓越法律人的培养。客观地说,自 1997 年党的十五大提出依法

---

〔1〕 杨立新:《从民法通则到民法总则:中国当代民法的历史性跨越》,载《中国社会科学》2018 年第 2 期。

〔2〕 在司法实践中的民事审判呈现三大显著特点:一是多元化的法源;二是盖然性的证据规则;三是允许类推适用。

〔3〕 [法]孟德斯鸠:《论法的精神》,钱逊编译,人民日报出版社 2008 年版,第 183 页。

治国方略以来,中国的法学教育出现了“大跃进”式的发展,一度全国的法学专业设置高达五百余家之多。数量的快速增长,并没有带来质量的显著提升,在很长时间内法学专业都成为全国的“亮红牌”专业,就业形势一直排名垫底。冷极生静,痛定思痛,全国高校开始出现被迫停招或主动裁减,但法学专业的就业压力仍没得到根本缓解。在西方社会令人无限向往的优势专业在中国竟然沦落到如此的地步,不禁令人唏嘘。究竟原因,笔者认为,中国的法学教育出现了脱离法律实践的严重问题,法学教育忽视了卓越法治人才应具有能力的培养。在人工智能快速发展的今天,倘若法科人才的培养仍停留在原先“知法、懂法、守法”的位阶上,我们所培养的人才被社会淘汰或抛弃的速度将会比历史上任何一个时期都要来得快。因此,通过民事指导性案例的引入,全面提升法科人才培养层次、磨炼法科人才司法实践能力已变得相当紧迫。

(一)民事指导性案例与法治信仰能力的培养

由于中国的法治起步较晚,以至于在国人的内心深处缺乏对本土法律的道路自信、制度自信、文化自信。在很长一段时间内,我们发现,法科同学的论文陷入一种“现行立法缺陷——国外先进立法例——完善我国立法建议”的自我否定泥潭。在千疮百孔、残缺不全的思想与情绪中,我们的法科教育很难构建起同学们对于中国法治的信仰。一旦这种法治信仰的缺失,必将成为法治建设中的负面能量,也无法培养出能够真正践行法治、维护法治的法律人。事实上,我们的立法在广泛借鉴西方经验的基础上,已经形成了具有鲜明“中国元素”的法律体系。我们的法律已经开始摆脱了唯某一个国家或地区的法律至上的阶段,正式由“照着讲”到了“接着讲”的阶段。[1] 这种道路自信、制度自信、文化自信,不仅源于改革开放近四十年来西学东渐的求学过程,更源于我们已经探索出一套适合于弥补成文法局限性的方法论,即法律解释学。在2017年《民法总则》刚刚通过之际,学界对其批评的声音还是相当尖锐,甚至有些学者对某些条文进行了否定性评价。需要明确的是,法律它并不是艺术品,它是国家利益和意志的体现,在立法过程中不可避免地会出现一些调和、会受到一定限制。一旦制定通过,我们就必须无条件地去爱护它、守护它。

民事指导性案例客观上给我们打开窥视中国法律规范、法律制度乃至法律原则的窗口,让我们每个法律人能够在个案中感受到法律体系的自给自足性。诚然,这种目标的实现,是通过无数种法律解释方法的适用而实现的。民事指导性案例中法律适用的过程,呈现“万花筒”般的奇妙,或扩大、或限缩、或体系、或目的、或利益衡量等,无不彰显出法律自身强大的生命力。实践证明,所

〔1〕 王轶:《民法原理与民法学方法》,法律出版社2009年版,第3页。

有的质疑都能通过法律的适用进行有力回应,指导性案例中法律解释的成功运用,既维护了法律的权威与尊严,又妥当地处置了纷繁复杂的个案。面对一个个鲜活的案例,法科人对自己法律的信仰终究会在潜移默化中慢慢地建立。客观地说,法治信仰的建立,绝不可一蹴而就,更不能通过简单枯燥的说教去实现,法科的研习者,在无法成为法律适用者之前,至少可以成为法律适用的见证者,见证着中国法律体系的自给自足,见证着中国法治的道路自信、制度自信与文化自信。

(二)民事指导性案例与思辨思维能力的培养

法律作为思辨之术,处处闪烁着思辨的光芒,因此,思辨能力是法律人极其重要的生存素养。传统法科教学模式下思辨思维能力的培养主要是通过辩论赛、小型的案例讨论去完成。然而,由于辩题选择、参与者辩论技巧等诸多因素的限制,往往很难达到预期的效果,对学生思辨思维能力的培养作用甚微。一个好的辩题,需要给双方参与者旗鼓相当的回旋空间,绝不能出现一边倒的情况。再者,在辩题的设计上要逼迫当事方狭路相逢勇者胜,绝不允许双方画地为牢、各说各的理,即所谓的"只论不辨"。在过往的诸多教学环节设计中,我们都多少带有一些理想主义或浪漫主义的情怀。以撰写毕业论文为例,原本是为了检测法科同学综合素养的"试金石",现如今已沦为法学教育的"鸡肋",以至于很多专家学者呼吁索性取消,这不仅是源于毕业论文写作本身的明显形式化,更源于论文答辩过程的严重偏离化。[1] 论文答辩本来是既有"答"又有"辩"困兽场,本应是思想碰撞的战场,而如今则变成和气生财的温床,法律人之间最后一次思辨交锋机会就这样皇而堂之地失去。

民事指导性案例的出现,可以真实再现慷慨激昂的交锋现场,在厘定的双方争议焦点框架内,原被告双方以及第三人围绕法律与事实展开针锋相对的对抗。在司法个案的处理中,法律人通常无法选择当事方,故面对任何个案,卓越的法律人都应拥有"左手打右手"的功力。在现实的民事案件代理中,原被告双方当事人的思辨空间几乎不可能像辩论赛题那样旗鼓相当,在此等情形下辩论技巧与方法就显得尤为重要,而娴熟的技巧与方法则需要通过实战去日积月累的磨炼。作为居中裁判的法官,同样需要拥有超强的思辨能力。如果我们将原被告双方及其委托人比作赛场运动员,那法官则是主宰比赛的裁判。在对抗式庭审模式之下,法官承担着组织庭审、维护庭审的重任,很大程度上影响着庭审的精彩度与观赏性。法官必须处于超脱的法律地位,拥有抽丝剥茧的思维能力,在双方缜密的思辨体系中,求同存异,实现独立理性的思维判断。所有的这

---

〔1〕 王瑜岭:《论法学本科毕业论文质量的提高》,载《黑龙江省政法管理干部学院学报》2013年第4期。

一切在传统的辩论赛与案例讨论中是无法模拟与实践的，而指导性案例则给予法律人一个全真的司法实践环境。

（三）民事指导性案例与逻辑推理能力的培养

毋庸置疑，法律人需要具有严密的逻辑推理能力，但如何培养法科生的这种能力则莫衷一是。近年来，各地高校纷纷通过开设《逻辑学》《高等数学》等课程来引导同学们进行逻辑推理的训练，但通识意义的逻辑思维训练与专业的法律逻辑推理尚存一定距离，故训练的效果也并不明显。法律上的逻辑必然涉及事实的认定与法律的适用，而两者恰恰是司法裁判的核心。权衡两要素在司法裁判中的权重，笔者认为，事实的认定往往更依赖于逻辑推理能力的运用。诉讼中认定的事实属于法律事实，而非客观事实，若要想让法律事实无限度地接近客观事实，当事方就必须提供足够多的证据来予以支撑。故每一个案件的处理，法律人都必然面临着大量证据材料的甄别与取舍，伴随其后的工作便是构建起相关证据链条，或确定无疑或高度盖然。逻辑推理能力常常与经验主义相伴而生，但又绝非是简单的生活经验再现，但恰当的逻辑推理训练可让经验主义者更专业。[1] 如前所言，法律适用的本质即法律解释，无论采取何种解释方法都必然随着逻辑推理的运用。在我国民法典正式生效之后，探究立法真意，实现规范体系和谐统一，逻辑推理仍将继续发挥重要作用。[2]

案例指导所呈现的内容完全涵盖了法律逻辑的三种形式，即演绎推理、归纳推理、类比推理。研习任何一个指导性案例，都能深刻地感受到每一种法律推理的运行轨迹。在判决书的最后部分，演绎推理实现了法律与事实的有机结合。在传统思维中，人们通常会将演绎推理中的“三段论”视为法律推理的低级形式。而事实上，大前提与小前提的水乳交融、浑然一体并非想象般的那般简单。由于所有的判决终将以演绎推理而结束，故其对当事方的影响重于泰山。归纳推理是位居中段的推理形式，其在指导性案例中主要体现于法律事实的认定与双方争议焦点的归纳等环节。归纳推理一方面帮助法律事实从众多谜团中脱颖而出，让案件的来龙去脉越发清晰；另一方面帮助尚存争议的疑点逐渐浮出水面，供双方当事人进一步凝聚共识。归纳推理在案件审理过程中会起着承上启下的作用，为演绎推理与类比推理的适用奠定了坚实的基础。类比推理，俗称找规律或求同存异，通说认为是三种推理形式中层次最高的，它通过需要寻找案例、判断事实的相同点与不同点以及判断重要程度三个步骤去完

---

〔1〕 英美法系的陪审制度，在适用范围上主要限于事实的认定，而法律的适用则交给专业的法官去判断。与此同时，在英美法系中，陪审员的产生有一套严格的遴选制度。

〔2〕《民法典》已由2020年5月28日第十三届全国人民代表大会第三次会议通过。

成。由于其能够保证相同的案件得到相同的处理,故在司法实务中被广泛地适用,[1]英美法系的判例法与我国的指导性案例均可被视为类比推理的重要成果与载体。

(四)民事指导性案例与语言表达能力的培养

法律职业在本质上属于服务业,因此我们习惯于将其从业者称为“法律服务人员”,法律服务的从业人员应具备良好的语言表达能力。在传统的法学教育模式下,我们的培养目标可能更偏重于语言表达中“说”的训练。坦率地说,这种能力的训练也通常源于学生的自发行为,我们在校园内总能看到最活跃的法科同学身影,他们积极投身各种比赛活动、社团活动、实践活动,其沟通协调能力、口语表达能力的优势有目共睹。然而,语言表达的载体除了“说”之外,还应该包括“写”。在当代法学教育里,学生完成一篇优秀的论文或文书尚存在困难,这种困难不仅体现在本科生教育,甚至蔓延到研究生培养。我们在指责他们论文写作不规范、文书写作不专业时,是否需要扪心自问,我们的教学教过给他们什么样的写作技巧与方法,我们的教学设置了什么样的训练课程与环节。客观地说,写作能力的培养需要一个循序渐进的过程,在功利主义的当下,很难为人们所重视,长此以往,原本是“练与写”的良性互动却演变为恶性循环,现如今,写作能力欠缺成为法律人才最为突出的短板。

相比较于专业的学术论文,民事指导性案例因其具有故事情节性、贴近生活性等优势更容易被初学者所接受。由于是经过遴选的案件,其对学生写作的示范作用毫不逊色于专业的学术论文。近年来,由于最高人民法院、最高人民检察院、公安部均强化了法律文书撰写的说理性,故展现在法律人面前的民事指导性案例就兼具学术论文的专业性与公文文书的精致性的特质。笔者认为,它至少给研习者提供三个角度的学习机会:其一,资料检索的准确性。一个优秀的指导案例一定经过广泛地资料检索,其范围必然涉及理论性的学术论文和公开的裁判案例。不以前人已有的成果为基础,是很难形成高质量的文书范本。检索资料,在信息化的今天,似乎对于很多人来说,并不应该很难。但笔者曾经以“破产程序中法定优先受偿权的实现”为主题,委托十位同学做相关内容的资料检索,在给定检索数据库为“中国知网”和“中国裁判文书网”的前提下,十位同学的检索结果却相差甚远。这足以说明,检索数据库、查找基础资料仍然存在技巧与方法的问题。其二,语言的舒适性。任何思想与信息的传播都

[1] 类比推理作为案件处理中一种重要的思维方式,在民事案件中被广泛地适用,但因其也存在明显的局限性,故在刑事案件、行政案件中需要谨慎使用。

离不开语言这一工具，正如海德格尔曾经说过“语言是法律存在的根基”。[1]准确、精练的语言表达是法律文书的基本定位，但每一篇法律文书也必将彰显着执笔者的独特人格，正所谓“文如其人”。茨威格特在《比较法总论》总论中就曾写道“我们在诵读《法国民法典》时候，就能够清晰地感受到拿破仑的参与使法典渗入他那种伟大气魄。”[2]其三，问题的针对性。有了真正的问题导向，写作方能做到有的放矢，创作才会变得真正有意义，盲目性的选题造成了无数无病呻吟式的创作成果。事实上，真正的选题来自司法审判中遇到的难题，通过著书立说解决实务难题实为卓越法律人应有的社会担当。

三、民事指导性案例融入司法实践能力培养的路径构想

(一)通过民事指导性案例中的法律发现，培养学生更广阔的法治视野

由于大陆法系国家的司法活动须以事实为依据，以法律为准绳，因此，司法裁判在本质上就是完成事实判定与法律发现的过程。事实判定的复杂性显而易见，除了需要遵循民事诉讼的证据规则要求之外，尚需经验主义乃至自由心证的辅佐。然而，法律发现亦非一帆风顺，这其中既有成文法系共性的原因，更有民法作为万法之母的自身原因。作为权利法，民法肩负着对抗公权力侵蚀与介入的使命；作为私法，民法肩负着预防与处理一切私主体利益冲突的重任；作为市民社会基本法的民法，应具有比其他任何部门法更为广阔的法律视域。[3]一切调整私人利益关系的规则，只要没有僭越公共利益，均应被纳入民事法律发现的范畴。民事司法活动，不仅要在为立法者所明定的成文法规范中去寻找个案的答案，也应从法官已处理的民事指导性案例中去感受法律的真谛。据笔者观察，法律从业人员对民事指导性案例的依赖度持续升温，民事指导性案例俨然已成为民事法律规范最为重要的组成部分之一，将民事指导性案例引入法科人才培养，将有助于建立学生更为广阔的法治视野，进而形成更为科学合理的规则认知体系。

(二)通过民事指导性案例中的法律解释，培养学生更自信的法治情怀

成文法不仅需要解释，而且必须解释。成文法虽以明确的规范性著称于世，但亦存在天然的缺陷性，成文法固有的不周延性是对其进行解释的根源。事实上，在我国业已建立中国特色社会主义法律体系的当下，法治的重心理应

[1] 张文显:《法律写作的五个要素和四种方法》，发表于“全国法科学生写作大赛”启动仪式暨新时代法科学生写作能力培养高峰论坛开幕式上致辞讲话，载法制网:http://www.legaldaily.com.cn/Education_Channel/content/content_7969028.html，最后访问日期:2019年9月30日。

[2] 谢怀栻:《外国民商法精要》，法律出版社2002年版，第89页。

[3] 李开国:《民法基本问题研究》，法律出版社1997年版，第39页。

从“立法中心主义”向“法律解释中心”转变。这不仅是法治实践发展的必然结果,更是法治情怀应有含义。无论是18世纪的近代民法,还是19世纪的现代民法,大陆法系国家的民众无不洋溢着对本国法典的自信,但与此同时,赋予法院或法官对法律的解释权亦为各国所共识。[1] 在我国民事指导性案例中,法官解释法律,除了涵盖文义、体系、目的等传统方法外,还涉及价值补充、漏洞补充等新路径探索。法官从以往的被动统一解释转向主动个案解释,由原先的抽象概括解释转向具体生动解释,指导性案例在动态中验证着成文法体系的自给自足性,实现了法的稳定性与妥当性的有机统一。民事指导性案例中法律解释的共生共用,不仅实现了对各方关切的积极回应,更彰显了司法人对规则体系的坚定信念。这种信念与力量,对于培养卓越法律人更自信的法治情怀意义重大。

(三)通过民事指导性案例中的法律推理,培养学生更严谨的法治思维

由于每个案件都有自身的特殊性,因此,民事指导性案例的建立,旨在实现“相似案件相似处理”的法律效果。这不仅是法治统一的需要,也是对法官自由裁量权限制的需要,更是实现法律确定性与社会公平正义的需要。2015年最高人民法院颁布的《〈案例指导工作的规定〉实施细则》第9条,不仅重申了《规定》第7条所确定的“参照先例”的原则,还提出了相似案例认定需考量的两大因素,即基本案情与法律适用。民事指导性案例中所列明的“案例标题”与“相关法条”,客观上为日后两案基本案情与法律适用的比对提供技术便利。根据《规定》第2条之内容,民事指导性案例大致可分为社会关注型、疑难复杂型、新型案件三大类。不同类型的指导性案例,相似性比对时所考量的影响因子会有所变化,但永恒不变的是归纳推理等思维方式的灵活运用。民事指导性案例中的法律推理,可以让学生完成基本事实、法律关系、争议焦点、裁判要点等案件关联性的识别训练,可以培养学生洞察力的广度与深度,打造卓越法律人更严谨的法治思维。

(四)通过民事指导性案例中的法律论证,培养学生更娴熟的法治技巧

价值补充、漏洞补充等新型法律解释方法的运用,不可避免地造就民事指导性案例中裁判说理的技术特色。判决需要说理,指导性案例的判决更需通过说理来增加司法裁判的公信力与示范力。为了强化民事指导性案例中说理,法官除了坚持传统的形式逻辑推理,还会运用到非形式逻辑的法律论证。指导性案例所推崇的非形式逻辑的法律论证绝非是法官的完全自由心证,它既要受到社会公众朴素法律情感的约束,又要受到内在分析论证思路的限制,因为法律

---

〔1〕 梁慧星:《民法解释学》,中国政法大学出版社2000年版,第209页。

的理解要符合社会的常识、常情与常理,法律的适用要实现天理、人情与国法的统一。鉴于大陆法系法官本身并不承担造法的责任,因此,指导性案例中的裁判说理,需要的是一个技巧高超的工匠大师,熟悉法律论证规则,拥有朴素法律情感,能够探寻到推演的终极结论。[1] 从这个意义上讲,民事指导性案例中法律论证乃法官经验主义的技术升华,而技术作为一种特殊的知识,只可意会而无法言传。民事指导性案例中的法律论证,为法科学生练就更娴熟的法治技巧打开一扇学习之门。

将民事指导性案例全面融入卓越法治人才的培养计划,是未来法科教学改革一次积极有益的尝试。开设《经典民事指导性案例导读》课程,细化实践教学模块;通过民事指导性案例嵌入至传统实践环节,丰富实践教学素材;运用民事指导性案例改造原有的理论课堂,提升理论课程教学效果等举措皆为可以考虑的课改方案。

[1] 陈金钊:《司法过程中的法律方法论》,载《法制与社会发展》2002 年第 4 期。

巧用微课助力刑事诉讼法学教学

陈宇翔*
（江苏师范大学法学院）

摘　要：微课，是指教师在十几分钟以内，讲解一个知识点，而形成的教学视频。一方面，微课制作成本大、周期长，电子产品易让学生沉迷于网络。另一方面，微课有助于开阔学生视野，有助于教师自我反思，相互交流，有助于学校监督检查。总的来看，微课是开展刑事诉讼法学教学的利器。其有助于扩充课程容量，降低课程难度，增强课程的实践性。教师应该坚持以学生为本，巧用图表、视频，风趣幽默、精练辩证的讲述典型案例，尽力从形式和内容两个方面优化微课教学，扬长避短，充分发挥微课的积极作用。

关键词：微课　网络　刑事诉讼法学　典型案例

"微课是指按照新课程标准及教学实践要求，以教学视频为主要载体，反映教师在课堂教学过程中针对某个知识点或教学环节而开展教与学活动的各种教学资源有机组合。"[1]具体而言，微课是指教师在十几分钟以内，讲解一个知识点，而形成的教学视频。微课有自身的规律，它将课程电子化，浓缩化。当刑事诉讼法学遇到微课，必然擦出绚烂的火花。微课应用到刑事诉讼法学教学之中，必然给刑事诉讼法学教学插上腾飞的翅膀。

一、微课的本质属性

（一）课程电子化

微课最直观的特点是课程内容电子化。所有的知识点被转化为电子数据，电子数据又变为图像声音。电子化直接派生出内容鲜活，可以反复利用，易于复制、易于存储，易于获得、易于修改等优点。微课能给法学教学插上互联网的翅膀。电子化的课程易于在网络上广泛、快速传播。老师的教学不再囿于课堂。知识能够在互联网上以更鲜活、更快捷的形式传播。无数的互联网使用者

---

* 陈宇翔，江苏师范大学法学院，讲师。

〔1〕 胡铁生：《"微课"：区域教育信息资源发展的新趋势》，载《电化教育研究》2011 年第 10 期。

都有可能聆听微课。

(二)课程浓缩化

微课最鲜明的特点是课程内容浓缩化。一个知识点被集中于十几分钟之内的课时。教师必须在十几分钟之内将课程知识点讲完。这种设计有利于浓缩知识精华,提高学习效率,有利于学生充分利用碎片化时间,随时随地进行学习。同时这种设计决定了并不是所有的知识点都适合做成微课,比如内容过于庞杂的知识点,就不适合做成一节微课。大知识点必须分拆。平铺直叙的内容讲述也不适合纳入微课。风趣幽默,引人入胜的案例和高度浓缩的原则和理论比较适合纳入微课。“微课的生命力在于创意,微课虽微,但也要以微见长。”[1]

二、微课的长处、不足

(一)微课积极作用

1. 方便学生选择课程

微课给了学生更宽阔的视野,更多的选择机会。用微课来进行教学,最大的受益人是学生。“微课资源既可在教师的教学实践中发挥作用,也可在学生的自主学习中体现价值。”[2]面对互联网,面对微课,学生有了更多的学习机会。学生学习不再局限于课堂,不再局限于教材。教师会把自己最好的教学成果做成微课,放在网上,供学生选择。学生将拥有前所未有的学习选择机会。过去学生课前预习,课后复习,只能依靠书本等文字材料来进行。而文字材料往往缺乏生动性。相比于纯文字而言,视频、音频更容易被学生接受。面对海量的微课,学生有更多的选择,学生可以选择自己喜欢的老师,可以选择自己喜欢的知识点,可以选择自己喜欢的课堂教学方式、课堂切入方式。学习会变得更加的轻松愉快且高效。“让每个人都不会因为距离或者时间的原因不能学习,让每个人都能根据自身的兴趣发展选择自己的课程,让每个人都学会学习、学会思考、学会创造。”[3]

2. 方便教师自我反思

微课及其录制过程是教师进行教学自我反思的最好方式。教学水平的提高需要不断的反思。教学如同正冠。有明镜方可正衣冠。人们要了解自己的

---

〔1〕 张艳萍:《微课教学要以“微”见长》,载《教学与管理》2019年第26期。

〔2〕 吕彩霞、何湧智、綦春霞:《基于“评学教一体化”的微课资源应用研究》,载《中国考试》2019年第10期。

〔3〕 聂竹明、刘钊颖:《微课与慕课:基于信息技术的教育供给方式变革》,载《电化教育研究》2018年第39期。

形象、衣着需要镜子。没有镜子,只通过别人描述,人们很难了解到自己的形象、衣着的不足之处。讲课也是一样的道理。教师想要不断提高自己的教学水平,需要直观地了解自己的全部教学过程。只通过学生的反应,督导员的反馈,教师所得的信息还是比较间接,改进的速度比较缓慢。而教学录像能够原原本本直接反映教学全过程。观看教学录像,教师容易发现自己教学的优点和缺点。教学录像如同镜子,在微课录制的过程中,教师就能够不断地发现自己教学的不足,能够不断的增进教学的长处,改变教学的短处。

微课的录制过程、审视过程、修改过程、评审过程能够使教师集授课者,听课者,监督者于一体。普通的课堂教学方式下,各方主体的角色相对单一,教师只是授课者,学生只是听课者,学校只是监督者。各方主体之间的交流虽然也重要,但是缺乏直观性。教学录像能够让教师集授课者、听课者和监督者为一体。教师在讲课之后就可以对授课录像进行观看、反思,发现问题找出解决办法,扬长避短。

3. 方便教师相互交流

微课给教师间相互交流教学经验提供了广阔的平台。微课是教师之间相互交流教学经验的极佳方式。现在,教师相互之间主要是通过学术会议、论文进行学术交流,通过相互听课和教学比赛的方式进行教学交流。但相互听课和比赛的数量有限,教师之间进行教学交流的机会比较少,且这种交流往往不够充分,不够直接,受时间地点的限制也较大。微课往往是教师教学水平的最高体现。微课做成之后,教师之间可以通过相互观看微课,共同参加微课比赛,充分进行交流学习。这种交流不受时间场所的限制。微课给教师提供了更多的学习和交流机会。微课使教师之间可以跨学科、跨学校、跨地域进行交流。教师有了更多的交流机会。

4. 方便学校监督检查

微课给学校教务部门提供了一条更加客观,可以反复检验的督导路径。微课也给教育行政部门提供了更多的监督机会,更多、更客观地评价素材。如今,学校主要通过学生评课、随机听课和举行教学比赛的方式进行教学督导活动。这种传统的督导方式主观性比较强,不容易留存备查。而微课作为教学督导材料,方便存储、调取、比较、评价。微课是教师最高教学水平的忠实记录,是最具客观性的评价材料。教师制作微课是对自己的教学水平的最好展示,通过微课对教师进行教学评价是最具有客观性的。

5. 方便社会学习监督

微课给社会储备了更多的教学资源,给大众提供更多的学习机会。绝大部分微课都是免费向社会公开的。社会大众只要能够上网,不需要支付任何费用就可以获得全部的微课资源。教育资源在社会上广泛传播的成本极低。

学校、教师可以获得更多的自我宣传机会。微课一般是教师最高教育水平的体现。学校、教师会把自认为最好的微课放在网上进行评比和展示。优秀的课程是学校和教师最好的亮丽名片。通过微课展示,高校之间在教学方面也有更多的交流和展示机会。

(二)微课内在缺陷

1. 成本大与周期长的困难

对教师来说,微课制作困难,制作成本大,制作周期长。微课的拍摄很难由教师独立完成。教师要做的是准备 PPT、讲稿和讲课,拍摄和后期制作都要交给相关的视频制作公司。教师个人几乎不可能进行拍摄和后期制作工作。微课拍摄制作成本很高,每节课的拍摄费用在 3000 元左右。拍摄制作周期相对较长,很难一蹴而就。

2. 浓缩性与实用性的冲突

一节微课的课时量十分有限,如何用有限的时间实现最好的教学效果是具有挑战性的。微课授课时间比较短,每节微课的时长一般不超过 15 分钟。在短短十几分钟的时间内,想把所有的基本知识点讲清楚都很难。再加上案例,再让讲述具有趣味性和学术深度。这样的难度可想而知。大型案例很难在一节微课中充分展开,一般的教学案例,往往缺乏典型性与趣味性。而现实中发生的案件,有的过于复杂不适合在微课中展开,有过于简单,缺乏教学意义。适合微课教学的案例较难找到。

3. 沉迷性与不健康的危险

电脑、手机等电子产品具有容易使人上瘾的特性。对学生来说,电子产品是一把“双刃剑”,既能提高学习效率,开阔视野,又容易使学生沉迷于电子游戏或视频而不能自拔,损害学生身心健康,耽误学业。电子产品的承载力极强,他既能存储、传输海量的优质信息,又含有大量的不良信息。电子产品本身有辐射性,电子屏幕本身有独特的吸引力,容易让人上瘾,容易造成严重的视疲劳。不良信息更容易让人沉迷其中,电子产品与不良信息的叠加会让这种损害翻倍。同时,年轻学生缺乏人生阅历,更容易受到电子产品的诱惑,受到不良信息的侵害。电子产品会给学生身体健康造成更大的损害,导致学生精神萎靡不振,降低学生学习效率。

微课缺乏教师同学之间的相互监督。人机互动无法取代人人互动。电子产品承载的微课,只有人机互动,缺乏人与人之间的影响与互动。具体而言,“微课主要是以教学视频与录像为主要载体,在呈现相关视频时,学生只能观看而不能就视频中的知识讲解发问或者是表达自己的观点,缺乏互动,仅有的互动也仅限于评论、讨论等,练习都是线下完成的,微课的互动性较弱。"[1]在传统的课堂,面对老师同学,阅读纸质的书本,因为有同学师生之间的相互监督,学生不容易受到外界因素的干扰。当单纯面对电脑和手机,缺乏教师同学之间的监督,人尤其是青少年很容易被网上的娱乐信息所吸引,浪费宝贵的学习时间,降低学习效率。现在的电子产品功能越来越强,互联网内容越来越丰富,影视、小视频、笑话、游戏等,对人们的吸引力非常大。有的时候表面上看起来能提高效率的网络教学往往实际上降低了学习效率。

三、优化微课设计,服务刑诉教学

(一)微课是开展刑事诉讼法学教学的利器

1.解决内容多课时少的矛盾

微课可以扩充刑事诉讼法学课堂教学的容量。刑事诉讼法学教学存在内容多课时少的矛盾。刑事诉讼法学分为总则分则两编,一共20多个章节。内容庞杂,理论性较强,相较于刑法,其知识内容并不少,但课时上还不到其1/2,实实在在的内容多,讲课任务重。如何在有限的课时内保质保量讲完所有的课程内容?巧用微课是解决这个问题的好办法。教师将部分案例做成微课,同学们在上课之前能够提前观看相关案例。刑事诉讼法教学任务就易于保质保量完成。

2.解决程序性规则多且细碎的问题

微课可以使烦琐的程序性规则变得有条理,有逻辑性,易懂、易记。刑事诉讼法是程序法,刑事诉讼法以程序性规则为主。刑事诉讼法学主要教授刑事诉讼法律行为的行为时间、顺序和方式。程序性规则数量多且细碎,掌握难度大。解决这种细碎的程序问题比较好的方式是将这些知识点化为图表。将抽象枯燥的程序性问题化为简单明了的图表。微课对于表格具有极大的承载力。微课极适合刑事诉讼法学的教学。

3.增强课程的实践性

微课有助于将实践过程引入刑事诉讼法学课堂教学。刑事诉讼法学是一门实践性较强的学科。很多刑事诉讼法学的知识,单纯通过文字描述和语言描述很难表达清楚。单纯依靠文献阅读很难有效率的掌握该门学科。亲自经历刑事诉讼实践,是学习刑事诉讼法学的捷径。微课有多媒体的手段,更容易将刑事诉讼的真实过程展现于课堂之上。微课对于音视频具有极大的承载力,很多现实案件的监控录像都可以在微课上得以充分展现。

---

[1] 赖勇强:《微课资源开发与应用中存在的问题与对策》,载《教育理论与实践》2019年第39期。

(二)扬长避短,优化微课设计

教师应该尽力从形式和内容两个方面优化微课教学,充分发挥微课的积极作用。用微课承载刑诉法学教学,最关键的问题是增强微课的吸引力,发挥微课的正面作用,减少电子产品本身所具有的负面影响,让同学掌握所有的应当掌握的刑事诉讼法学教学内容,同时又能避开网瘾的陷阱。教师需要从学生的角度出发,优化微课形式和内容,巧用图表和音视频,讲述典型案例,突出课程的趣味性,辩证性,充分发挥微课本身所具有的丰富、补充课堂教学的作用。

1. 坚持学生为本

一切课程的设计都必须以学生为根本。“学生才是微课的终端用户。”〔1〕微课设计目的是让学生更好地掌握刑事诉讼法学的重点内容。微课不只是评先、评优、评奖、接受监督的依据。微课更应当是刑事诉讼法学教学的利器。微课一切的设计都是为了学生更好地掌握刑事诉讼法学知识点而存在的。比如,刑事诉讼法学内容繁杂、枯燥,容易使学生昏昏欲睡,教师就应该增强课程的趣味性,吸引力。刑事诉讼法学实践性强,教师就应该重点讲授司法实践中容易碰到的问题。

2. 讲述典型案例

典型案例应当是刑诉法学微课的主体内容。增强刑事诉讼法学微课的吸引力,教师首先应当在课程的内容上下功夫。刑事诉讼法学的微课制作应该选取典型性案例。刑事诉讼法学微课的内容应当以案例教学为主。单纯的理论讲解和知识讲解很难引起学生的兴趣,枯燥的理论课程,容易把学生推向游戏和电影。刑诉法微课教学应当选取最近发生的,具有重大影响的,典型性的案件。典型案件加上精妙解析,有助于将深奥的理论简单化,极易引起学生的兴趣。

3. 授课风趣幽默

趣味性是刑事诉讼法学微课的生命所在。刑事诉讼法学的微课应该是有趣的。课堂教学必须具有趣味性。有趣味性的课程更能吸引学生,枯燥无味的课程,尤其是网络上枯燥无味的课程极有可能把学生推向电子游戏或小视频或电影。只有具有鲜活性和趣味性的课程才能吸引学生的注意力。网上的信息这么多,这么复杂。同样的课程也很多。没有趣味性,没有内涵的课程注定是无法吸引学生的,而一个无法吸引学生的课程也就失去了其存在的价值。

4. 力求精练辩证

精练性是刑事诉讼法学微课的基本要求。刑事诉讼法学的微课应当具有

〔1〕 胡铁生、周晓清:《高校微课建设的现状分析与发展对策研究》,载《现代教育技术》2014年第24期。

理论上的抽象性和精练性。理论概括要精练,一针见血。微课课时很短,理论展开有难度,教师需要将知识点高度浓缩。用精练性来适应课时短暂的特点。

思辨性是刑事诉讼法学微课的灵魂。刑事诉讼法学微课的内容应当具有开放性、可讨论性。刑事诉讼法学的微课不可能也不应该将所有知识点完全讲透、讲完,微课应该给学生留下思考的空间。要给同学留下可以思辨的可能性。在刑事诉讼法学教学过程中,微课应当以案例讲授为主。选取的案例应当是具有争议性的,代表性的。

5. 巧用图表、音频、视频

音频、视频和图表应该成为刑事诉讼法学微课的最基本要素。要增强刑事诉讼微课的吸引力,教师必须在教学的形式上下功夫。教师应该用多媒体和图表,让刑事诉讼法的规则和案例变得生动,有逻辑,容易记,容易懂。刑事诉讼法的条款,繁多且细碎。单单用文字进行线性的描述,很容易让学生昏昏欲睡,学生不愿听也记不住,教学效果不好。用案例来揭示原理,用监控录像来展示案例,用图表来解析规则,所有知识点就会变得条理化,逻辑化,形象化,鲜明化,学习就会变得容易且有趣。

基于逻辑思维培养的法学教育模式创新研究*

丁　旭**
（江苏大学法学院）

摘　要：“逻辑”作为人们进行思维所必须运用的思维工具，任何学科也离不开它，它对提高人的思维能力具有重要意义。文章在分析逻辑学内涵的基础上，阐明了法律逻辑学在法学教育中的地位、功能，并就在法学教育中如何运用法律逻辑学提出了建议。

关键词：逻辑　法学教育　功能

面对此起彼伏的“错案”“不当裁决”“不当立法”以及不绝于耳的批评与质疑声，法律人必须对法律实践从理论上给予深刻的反思。作为人才输出的主阵地的各大高校法学院，如何培养具备科学的思维素质和严谨缜密的逻辑思维能力的法律人才，更好地实现法学教育的价值目标，已成为亟待解决的热点问题。不可否认的是，逻辑思维之于法律人，犹如鸟之两翼，车之两轮，当面对纷繁复杂的法律条文，澄清概念的能力、准确判断的能力、严密推理的能力以及合理论证的能力都是必备的技能和本领。将逻辑学融入法学教育中，有助于法科生正确认识事物，揭露谬误，驳斥诡辩，精确且严谨地表达和论证思想，从已知向未知前进，培养其理性精神和创新意识。

一、逻辑学释义

“逻辑”，音译于英语 Logic，导源于古希腊神学、哲学用语，原意指“支配宇

* 基金项目：2019 年江苏省研究生教育教学改革课题“新时代高校研究生教育内涵式发展的机制构建与模式创新”（JGLX19_177）；江苏大学 2019 年高等教育教改研究课题立项建设重中之重课题“基于卓越法治人才教育培养计划 2.0 的法学专业线上线下混合式‘金课’建设理论与实践研究”（课题编号：2019JGZZ009）阶段性成果。

** 丁旭，江苏大学法学院 2019 级法律硕士。

宙的绝对神圣之理”或“理性本元”。[1] 在没有出现“逻辑学”的时候,人类已经在运用逻辑,语言中天然地蕴含着逻辑,而语言所反映的是思维,所以我们说思维也蕴含着逻辑。如果以逻辑的维度看待人类思维历史的发展,则人类所创造的一切文本都是逻辑。[2]

逻辑学是以人们的思维的形式结构及其规律为研究对象的科学,其所具备的工具性决定了它的基本理论在其他学科中被当作普遍适用的原则和方法,它的一系列规律、规则是任何人都不能违反的,否则就会导致思维的混乱。无论什么人,只要想拥有正确的思维,或者达到思维的有效性和可靠性,就必须遵守逻辑规律与逻辑要求,因此,逻辑学具有全人类性。

亚里士多德是逻辑学的创始人,他认为自己所建立的逻辑学是一切证明的基础,他所构造的清晰、严格的三段论体系至今依旧影响深远。随时间推移,传统逻辑内容和体系也日臻丰富和完善,十七八世纪时期,由于自然科学领域突飞猛进的发展和人们对思维方法研究的深入,使传统逻辑在原有基础上演化出纯形式、符号化数理逻辑和既是世界观、又是方法论的辩证逻辑。逻辑学发展到今天,已经成为一个庞大的学科领域,包括传统逻辑、数理逻辑、辩证逻辑、现代归纳逻辑、自然语言逻辑、科学逻辑、非形式逻辑等。

随着逻辑学研究成果的增多,对逻辑学在法学发展中的重要性认识,对法律逻辑学内涵的界定也越来越清晰。法律逻辑是逻辑知识在法律中的应用,是法律人所运用的思维形式,法律逻辑学往往结合法律工作者的实际思维过程和具体的法律条文来研究各种思维形式、方法和规律,注重探讨法律工作实践中或者存在于各种法律文件中的某些特殊逻辑现象。

在法学教育过程中,培养学生的法律思维能力、法律推理能力、法律论证能力离不开对逻辑思维的塑造。逻辑学是法学研究的方法和工具,同时法学也需要倚仗逻辑学形成一个层次分明的规范体系。[3]

二、逻辑学在法学教育中应有的价值功用

大法官霍姆斯的名言“法律的生命从来就不是逻辑,而是经验”。引起了很多人的误解,导致他们忽略了逻辑思维的重要性,而霍尔姆斯的本意并非如此,恰恰相反,他强调我们必须以更加清楚和理性的态度认识司法的根基。霍姆斯后来在《法律之路》一文中在论述“逻辑形式谬误”时说:“法律人的训练主

〔1〕 舒国滢:《逻辑何以解法律论证之困?》,载《中国政法大学学报》2018年第2期。
〔2〕 马佩主编:《逻辑哲学》,上海人民出版社2008年版,第17页。
〔3〕 张斌峰:《法律逻辑研究对象新论》,载《政法论丛》2008年第5期。

要是逻辑训练,司法裁决的语言主要是逻辑语言。"〔1〕

我国高校法学院虽然绝大多数已经将法律逻辑学作为必修或选修课程,但往往忽略学生的接受能力,抽象晦涩的逻辑学原理辅之以填鸭式教学,对于文科学生而言,确实存在一定难度。久而久之,学生对于法律逻辑学的热情溃散,更不必说熟练掌握相关逻辑学分析技巧,融会贯通,举一反三,应用于司法实践分析中了。法学教育应发挥其作为教育的基本功能,首先满足受教育者和社会的需求,作为法科生,需要的必然是法律素养与法律技能。具体而言,就是法律应当如何编制,法官应当如何判案,律师应当如何辩护,法条应当如何解读,证据应当如何采纳,事实应当如何推定等。中国现代著名法学家孙晓楼先生曾言:"我们可以说,论理是各种理性的骨干,因为这个缘故,英美方面的律师,对于论理学特别的注重。他们认为法官不懂得论理学,不能做成好的法官;律师不懂得论理学,不能做成好的律师;即便是陪审官不懂论理学,因为有许多事实推定上的谬误,以致影响到案件的判断也很大。研究法律而没有论理之学为之助,每有千头万绪,杂乱无章,而不易撷其至理之处。"〔2〕孙晓楼先生所称"论理学"即逻辑学,由此可见,熟练掌握符合逻辑学的思维方法对于法律人职业思维的培养是至关重要的。

逻辑推理不仅是一种法学研究方法,而且应当是法学教育中所必须采取的一种教学规范模式,其在促进我国法治事业发展的进程中发挥了举足轻重的作用。法律逻辑学所培育的逻辑推理能力在法学教育中究竟发挥了怎样的效用,文章引入一例进行分析说明:

甲乙系夫妻,有登记在双方名下的共有房屋一套,甲找丙假冒乙,甲丙将房屋出售给丁,丁不知道丙系假冒乙,支付了合理的对价,虽然已经入住,但尚未办理产权过户登记手续,现在丁要求甲乙办理过户手续,此时方才了解到乙系丙假冒。

就该例而言,由于根据最高人民法院《关于适用〈中华人民共和国婚姻法〉若干问题的解释(三)》(以下简称《婚姻法司法解释三》)中第11条的规定,其不具备办理产权登记手续的要件。〔3〕因此,乙不存在依据该条不得要求丁返还房屋的问题,依据该条款,乙有权要求返还该房屋。

但是如果认为此时的冒名行为类似于无权代理,而该无权代理又具备表见

---

〔1〕 熊明辉:《论法律逻辑中的推论规则》,载《中国社会科学》2008年第4期。

〔2〕 孙晓楼:《法律教育》,商务印书馆2015年版,第17页。

〔3〕 最高人民法院《关于适用〈中华人民共和国婚姻法〉若干问题的解释(三)》(法释〔2011〕18号)第11条规定:"一方未经另一方同意出售夫妻共同共有的房屋,第三人善意购买、支付合理对价并办理产权登记手续,另一方主张追回该房屋的,人民法院不予支持。夫妻一方擅自处分共同共有的房屋造成另一方损失,离婚时另一方请求赔偿损失的,人民法院应予支持。"

代理的要件,则冒名人丙的行为对于被冒名人乙发生效力,也就是此时买卖合同对于乙发生效力,乙和甲一样有义务履行买卖合同中卖方所负有的交付房屋并移转房屋所有权的义务,[1]丁有权要求甲乙配合办理过户登记手续,乙无权要求丁返还房屋。

当然问题在于,如果按照《婚姻法司法解释三》第11条的逻辑,冒名处分作为无权处分看待,此时虽然只涉及处分行为,但是其逻辑是,有关的冒名处分行为应该视为冒名人自己的行为,不能视为被冒名人的行为,那么就同时涉及债权行为,也不能视为乙的行为,而应该视为丙自己的行为,也就没有类推无权代理行为,适用表见代理规则,让乙承担合同责任的余地了。

《婚姻法司法解释三》第11条逻辑错误在于,如果冒名人丙的行为应该视为冒名人自己的行为,那登记机构又如何能够将法律上视为丙的过户申请登记,作为乙房屋的过户登记的依据?显然,此时冒名人丙的行为应该视为被冒名人乙的行为,登记机构才会在这种认识的基础上,将乙共有的房屋过户给丁。也就是这里的处分行为,应该视为被冒名人的行为,而不是冒名人的行为,不应该适用善意取得制度的无权处分行为,而是应该适用无权代理以及表见代理规则的无权代理处分行为,至于这种处分行为物权变动的效果能不能发生效力,要看表见代理的规定的要件是否满足,而不是善意取得的要件是否满足。对于处分行为这种理解成立的话,债权行为作为无权代理处理也就没有问题了。

以上案例就善意取得制度进行发散性讨论,这样的分析方法,对于接受法学教育的人而言,能够起到如下作用:

第一,有助于培养法科生的推理能力,能够自发由已知向未知探求,进而提升其学习质量及效率。实践检验真理的唯一标准,也是人类探索未知世界的根本途径,但是这并不妨碍根据已有的知识或已知的规律,运用正确的逻辑推理形式,推理演化出新的知识。在自然科学研究中是如此,在法律实践中也同样是如此。

第二,有助于培养法科生的表达能力,能够准确地表达思想和严密地论证思想是每一个法科生不可或缺的素养。表达能力包括口头表达和书面表达,表达思想不仅要有鲜明性和生动性,而且要有准确性和说服力。而日常化的逻辑思维的训练就成了法律人培养逻辑思维能力的必要保证。

第三,有助于培养法科生的证明能力,无论站在哪一方立场,都需要对自己或他人提出的主张做出有效证明。证明包括证成和证伪,是人们认识真理的重要手段,也是做好法律工作的主要方法。无论是法官还是律师,都应善于说理

---

[1] 我国《民法典》第598条规定:"出卖人应当履行向买受人交付标的物或者交付提取标的物的单证,并转移标的物所有权的义务。"

和论辩,而论辩的过程,实际上就是证成和证伪的过程。学习和掌握法律逻辑学的知识,一方面,能使自己不犯逻辑错误;另一方面,也能有效驳斥别人的诡辩。

第四,有助于培养法科生的创新能力,辩论中必然存在激烈的观点碰撞,各个人的思想也得以共享。逻辑教学可以促进发散性思考,增强逻辑感,在彼此之间积极的学习交流中,创造性思维得以激发。在这样的法学教育下,法科生从真实的案例出发,在研讨的过程中,可以逐渐学习如何提出创造性的问题,探索解决问题之道。

三、逻辑学在法学教育中适用的建议

正如前所述,法律逻辑学在法学教育的价值值得重视和推广。法学教育是一项系统工程,如何提升法律逻辑学对法学教育的功用,笔者提出如下建议:

(一)更新教学理念

改革法学教育教学体系,首先得从转变教育思想开始,引入新的教学理念,将符合逻辑学规律的思维方法融入课堂。在教学中,大胆尝试和创新,拒绝守旧和照本宣科,放弃过时的教学观念同时保留和发扬被实践证明是正确的教学思想,从中获取源源不断的改革发展动力。

一个经过有效培养的法科生不应是熟悉法律适用技能的工匠,而应当是具备深厚法律素养的社会精英。法学教育教学一线的老师应克服教育功利化、短时效化和人才培养目标的单一化,重视法学教育中对学生逻辑思维的训练,夯实学生运用逻辑推理和论证的能力。不可否认的是,克服法学教育中的功利主义和虚无主义是教学改革的关键和前提,法学教师应当树立"以学生为主体、以兴趣为主导"的教学理念,建立讨论为主、教学相长的教育模式,着力培养学生的批判性思维。将逻辑思维技巧融入课堂与案例,建立课程模块之间的设计、衔接和考核的正负反馈网络,使学生感受到学习本身既有挑战性又有趣味性。燃灯者,破愚暗以明斯道,法学教师应是普罗米修斯式的盗火者,点燃法科生对于法律的深入洞察和分析的能力,将法律逻辑运用至法律研究中,以此培育法科生的学术能力与研究能力。

(二)改善教学方法

传统的法学教育教学注重老师本人系统和深入的讲授,忽略倾听学生的思考方式,师生之间缺乏必要的互动,学生的积极性和创造性出难以发挥,学生的逻辑思辨能力、表达能力和司法实践创新能力也难以充分的发掘,教学相长冲击学术前沿的动力也逐渐衰退。

法律科学"知行合一"的特性决定了高水平的课堂教学离不开生动的司法

实践,抽象化的法学理论、法律条文只有与具体的司法实践相结合、解决具体问题才会有生命力。近年来,人民法院和人民检察院系统大力倡导审判理论和检察理论的研究,也涌现出一批具有超高理论素养的法官和检察官,这对于法学教育来说,无疑是重要资源。通过邀请法官、检察官定期到法学院开办讲座,讲解典型案例,分析判例引用的法律逻辑原理,加深学生对逻辑所强调的概念、规律、命题、推理的进一步理解。只有当学生生动地感受到法律逻辑在司法实践中究竟能够解决什么问题,明确法律逻辑学不是无用之用,才能引起学生的学习兴趣,提高学习效率。

另外,可以在课堂中引入能够直观感受法律争讼的思维、逻辑思辨方式的论辩式教学。与传统法学灌输式法学教育不同的是,论辩式教学能够使学生学到各种法律条文以外的逻辑思维能力和技巧。通过有针对性地制订教案,运用特色化的"角色扮演",站在不同角度以不同逻辑思维方式理解法条,提升其推理能力和证明能力,辅之以教师的总结和归纳,对学生进行较为系统的逻辑思维训练,使他们真正地"像律师那样思索""像法官那样断案",也使他们在分析疑难案件时,增强自信心和决断力。

(三)丰富教学手段

多样化的教学手段有助于将抽象复杂的法学理论知识具体化,有助于培养学生逻辑思维能力,挖掘学生潜力,改进传统教学模式,更好地达到教学目的。"互联网+"时代的到来为法学教育打开新的思路,信息化的教学手段在教学过程中是必不可少的,以声像技术和多媒体交互技术为代表的教学手段是当今教学的一大特点。将概念、命题、推理等彼此之间的逻辑关联以全息投影的方式展现在学生眼前,一举解决口授高度抽象性理论时的难点。在声光电带来的视觉和听觉刺激下,学生往往更加专注,更轻松地理解晦涩抽象的法律论证过程,使学生更充分地享受信息化教育带来的学习便利。与此同时,多媒体交互技术对教学的干预也使教师与学生之间的沟通更加通畅,以人机交互为手段达到高速有效地解决学生的疑难之处,纠正其思维方式,以此达到培养其正确逻辑推理能力的目的。

除此之外,开展广泛的社会法律实践,是丰富教学的必要手段。在教学过程中可以将学生带入具体的法律实践中,如去法院参与审判观摩,使学生直观感受法官为什么适用某一条法律规范或者为什么不适用某一条法律规范,以及如何认定事实,如何对法条做出限制或扩张解释,如何选择恰当的逻辑推理形式等。同时也能够在聆听律师的法庭辩论时,理解论证过程中的同一律、矛盾律、排中律,以及法律对证据的充分性、必要性的要求,辨明逻辑推理中的真伪命题。随着司法改革的深化,判决书中的说理与论证水平也不断提高,指导学生阅览案卷,辨析案卷中的法律逻辑应用的正误,也可以加深其对逻辑推理重要性的认识。另外,通过安排学生与公检部门的办案人员近距离交流,了解办案人员如何应对案件中的种种或然假设,如何运用回溯推理或类比推理推断案件事实,如何收集证据以形成完整有效的证据链条。从侦查讯问、侦查分析、侦查解释等一系列活动中,理解一系列逻辑认识方法与逻辑推理方法。通过以上社会法律实践,使学生融入其中,切身体验,将逻辑推理应用于实战。

四、结　　语

法科生需要学习和研究逻辑学,凝结着法律人的实际思维过程的法律逻辑则更能为法律工作者提供更具针对性的实用价值。法律实践能力一定会受法律思维能力的制约,在司法实践中通用的法律技术与法律程序都是以法律思维为基础的。思维能力无疑是法律职业能力中的决定性因素,一个具备强大法律逻辑的法律人能够有效准确地探知法律事实,以合乎逻辑的方式阐释法律文本、解释法律现象、展开法律论辩。法学教育必须重视对逻辑思维的训练,提升受教育者对法律知识和法律技能的掌握能力,培养一支高层次、高素质的法治工作队伍。

律师参与诊所式法律教育的必要性及重点环节探讨

冯　翔*
（南京审计大学法学院）

摘　要：诊所式法律教育作为一种新型的法学教育模式，具有单纯的理论法学教学所不能替代的特殊功能，重视实践教学是法学理论联系社会实际的需要。面对诊所式法律教育存在的师资方面的困境，将律师参与纳入该教育模式中，对法学教育发展具有重要意义。本文分析了律师参与诊所式法律教育的必要性及其对律师、律师事务所的积极影响，并就律师参与诊所式法律教育的几个重点环节进行了探讨。

关键词：诊所式法律教育　律师　师资

诊所式法律教育在20年的时间里，已逐渐成为中国法学教育中不可或缺的一种模式，也是中国实践性法学教育中的重要组成部分。诊所式法律教育不是精英教育，并非侧重培养学生的理论研究能力，不是培养法学家。习近平总书记在2017年考察中国政法大学时强调：法学学科是一个实践性很强的学科，要处理好知识教学和实践教学的关系，要打破高校和社会之间的壁垒，要把优质的社会实践教育的资源引进到高校。要切实发挥法律实务部门在法治人才培养中的作用，选聘法治实务部门专家到高校参与专业教学，以提升协同育人效果。因此，面对诊所式法律教育存在的师资方面的困境，将律师[1]参与纳入该教育模式中，对实践性法学教育发展具有重要意义。

* 冯翔，南京审计大学法学院副教授，法学博士，硕士生导师。研究方向：商法学、司法诉讼制度。

〔1〕 本文所指的律师特指专职律师。

一、诊所式法律教育需要律师的参与

(一)诊所式法律教育的起源决定律师参与的必要性

诊所式法律教育又称为"临床法学教育",是将学生置于"法律诊所"中,在教师的指导下法科学生为委托人提供咨询,"诊断"出他们的法律问题,开出"处方",寻求解决问题的途径,提供法律服务。[1] 该教育模式产生于20世纪60年代美国的普通法土壤,其锻铸于学徒式传带与经院式教学的历史合流,是现代法学院向曾经培养出"最好的律师"的学徒式法学教育模式致敬的产物。[2] 它以解决问题和实务操作为指向,带有深沉的美式实用主义哲学印记。[3]

美国的法律教育重点是围绕以培养律师为目标的律师教育。而法律诊所的开办与运行将好像把一个律师事务所与一个大学课堂有效地结合起来。诊所式法律教育源于美国司法体制的当事人主义理论,当事人主义诉讼模式将诉讼的主导权完全赋予双方当事人,法官只是消极、被动的裁判者,以当事人为中心推动案件的解决。但当事人未受过法律职业训练,非法律工作者,对法律不甚了解,必然需要借助于专业的人才,即必须依靠律师,故律师在案件过程中的重要性逐渐凸显出来,进而促使美国的诊所式法律教育本质是律师教育。虽然美国以律师教育为目标的法律教育完全照搬未必适合我国,但目前我国试点推行由职权主义向控辩式主义转变的诉讼模式,即要求法官保持中立,合法合理且公平公正做出裁判,同时,赋予控辩双方当事人充分发挥辩论权的机会,尤其认罪认罚从宽制度的出台、有效辩护的强化、值班律师制度的确立,都进一步反映了我国在诉讼中逐渐强化律师的作用,提高律师法律地位,认可律师在法治社会建设中的重要作用,因此律师参与诊所式法律教育是非常必要的。

(二)诊所式法律教育的目标决定律师参与的必要性

在我国法学教育发展中有一个问题是十分突出的,即大学本科法学教育侧重的是基础、系统的理论教育,而不是给予作为法律人动手操作的职业技能。仅通过现在学院化法学教育难以实现对学生司法实务能力、决策能力等的培养。故诊所式法律教育应运而生。诊所式法律教育目标是巩固学生法律基础理论知识和培养学生法律实际运用技能,增强学生法律道德素养和社会责任感。诊所法律教育既教给学生解决法律问题的本领,也教给学生树立诚实、善

〔1〕 参见王崇敬、王琦主编:《法学实践性教学与应用型法律人才培养》,吉林大学出版社2011年版,第180页。

〔2〕 张红:《学徒制VS学院制:诊所法律教育的产生及其背后》,载《中外法学》2007年第4期。

〔3〕 江保国:《我国诊所法律教育的实践困境与制度培育》,载《中国大学教育》2013年第5期。

良、正直的法律人品质,培养学生公平、公正、公开的法律信仰。[1]

一直以来,理论教学受到高校法学教育的重视,不少教师认为学生只要多读理论书籍,多掌握基础理论,在法律实践中稍加磨炼,就能很好地解决实际问题。但我们发现,学生虽较能较好地掌握课本理论基础知识,甚至已经通过了法律职业资格考试,谈起法律来头头是道,但在实际工作中一到着手处理具体问题时,还是会束手无策,不知如何下手。所学的法学理论知识由于未能与实践相结合,学生们不能进一步理解、把握和运用。故诊所式法律教育的实践教育功能是传统的法学教育无法替代的。职业律师所面对的都是真实发生的案件,所需要的是将所学的法学知识与现实相结合,切实解决当事人的问题。律师的工作是学生在书本上难以学到的,通过职业律师对学生进行讲授和训练,使学生们在接待当事人、客户咨询、谈判、事实调查、证据收集、法律分析、法庭辩论、调解、法律文本撰写、辩护策略制定、团队合作、抗压能力、沟通能力和时间管理能力等诸多方面的综合能力得以提高。由此可见,律师参与诊所式法律教育中来,可以帮助学生巩固法学基础理论知识,学会运用法律解决争议,更好地实现设立诊所式法律教育的目标。

(三)诊所式法律教育的师资现状决定律师参与的必要性

1.当前我国诊所式法律教育的师资现状

一方面,目前国内高校的诊所式法律教育的教师资源主要都是本学院的法学教师,其主要是以教学和科研为主,法学理论知识十分丰富,但缺乏足够的法律实务经验,无法提供给学生有效且实用的法律技能。而诊所式法律教育是以实务为导向的教学模式,其与传统理论教育的区别在于诊所教育强调实践性与可操作性,是去解决法律实务问题。因而,诊所的教师与传统理论教学的教师在素质上也有着差别。法律诊所的教师除了应具备扎实的理论功底外,还需要有丰富的实践经验,唯此,方可有效指导学生解决实务问题,将理论知识更好地服务于实践。国内高校法学院没有足够的有法律实务经验的教师资源,即使诊所律师大多为兼职律师,但在教学与科研的双重压力下,其没有更多的时间和精力从事律师工作,诊所式法律教育的课程效果并不十分理想。诊所式法律教育离不开专职从事法律实务的教师,迫切需要大量法律实务经验丰富的指导教师的加入,但国内高校对校外法律实务教师的引进人数远远不足以满足诊所式法律教育的需要。

另一方面,诊所式法律教育需要指导教师投入精力,为学生提供法律技能的帮助,但当前高校教师的评价机制以科研为导向,教学科研压力繁重,在该评

---

[1] 冀祥德等:《法律教育学的新发展》,中国社会科学出版社2013年版,第186页。

价机制下,教师们无法投入更多的时间去指导学生在实务中如何运用法律知识和传授法律实操的办案技能。因为这些教师除了教学任务之外,还有科研任务。此外,诊所式法律教育方式对指导老师有非常高的要求,它不是以课前的充分准备就可以有较好的教学效果为前提的,而是在过程中和学生一样,往往面临未知状况和未知问题,对教师的智力、精力和时间分配都有较大的压力和挑战。

2. 职业律师的丰富实践经验与大学老师的教学形成互补,能使法律诊所课程取得更好的教学效果

2018 年教育部、中央政法委联合发布的《关于坚持德法兼修实施卓越法治人才教育培养计划 2.0 的意见》中指出,要着力推动建立法治实务部门接收法学专业学生实习、法学专业学生担任实习法官检察官助理等制度,将接收、指导学生实习作为法治实务部门的职责。这其实是为我们所面临的师资不足和实务经验短缺问题指明了方向。

而相比于公检法部门的公职人员来说,专职律师在时间和精力上更适合参与到大学的诊所式法律教育课程中来,律师事务所可以根据课程选派不同专业领域的优秀律师指导和带领学生学习、进行案件研讨,大学也可以通过和律师事务所的合作减轻师资力量不足的压力,同时优秀律师带来的经验分享也偏重于实践能力,与大学老师的教学形成互补,让学生学以致用,通过实践加深学习,使诊所式法律教育课程取得更好的效果。

二、参与诊所式法律教育对律师、律师事务所的积极影响

(一)体现出律师对社会责任的承担

儒家思想强调对国家和人民应当具有责任感,孔子认为教育目的是以培养"以天下为己任,恪守道德准则,具有渊博学识和出色实际工作能力"的君子,即希望能将社会成员培养成具有道德理性和社会责任的仁人志士。[1]

诊所式法律教育培养了学生作为法律人应当具备的法律服务的精神,其也是在培养学生的社会责任感,是儒家教育精神的体现。律师作为法律职业共同体中的重要一员,以法律工作为谋生手段,但法律人追求的终极目标并非限于律师创收,更应包括公平、正义,这种职业精神和道德追求与物质利益无关,它是一种对社会的奉献精神,是在承担社会责任的同时实现自我价值、满足精神层面的需求。律师事务所和大学法学院合作,律师将自己在经过学校学习和社

---

〔1〕 参见李傲:《诊所式法律教育与儒家治学思想》,载《法学杂志》2011 年第 8 期。

会历练后的法律经验传授给新一代的法律人,既为新一代法律人传道授业解惑,也在教学过程中实现自己的社会责任,还有利于培养更加优秀的法律人,推动我国法治事业的进步。

(二)加强律师事务所的品牌宣传,扩大其影响力

专业化、规模化、品牌化一直是律师事务所发展的愿景目标,“三化”的核心是实现律师事务所发展的品牌化。越来越多的律师事务所视品牌宣传部门为核心部门,加强品宣方面的策划和运营,因为品牌最终将沉淀为律师事务所的无形资产,支撑着律所的存续与传承。

律师事务所与大学法学院合作,律师通过法律诊所等课程教学,展现出自己的专业能力,从而获得学生、老师、学校的认可,树立良好的律师事务所形象,有利于律师事务所宣传自己的品牌。而良好的律所形象有利于增强市场竞争力,有利于加强内部凝聚力,从而有利于提高经济效益。

(三)可为律师事务所储备人才

根据司法部公布的数据显示,截至 2018 年年底,全国共有律师事务所 3 万多家,全国共有执业律师 42.3 万人,执业律师人数有了重大突破,但是,看似人员充足的法律服务市场,律师事务所无论大小仍然不断地对外发布招聘信息,释放出已有的律师群体难以满足律师行业人才需求的信号,尤其是中小型律师事务所在留住人才上存在困局。大多数律师事务所都意识到人才决定事务所能否长远发展,但如何储备人才却也是律所的难题。很多时候由于市场信息的不对称性,律师事务所需要人,却找不到合适的人,想要去律师事务所的人却因为缺乏信息而找不到合适的律师事务所。律师事务所通过和院校法学院合作,在合作的过程中其实也实现了一种双向的选择,法学院的学生通过职业律师参与的法律诊所课程学习,初步确定未来的职业发展方向,而律师事务所也可以在合作过程中对院校学生进行考察,选取其中优秀的学生作为青年律师人才进行培养,为律所奠定良好的人才基础,增强律所的核心竞争力。

三、律师参与诊所式法律教育的重点环节探讨

法律诊所课程一般包括课堂内教学和课堂外实践两个部分,律师的参与应贯穿其中。本文重点讨论律师直接参与课堂内教学。以南京审计大学法学院的法律诊所课程为例,目前课堂内教学包括了十二个专题,即概述(走进诊所)、接待当事人、案件处理方略、律师职业道德、法院调解、案件代理技巧、法律谈判、心理指导、庭前准备、法律文书、模拟法庭、诊所反馈与评估。法律诊所教师在课堂上采用全方位、多角度、多层次的教学方法,丰富教学内容。根据律师工作的重点内容,如接待当事人、阅读案卷材料、进行法律检索、案件分析、调

查取证、撰写法律文书、审核或草拟合同、庭审应诉等方面,将其纳入诊所式法律教育中来,由律师对学生进行讲授,更有利于提高学生对法律实务工作的了解,锻炼与提升其法律职业能力。教学实践中,在以下主题中聘请专职律师参与,取得了良好的教学效果。

(一)接待当事人

刚步入社会的法科学生接触律师业务时面临的困难,除缺乏实务经验外,还不知如何面对当事人,怎样回答客户的问题,不知如何将自己的法律知识转化为生产力——接受客户委托为客户提供法律服务,实现创收。案源是律师生存之本,每一次"接待当事人"都是一次难得的机会,必须加倍重视,因此,接待当事人的整个过程需要进行一定的精心"策划"。

该主题课程根据实践中如何接待当事人到案件委托成功的逻辑顺序展开。整个课堂教学可分为三部分:

第一部分是理论知识的讲授。首先让学生们围绕接待当事人的目的、基本程序和阶段、接待准备工作、注意事项及接待技巧等发表自己的观点。老师对学生观点梳理总结后,与学生互动交流;接下来由专职律师讲授相关理论知识,即接待当事人的目的、原则,接待准备,接待规范,并答疑解惑。从律师的角度而言,接待当事人要显示律师专业、严谨的工作态度,与当事人建立基本的信任关系,为正式建立委托关系奠定基础。接待中要尊重当事人,擅于倾听当事人对案件事实的陈述,不卑不亢,客观、专业、严谨、得体并且追求效率。

第二部分是现场演练,由职业律师给出真实案例,学生们分小组进行模拟演练,每组分为两方:律师方与当事人方,律师方又分为案源律师、业务律师、律师助理(联络人员)。在模拟演练前,先做好模拟准备工作。以组为单位,确定一名律师与当事人进行会面前的对接与安排,先与当事人电话沟通拟委托代理案件的类型及初步案件争议焦点,以便做好相关准备工作,及时通知当事人具体的会面地点、行车路线、停车地点等。模拟正式接待时,由主持者案源律师将与会人员向当事人进行简短介绍。双方在互换名片后,应注意细节处理,即将名片按其座位的顺序依次进行排列,以防止记错对方的出席人员。通过初步交流,律师应当快速捕捉和预测当事人的目的,以及案件的争议焦点和产生纠纷的根源。律师应当多使用问句进行测试,并以肯定式方式表达对案件争议焦点问题的看法,找出案件存在的问题,将案件初步分析结果与当事人进行交流。测试当事人的诉讼目标,如果目标过高,要尝试说服当事人调整诉讼目标和诉讼预期。如果判断当事人过于不信仰法律,原则上不接受其委托。会面结束后,如果与当事人理念相同或有趋同的可能,应当推动代理协议的签署。

第三部分是课后总结。首先对每组学生模拟演练进行概括性点评总结,律师再结合自己在接待当事人过程中的经验和重要注意点,与学生进行交流,为学生答疑解惑。然后让学生们整理出当事人接待笔录作为其课后作业,使课堂学习的知识转化为文字性的总结输出,以巩固学习成果、加深学习印象,使学生们能够较充分地理解掌握课程内容。

综上所述,除了理论教授外,职业律师主要是运用诉讼角色模拟训练、互动式个案指导、辩论式的提问与回答、讨论式的案情分析等多种教学手段,将职业训练融入课堂教学中。

(二)庭前阅卷

阅卷是庭前准备主题课程的重要内容。阅卷是刑事辩护过程中的一个重要环节,刑事辩护律师通过阅卷确认公诉人对犯罪嫌疑人、被告人的指控是否确实、充分,另外,刑事辩护律师通过仔细研读卷宗,获取相应的线索,归纳整理有利于犯罪嫌疑人、被告人的证据材料,进而选择最佳的辩护思路,争取最大限度维护犯罪嫌疑人、被告人的合法权益。庭审中的辩论主要围绕公诉方宣读的卷宗内容来展开,大量的证人、被害人等出于自身的原因未能出庭,因此庭审中的主要证据就来自控方提交的讯问笔录、证人证言、鉴定意见等证据。而控方一般在庭审中只宣读部分的笔录内容,单纯依据该部分内容无法认定证据的合法性、关联性、客观性,所以庭前阅卷对律师来说就显得尤为重要,便于律师对案件事实有充分清楚的了解。

本课程环节从实践中如何阅卷的逻辑顺序展开,并加以实际案例训练,教会学生如何阅卷、如何撰写阅卷笔录,逐渐推进、层层深入,便于学生理解掌握。该课堂教学环节可分为三部分:

第一部分是理论知识讲授。邀请办案经验丰富的律师进行课堂讲授,律师可以从阅卷的目的、阅卷需要注意的基本要求,不同诉讼阶段的阅卷范围,阅卷的顺序、阅卷的重点内容、如何制作阅卷笔录等问题进行理论讲解,学生们可以就前述问题现发表自己的观点和意见,由律师进行总结梳理,再结合实务经验为学生进行说明。

第二部分是现场演练,由职业律师将挑选出的自己已办结真实案件卷宗材料分发给各小组进行模拟演练,指导学生如何通过阅卷全面掌握案情、寻找辩护要点,遵循先后后前、先言词证据后物证书证等、先供述后证言、先简后繁的顺序,做好开庭审理前的准备工作。特别就阅卷的重点内容就个案予以启发提示,在阅卷笔录制作方法上,根据具体案情选择性采用摘录法、列表法、画图法等,并将真实阅卷笔录予以展示。

第三部分是课后总结:律师将根据实际案例撰写的阅卷笔录作为课后作业,进行点评总结,使学生对课堂内容有进一步的理解与掌握。

（三）调查取证

“授之以鱼，不如授之以渔”，这是所有教育者都认同的道理。正如美国卡耐基研究会于2007年提出了一份关于法学教育的报告所说，法学教育不仅是要教“学生像律师那样思考”，而且要教“学生像律师那样执业”。在诊所式法律教育中，由律师通过自己办结的案件对学生进行个案全过程的法律指导，让学生真正学会如律师一般思考问题，像律师一样执业。

调查取证是律师工作中的重要环节，尤其是在当事人对于案件情况描述不清时，更需要律师对案件中的关键事实进行调查核实，如当事人个人信息、公司经营状况、证人证言等。做案件其本质上是看双方的证据材料能否充分支持自己的诉讼主张，没有证据就不可能存在胜诉的可能。律师在进行课程讲授时，可以围绕调查取证的设计方案、如何规范获取证据的技能、如何固定证据的技能等方面展开。

该课程内容包括课前相关知识的预习、调查取证实践演习与策划、准备模拟案件角色扮演。课堂教学环节同样可分为三部分：

第一部分实际为课前预习与准备。为实现课程的目标，课前首先要求学生自主学习和掌握与调查取证相关的知识，了解基本调查取证的技能；其次要求学生结合授课律师已给出的自己代理的真实案件制定调查取证的方案，并且选择其中一项证据完成调查取证工作，总结取证经验；最后要求学生必须提交书面的报告，并且要在课堂上分享自己的学习与实务操作经验。

第二部分是课堂模拟案件调查取证，模拟案件要求学生扮演不同的角色，根据角色的特点及课前制定与撰写的模拟案例的调查取证方案，现场演练调查取证。并且为课堂获取证人证言等证据做好准备。律师通过真实案例，有意识地提供训练学生法律思维的素材，培养学生的法律思维。以买卖合同纠纷案件为例，不是简单地将裁判文书中法院认定的事实交给学生去分析，而是对一系列证据材料进行调查收集与分析判断，包括合同缔结过程中的传真、信件、谈判记录、备忘录、协议等原始资料，合同履行过程中的汇款凭证、公司账户银行流水、交货凭证、验收凭证等一系列文件，还有跟纠纷产生有关的信件、通知、质检证明、催告信等资料，以及其他证人证言等证据材料。在律师指导下，学生们尽可能真实地还原案件事实，独立地从这些错综复杂的证据材料中发现事实，找出并分析相应的法律关系，通过个案的指导，律师有意识地为学生提供较为全面地获得体验和帮助学生培养法律职业技能，通过调查取证环节，分析证据，培养学生根据掌握的资料构筑事实等动手能力和技巧，提高学生发现和确认事实的能力。此外，该环节也注重学生沟通能力的培养，涉及与己方和对方当事人、对方律师、证人、法官和其他人员之间的充分交流和沟通。

第三部分是课后总结:律师将根据学生制作的相关证据材料进行点评,并结合实际情况进行说明,使学生对课堂内容有进一步的理解与掌握。

诊所式法律教育是为适应我国传统法律教育模式的改革而引入的,其不仅是对传统法学教育方法的变革,更是对整个教学理念的革新,它弥补了我国法律学科多年来只强调学历教育而轻视实践教育的缺陷,也为我国法律实践教育的改革提供了新的参考模式。通过探讨律师参与下的诊所式法律教育模式,可进一步完善诊所式法律教育的方式方法,使之成为传统法学教育之外的一种切实有效的教育模式。

信息化时代研究生阶段法治人才培养机制研究*

纪从政**
（江苏大学法学院）

摘　要：随着我国高等教育体系不断发展完善，为了进一步推进依法治国，提高法治化水平，全国各大学纷纷建立起法学院系，历经多年发展，形成如今全方位多层次的法律院校格局。但是，研究生阶段的法治人才培养模式与现实需求之间的冲突越来越大。法学生的法律能力与思维模式和现代化大数据下的实践情况脱节。本文就法治人才培养中的研究生阶段的法治人才培养机制进行研究，就目前的教育培养现状进行剖析，并且对当下所存在的问题提出针对性的意见。

关键词：法学教育　研究生　教育改革

理论知识结合实践经验的法律研究生培养机制已经成为当下研究生教育改革的主流方向。而如何更好地结合当下发展的实际情况，将现代化科技手段以及先进的教育模式融入法律研究生的培养机制中，为国家培养优质的法治人才，成为目前急需解决的问题。

一、国内外法律研究生培养模式比较

（一）国外法律研究生培养模式

1. 美国培养模式

美国的法学教育是一种典型的高起点、高要求的培养模式，获得本科的学士学位是在美国进行法律学习的基本要求。[1] 因此，美国的法学生培养模式，

* 基金项目：2019 年江苏省研究生教育教学改革课题“新时代高校研究生教育内涵式发展的机制构建与模式创新”（JGLX19_177）；江苏大学 2019 年高等教育教改研究课题立项建设重中之重课题“基于卓越法治人才教育培养计划 2.0 的法学专业线上线下混合式‘金课’建设理论与实践研究”（课题编号：2019JGZZ009）阶段性成果。

** 纪从政，江苏大学法律硕士。

〔1〕 袁翔珠：《论美国法律硕士培养模式及其对中国的启示》，载《大学》（研究版）2015 年第 9 期。

主体就是法律研究生培养模式。美国的法学教育的培养目标,是培养优秀的律师。因此,其研究生阶段的教学过程中,重点培养律师职业所需要具备的专业知识与职业技能。从某种意义上来说,美国的法律研究生的培养就是为未来精英律师做后续储备,但是其必须毕业后方可参与律师资格考试的制度,一定程度上抑制了其培养的法律研究生的发展。

其教学方法以案例教学为主,课前充分研读课堂案例,课堂老师对案例进行引导式提问与教学。学生和老师对案例中的法理和原则进行充分的讨论,以此来培养法律研究生的理论素养,也在探讨的过程中,将理论知识和司法实践糅合到一起。诊所法律教育也是当下美国法学院比较流行的教学方法,即通过给予学生直接参与实际案件的机会,成为案件事实上的诉讼人,来培养出具有丰富法律理论储备和实践经验的专业人才。

2. 德国培养模式

德国的法学教育主要集中在本科阶段,在德国,想要从事法律工作,必须要经过系统性的本科学习,其学习经历也是参加国家司法考试的必要条件。此外,德国的法律工作者一般都要经历 2 ~3 年的司法研习期,将本科期间所学的理论知识,所培养的法治思维进行系统性都训练,消化,从而达到熟悉各种法律程序,熟练制作各种法律文书的程度。因此,德国一般不授予硕士学位,甚至于法学博士的教育在德国也不是其主流。德国的法律研究生教育很大程度上被"本科教育 + 司法研习"的模式所替代,以此作为高端应用型的法律精英培养模式。

3. 日本培养模式

日本的法学研究生培养模式,是以日本司法改革和教育改革的大背景下发展和完善的,其建立法科大学院的培养模式也是发起司法改革的冲锋号角。法科大学院的就是法学的研究生院,其模式以美国的法律教育为模板,将法科的教育设立于研究生阶段。该种模式在具体的实践过程中,由于其过于理想化的模式选择和期望,在面对具体的现实考量后,其改革结果呈现喜忧参半的状态。该种法律研究生的培养模式改革,既揭露出了当下研究室教育中存在的普遍问题,也突出了法学教育模式探索的曲折性和复杂性。

该种模式下的法律研究生的培养,首先对于生源有着理想化的要求,其培养目的也侧重于培养出具有丰富理论知识和实践经验的精英人才。同时,法科大的人才选拔更加侧重于综合能力的测试考察,其测试考察主要从推理、分析、表达和阅读四个部分对考生的能力进行综合评定,内容涉及政治、经济、文化、社会等多方面。最终,由于各方面的原因,法科大学院的报考人数越来越少。而由于法科大学院的设立,也是的日本的法律人才培养模式呈现法律本科教育、法科大学院教育以及法科学术研究生教育三者并存的模式,其中法科大学院教育与法科学术研究生教育更为清晰明确地定位了研究生阶段不同模式下对于法律研究生的培养方向。但是这也一定程度上造成了日本的法律教育的结构失衡。

(二)国内法律研究生培养模式

1. 以北京大学为代表的法律研究生培养模式

以北京大学为代表的法学院校的法律研究生培养目标是以培养实践型人才为主。以循序渐进的培养方案帮助学生构建体系化的知识以及与之相对应的实践能力,兼顾国际发展趋势和国内实际情况。

以北京大学为代表的培养模式注重人才的系统成长性。其培养年限正常为三年,第一年通过对于法律核心课程的学习,丰富法律知识,构建法律框架,形成法律思维。在日常的课堂教学中,穿插适当的模拟法庭比赛以及辩论来增强学生灵活运用法律的能力。第二年开始对学生进行方向划分,并且开始按其选择方向精细化培养。北京大学法学院也是在全国最先开始实行分方向进行培养的院校。通过第一年的法律基础教育,结合学校的教学和引导,让每个学生选择适合自己的方向。各方向均设有个性化的培养方案,所开设的课程强调专业性、实务性和应用性,经常外聘知名教授、实务部门的专家授课,采取专题研讨、案例分析、模拟法庭、现场观摩等多种教学形式。[1] 第三年的培养则以专业训练为主,以提升实践能力为中心任务。法律更多的在于实践,因此北京大学通过案例研习课强化对于学生的思维训练,通过高端实务课培养高端的实践型、复合型人才,其目的在于使学生充分了解法律行业的发展情况,能够结合已经学习的法律原理、法律方法,培养学生发现问题解决问题的能力。这些课程使学生对真实业务中的热点和难题有了更直观的认识,包括合同法实务、刑事辩护实务、民事执行法理论与实务、专利代理实务、“天元”律师实务等。课程融合了校内外优质师资,一般采取校内外专家携手打造,由本院教师主持、精选实务部门专家合作授课,契合实践性人才培养目标,学生认同度高。[2]

2. 地方高校的法律研究生培养模式

随着我国的全面依法治国程度不断加深,各个地方法学院校不断兴起。法律研究生成为我国法治建设中法治人才的主力军。而各地方法学院校为了培养当下所需的法律研究生,其培养模式大概分为以下三类。第一类是基于法律专业分类的培养模式,即第一年以基本法律知识的培训教学为主,第二年学生

---

[1] 郭霁:《中美一流法律专业学位研究生培养模式比较——以北京大学和哈佛大学为例》,载《学位与研究生教育》2018 年第 11 期。

[2] 郭霁:《北大怎么改革法科研究生教育》,载《光明日报》2016 年 11 月 1 日,第 13 版。

结合自己的具体兴趣选择细分方向,第三年开始准备毕业论文以及进行司法实践。该种模式下培养的法律研究生,拥有着相对完整的知识体系,也有着一定程度的法律实践能力。但是由于各个地方院校之间的实力资源以及平台等具体培养环境之间的差异,其培养出来的法律研究生质量良莠不齐。第二类是基于其本科专业分类的培养模式,该种模式考虑到了硕士研究生本科阶段所具有的专业基础,并且以此为出发点,发挥其专业优势,再进行有针对性的法律专业培养。[1] 第三类是基于法考的培养模式。结合我国当下的国情可知,目前我国法官、检察官以及律师等职业,必须通过国家的法律职业资格考试。而法律硕士研究生的未来主要发展方向也是相关的法律职业。法考是法律硕士研究生从事法律的必经之路,因此学校在课程的设置和时间的分配上,于第二学年中便侧重于法考教学,从而使学生的法律知识能够更加的扎实,并且在学习过程中补强自己的薄弱环节,最终顺利通过法考。

二、高校与实务部门联合培养机制现状

(一)应用型人才培养与学术型人才培养

1. 双导师制培养模式

"双导师"模式是经历过长时间检验的较为合格的一种法律研究生培养模式。法学既是一门理论学科,又是一门实践学科。纯粹的理论学习容易与现实脱节。然而目前的教学现状是在校老师大多没有丰富的实践经验,尤其是对于法检系统这方面缺乏检验。因此,实行"双导师"的培养模式,在校老师负责理论教学,聘用具有丰富实践经验的法官、检察官以及律师等法律从业者进行实践教学,可以同时培养学生的理论素养和实践能力。将原先单纯的学术培养向社会法学职业发展需求的高层次法律人才转变;从校外导师角度讲,也可以满足社会高级法律知识分子回报社会的理想抱负。[2]

2. 课堂教学与实务部门实践相结合

法律的生命不在于逻辑,而在于经验。法律硕士研究生的成长,课堂教学与实践同等重要,各个院校也已经充分认识其重要性和协调性。因此在最初第一学年的基础理论教学课后,自第二学年开始,便陆续让学生进入实务部门进行锻炼。而当下与法学院校联系最紧密的三大实务部门当属于律所、法院以及检察院。法院检察院是属于公务员系统,高校通过与之交流合作,可以定期送学生前去实习,如此锻炼学生的法律实践能力,提前培养学生的审判能力。而

---

〔1〕 张雪卉:《国内法律硕士研究生人才培养模式探究》,载《人才资源开发》2016 年第 18 期。

〔2〕 张津滔、陈松:《法律硕士(法学)研究生培养模式及"双导师制"存在问题分析》,载《法制与社会》2018 年第 23 期。

律所作为法学生未来就业的又一大方向，其与各高校之间天然存在密切联系。高校需要学生在律所接触大量的法律事务，以此进一步消化吸收已学的法律理论知识，培养学生实际操作能力。而律所也需要通过高校获取优质的后备力量。因此，各院校在法学教育后期，都会有为期半年不等的实习期间，因此来强化法律研究生的理论素养，丰富其实践经验。

（二）研究生培养中存在的问题

1. 培养目标模糊

目标是灵魂，其直接贯穿整个研究生培养模式的制定、教学的全部过程以及学生能力能否适应社会的需求。然而，从我国目前的法律研究生的培养模式来看，其研究生培养模式与法学本科培养模式在本质上没有根本性的提升。此外，无论是以北京大学为代表的“五院四系”，还是各大地方院校，都在其教学培养目标中提出“培养法律人才，为国家法治建设添砖加瓦”，但是什么是法律人才，如何培养法律人才，各个院校之间大同小异，并没有在其培养目标中体现出来。

2. 培养人才无特色

在快速发展的当下，社会日新月异，法律编订和更新的频率也越来越快。法学教育的改革也因此如火如荼地进行。法律研究生作为法学教育中的高端人才，其培养目标应当跟得上时代的潮流。综观我国法律研究生的培养，各个高校培养出来的人才多是千篇一律，毫无特色。本校的优势以及本地区该有的人才特色没有在研究生培养过程中体现出来。如此状态下培养就造成了学校所培养的人才与社会实际需求之间脱节。同时，虽然各大院校都已经开始注重法律研究生的实践能力，但是由于各院校所在地方的岗位需求有限，能够获得充分实践的人终是少数，更多的法律研究生空有理论知识，没有实践能力。法律又是一门经验之学，在无特色无经验的情况下，部分法律研究生毕业后被迫转行，一定程度上也造成了法律教育资源的浪费。

从目前高校的培养情况来看，近年来法律教育呈现出一种“虚热”的现象。从目前考研中法硕的占比便可以看出，法硕研究生的报考数量逐年增加，而学生选择法律的目的也更为功利。这也将进一步导致高校学生甚至是法学院校失去对于法律的信仰。在此环境下培养出来的法律研究生，毫无特色也便不足为奇。

三、联合培养机制的完善

（一）协调发展是培养机制的基本要求

1. 法学教育与其他教育相协调

法律硕士研究生的生源背景多样化是其主要特点之一，而该特点对于法学教育与其他学科教育之间的结合完善具有重要意义,有利于更好的跨学科培养综合性复合型人才。因此,寻求法学教育与其他学科教育之间的协调融合机制对于培养高素质的法律人才至关重要。以知识产权为例,单纯的法律专业学生很难适应知识产权方面的专业性及复杂性。近些年来愈演愈烈的专利权诉讼纠纷,苹果与高通之间的专利权诉讼、苹果与华为之间的专利权诉讼以及王老吉与加多宝的商标侵权纠纷等案件,无一不涉及知识产权。而这类纠纷中,又无一件是纯粹的法律问题,其涉及具体的现代通讯技术,公司经营过程中的商誉以及一系列的问题,这些问题必须以相关的专业知识为背景,法律只是审查其合法性的必要手段之一。

在法学教育与其他学科的协调发展上,首先应当设置合理的复合课程,以此体现跨学科法律人才培养的特色。在具体的教学实践中,实行跨学科的双导师制度更有利于学生综合理论素养的形成。在理论学习的基础之上,充分利用学校的跨学科平台,将法学专业与其他学院的实践平台相结合,将法学实践基地与校外其他实践基地相结合,从而进一步加深法律研究生的综合实践能力,而不仅仅局限于纯粹法律领域的社会实践,以此实现法学教育与其他教育协调发展。

2. 法学教育自身的协调性

法学教育机制的改革,不是一朝一夕的事情,更不是一院一校的事情。要完善法律研究生的联合培养机制,应当更加注意平衡各地方法学院校的教育平衡,注意法学各学科之间的教育平衡。

法理精神教育与法学知识教育应当是同等重要的,但是由于各院校之间的理念差异与师资力量,同等的教育年限培养出来的法律人才的素质大相径庭。同样地,理论教育与实践教育的同等重要性已经成为各个院校之间的共识,但是由于学校实力资源的限制,学生所能得到的资源倾斜程度也不同,所以后续培养模式改革中应当注意缩小学校间教学质量的差异性。

由于法学学科内部的差异性,法学生普遍对于刑法、民法等实体法更为偏爱,而对于法理学、法制史、宪法学等理论法学则较为轻视。该种偏好取向也导致了目前法学生法理精神缺失。因此在后期的联合培养机制中,理论教育模块应当突出强调法律研究生对于理论法学的学习,以此增加各学科之间的平衡性。

3. 法学教育与社会发展相协调

当下的科技和经济快速发展,新事物应运而生,这也对我们法律研究生的教育提出了新的挑战。然而,目前的培养模式并没有及时适应当下社会发展,许多新领域的法学人才奇缺,相关的法律法规也没有及时颁布、修改或者是完善。在此背景之下,应当协调发展法学教育与社会发展之间的关系,将法学教育的内容更好地契合当下社会发展是新情况新变化。随着我国社会发展,经济实力不断增强,国际地位显著调高,话语权日益增大,因此在国际法律的相关问题上,我国急需大量的法律人才为国家在国际中的发展保驾护航,但是我国国际法学的教育相比于国内法学,无论是投入的人力还是物力都相差甚远,这在一定程度上就导致了法学教育与社会发展脱节,因此应当更加注意二者之间的协调性。

(二)互联网时代下的人才培养

1. 培养研究生的计算机应用能力

互联网时代已经来临,网络目前遍布人民日常的各个方面,相对于法律研究生的培养来说,全面提高其计算机的应用水平以适应当下发展,培养新时代的综合型人才是目前联合培养的主要目标。所以应当明确法律研究生计算机教育的目标和指导思想,形成完善的教学体系。在硬件设施上,要持续增加计算机投入,及时更新计算机教学的硬件设施环境。

在培养模式上,要大力推进教学方法和教学手段的改革。随着网络技术在教学中的普遍应用,多媒体教室、多媒体课件等设施步入课堂,研究生阶段应当通过学习培养计算机应用能力,以此来面对日新月异的现代化社会,解决当下社会的法律新挑战。

2. 培养研究生大数据分析能力

大数据在当下法律领域应用的已经十分广泛,当代的法律研究生应当具备大数据分析能力,并且把这种能力运用到实际的法律问题处理当中。目前已经广泛应用于法律实务中的阿尔法软件,在法官审理判案中帮助法官快速收集比对相似案例,以减少错审率,提高法官的审判效率。阿尔法律师系统也极大地减轻了律师的数据收集整理工作,这些都是信息化时代下大数据应用的结果。新时代法律研究生必须具备相应的大数据分析能力,以此提高在法律事务中的能力。

(三)完善学科建设与师资配置

1. 法学新兴学科纳入培养机制

法学新兴学科众多,这是时代发展的必然结果。将法学新兴学科纳入培养机制也是必然要求。但是也由于新兴学科众多,需要开设的新兴学科的课程自然也多。因此,在如何将新兴学科纳入培养机制,将那些学科纳入培养机制,这个就要结合各个法学院校的具体情况,因校制宜。将重要的新兴学科作为法学必修课,纳入学校考核课程,将一些新兴的法边缘学科作为选修课,让学生根据自己的兴趣爱好各自选择。

2. 加大法学师资培养投入力度

院校之间的资源差异更大的还是师资力量的差距,国内顶尖法学院校集中了全国大部分的优秀法律教师人才,而各个地方的师资力量则显得薄弱。想要联合培养机制取得良好的效果,必须要兼顾各个地方的法学院校之间的发展,尤其是师资待遇的提高。只有高待遇才能更好地吸引高水平人才,因此加大法学师资培养投入力度势在必行,也只有从各个方面综合采取措施,才能完善法律研究生的培养机制,才能培养出卓越的法律人才。

四、结　　语

研究生阶段法治人才的培养,需要学校和社会各方面的共同努力,更需要当代研究生树立正确的法律意识、形成良好的法治思维。未来的人才培养机制应当紧密结合社会现实,紧跟时代潮流,如此方能不断地调整培养模式,从而培养出符合现代社会所需要的法治人才,这也是中国特色社会主义新时代高校培养卓越法治人才的必然要求和主要目标。

西部民族地区一般高校少数民族卓越法治人才培养的探索

雷 蕾 魏 航*
（江苏师范大学法学院）

摘 要：西部民族地区一般高校〔1〕在培养少数民族卓越法治人才时，不仅要受到民族传统思想文化的影响，还要面对其他高校在师资、生源等方面强有力的竞争，使这些高校的少数民族法学生“量少”和“质低”的问题十分严峻，法治人才的基本质量堪忧，更遑论卓越法治人才培养。为培养出少数民族地区需要的卓越法治人才，各高校在法学教育上应凸显民族地区法学教育特色，结合少数民族法律文化，培养新型卓越法治人才——“法贤”，以增强民族地区的法律信仰与法律意识。同时，各高校还应借助区位优势将不同的法学教育资源整合起来，形成法学教育阵线联盟，从而最大化利用有限的法学资源。此外，各高校还应结合自身实际情况，不断夯实自身的法学教育基础，加强师资素质的培养，提高少数民族法学生各方面的能力，提升民族地区的法学质量，进而培养出多类型的少数民族卓越法治人才，为深入推进民族地区法治建设做出贡献。

关键词：西部民族地区 卓越法治人才 培养 一般高校

一、西部民族地区少数民族卓越法治人才培养的意义

2017 年 5 月 3 日，习近平总书记在考察中国政法大学时强调建设法治国家、法治政府、法治社会，实现科学立法、严格执法、公正司法、全民守法，都离不开一支高素质的法治工作队伍。法治人才培养上不去，法治领域不能人才辈出，全面依法治国就不可能做好。〔2〕 习近平总书记指明了新时代法治人才教育工作的方向，阐释了法治人才的重要性以及培养法治人才的迫切性，要求我们重视法治人才的培养。在西部大开发的部分省份中，即内蒙古自治区、甘肃

---

* 雷蕾，江苏师范大学法学院 2018 级本科学生。魏航，江苏师范大学法学院 2018 级本科学生。

〔1〕 一般高校，是指除实力较强的各省、自治区的 211 院校，以及法学专业性强的政法类院校外，其他开设法学专业的高等院校。

〔2〕 摘自习近平在中国政法大学考察时发表的重要讲话。

省、青海省、宁夏回族自治区、新疆维吾尔自治区、西藏自治区、云南省、贵州省和广西壮族自治区,这9个省、自治区的法治人才培养问题显得尤为突出。自改革开放以来,上述民族地区的经济建设、政治建设、文化建设、社会建设以及生态文明建设等各个方面取得丰硕成果,但是从总体上看,在法治建设方面的成就及其研究却处在相对滞后的阶段。为促进西部民族地区全面、快速发展,需要进一步完善地区法治建设,重视本土少数民族法治人才的培养问题。

我国的法治建设最高目标在于"建设中国特色社会主义法治体系,建设社会主义法治国家"。在这一整体目标的视野下,实现民族习惯法与国家法的有机结合,以此促进民族地区的法治建设,尤为重要。法学教育是一个国家法治建设的重要组成部分,中国法学教育状况是建设中国特色社会主义法治国家的历史过程在法学教育领域的折射与浓缩。[1] 夯实法治建设的基础,关键在于培养出大量的卓越法治人才。西部民族地区的法治人才来自全国各地的高等院校,但因受限于各种条件,培养西部法治人才的主力军还是西部民族地区的高等院校。

这些院校除实力较强的各省、自治区的211院校,以及法学专业性强的政法类院校外,其他开设法学专业的高等院校,如师范类、民族类、财经类、理工类、公安类、农业类等一系列的一般高等院校,如表1、表2所示:

表1 西部民族地区高等院校数量 单位:个

地区	总数	211院校	政法院校除公交类	一般高校
内蒙古	17	1	0	16
甘肃	22	1	1	20
青海	4	1	0	3
宁夏	8	1	0	7
新疆	18	2	0	16
西藏	4	1	0	3
云南	32	1	0	31
贵州	29	1	0	28
广西	36	1	0	35

[1] 参见徐显明主编:《中国法学教育状况》,中国政法大学出版社2007年版。

表2 西部民族地区一般高校开设法学专业的数量 单位:个

省(区、市)	内蒙古	甘肃	青海	宁夏	新疆	西藏	云南	贵州	广西
数量	9	11	2	2	10	1	13	12	10

表1中的数据是作者在教育部政府门户网站发布的“高等教育学校(机构)数”[1]的基础上统计而来。从数据看出各高校作为民族地区高等教育人才的输出口之一,培养人才的任务艰巨。表2中的数据来自全国高等学校学生信息咨询与就业指导中心网站[2]公布的“法学所开设学校”名录,由此可见,除西部民族地区“211”高校与政法类院校外,其他开设法学专业的院校的数量较多,即一般高校。

从以上三点来看,为促进西部民族地区法治建设,则需要提升西部民族地区一般高校的法学教育质量,以培养卓少数民族卓越法治人才。

“改革开放四十年来,中国高校法学教育发展可以划分为四个时期:恢复重建期(1977~1985年),积聚发展期(1986~2000年),迅速扩张期(2001~2007年),控制调整期(2008~2018年)”[3]西部民族地区一般高校法学专业的创设时间大多都在积聚发展后期。因其法学专业起步晚,法学教育基础薄弱,一般高校往往没有结合自己实际情况,只是在形式上模仿法学专业实力较强高校的教育培养方案,通常很难走出具有自身特色的法学教育之路,在本质上达不到理想的法学教育目标。

西部民族地区一般高校在法学教育中如何实现高等院校的自治权;如何培养出民族地区法治建设需要的少数民族卓越法治人才;又如何让高校在少数民族法学生源的“量”与法学教育的“质”上符合标准是本文探讨的重点。西部民族地区一般高校的法治人才培养之路可谓是“任重而道远”。

二、西部地区一般高校少数民族学生法学教育的问题

(一)法学专业少数民族学生生源基数小

1.民族地区特殊法律文化对生源基数产生的负面影响

西部地区少数民族在长期的生产、生活中不断总结出解决纠纷和矛盾的一些习惯和规则,并以此来约束少数民族在区域内的行为;这些规则被少数民族

---

〔1〕 载教育部:http://www.moe.gov.cn/s78/A03/moe_560/jytjsj_2018/gd/201908/t20190812_394204.html,最后访问日期:2019年11月25日。

〔2〕 全国高等学校学生信息咨询与就业指导中心网站“院校库”:https://gaokao.chsi.com.cn/sch/search—ss-on,option-qg,searchType-1,start-0.dhtml,最后访问日期:2019年11月25日。

〔3〕 王德新:《改革开放四十年来高校法治人才培养的探索与实践》,载《法学教育研究》2019年第2期。

用自己的语言、文字代代相传,并随着民族的发展得以传承,后续发展为少数民族习惯法。少数民族地区整个社会始终遵循着自己的民族法律文化习惯。民族习惯法是以农村社会为基础,具有少数民族自身思想特色、文化特色的法律文化。在少数民族的农村社会中,民族习惯法是情理、道德、法律的融合体;并且有一部分人维系着民族习惯法,使之在民族地区根深蒂固。这部分人是少数民族的群体里"在日常活动中自然形成的纠纷解决者,他们熟知家谱、习惯条文、谚语、民族的神话传说和民间故事,同时反应敏捷,口才出众,品行良好,行事公正,是一定意义上的民族文化和习俗的百科全书"。[1] 如四川大凉山彝族里的"德古",还有部分少数民族的山官、寨老、族长等人。这些人深得少数民族人民的信赖,当大家有纠纷和矛盾时,在国家法"不告不理"的原则下,少数民族群众会选择办事效率高,法律成本低的民族习惯法来解决。而国家法是以现代城市社会的生产、生活为基础的法系,"民间社会由于历史、地理环境、受教育程度和接受外界信息的能力都滞后,缺乏对国家法的认识了解,所以国家法在他们看来是一种陌生的、外来的信息"。[2] 由此导致国家法处在一个非主体的地位,从而致使少数民族地区的法治推进速度延缓,造成学生及其家长的法律信仰趋于民族习惯法,进而让整个少数民族社会对法治人才的需求降低,造成民族地区法治人才处于"饱和状态"的假象,最终导致少数民族学生选择学习法学专业的较少。

2. 少数民族家庭教育方式对生源基数的消极影响

我国少数民族主要分布在西南、西北地区的农村社会。大部分少数民族家庭都是多子女家庭,家长的培养教育任务相对繁重。子女的成长需要良好的家庭教育,但是少数民族学生的父母文化资本[3]较低,加之少数民族学生的家长主要从事农业、务工等低水平、低工资、高消耗的体力劳动等原因,学生父母的社会资本、经济资本以及文化资本等都十分有限。家庭教育资本的不足,容易对孩子的教育造成负面的影响。学生们的父母"望子成龙,望女成凤"的教育信念很强烈,他们也非常重视孩子的教育问题,希望自己的子女能够跳过自己这一代人的社会阶层,通过教育获得稳定、轻松、高薪的工作。但这些想法存在片面或偏颇之处,对孩子的教育与成长可能造成了不好的影响,限制了孩子在自我发展选择方面的自主权。

---

〔1〕 周星:《家支·德古·习惯法》,载《社会科学战线》1997年第5期。

〔2〕 张邦铺:《国家法与彝族习惯法的冲突与调适———以四川凉山彝族地区为例》,载《四川省社会主义学院学报》2012年第1期。

〔3〕 [美]乔纳森·H. 特纳:《社会学理论的结构》,北京大学出版社2004年版。所谓文化资本是指那些非正式的人际交往技巧、习惯、态度、语言风格、教育素质、品位与生活方式。

由于少数民族学生家长受到经济压力与传统观念的影响,他们认为孩子大学毕业以后,教师、医生、护士等相对稳定的、低风险的职业是理想的选择。并且自2010年起,法学就业率连年被教育部“亮红牌”[1]。因此,对于孩子从事法学及相关的工作,家长们有着自己的看法。首先,他们受传统意识的影响,认为律师是一个靠“人脉”吃饭的行业,家庭背景、社会关系相对简单的少数民族家庭不能予以相关的支持。在小城镇里不容易接到案子,未来发展前景岌岌可危。其次,公务员的竞争太过激烈,几百个人同时竞争一个岗位,压力太大,就业机会小。最后,公检法三个机关不仅有很高的竞争力,还伴随着一定的危险性。综上所述,少数民族学生家长直接用自己较低的文化资本去影响孩子,对孩子的文化资本进行“粗加工”,导致少数民族学生在高考填志愿做选择时很少考虑选择法学专业。

而更多的少数民族学生由于各方面因素在初中或高中的时候就已经选择辍学,加之高考激烈竞争,最终能走入高等教育门槛并选择法学的少之又少。

3.一般高校面对的竞争压力对生源基数造成不利影响

出于经济条件、生活习惯以及家庭传统等因素考量,大部分少数民族学生选择民族地区的高校就读。毕竟全国共计119所中央部门隶属高校,1245所本科院校,都可供少数民族学生选择。如此一来,民族地区以外的高校以及民族地区内的211院校和政法类院校等成为民族地区一般高校的有力竞争对手,这种竞争压力是致使民族地区一般高校的少数民族法学专业生源基数小的原因之一。

实际上,据不完全统计,在民族地区一般高校招收的法学专业学生人数少,且少数民族学生比重小。如新疆警察学院法学学生总人数约233人,少数民族约86人,占比约36.9%;昆明医科大学法学专业16级至18级总人数约177人,少数民族学生约38人,占比约21.5%;云南师范大学法学专业16级至18级总人数约350人,少数民族学生约50人,占比约14.3%;云南财经大学法学专业16级总人数约150人少数民族学生约10人,占比约6.7%。

综合前文所述可以看出高校在招生前少数民族学生数量就较少,而选择法学专业的少数民族学生则是少之甚少。

(二)少数民族法学专业学生的整体基础较弱

西部民族地区一般高校少数民族法学专业学生的整体教育素质较弱,原因有多方面。首先是由教育资源差的中小学教育导致少数民族学生基础薄弱,少

[1] “2019年中国大学生就业报告(就业蓝皮书)发布暨研讨会”发布的《2019年中国大学生就业报告》。红牌专业指的是失业量较大,就业率、薪资和就业满意度综合较低的专业,使家长们觉得法学专业是一个“不接地气”的学科。

数民族学生在初、中等教育与高等教育相衔接时出现差距。虽然少数民族预科教育可以弥补一部分少数民族学生的差距。但整体上少数民族学生随着所接受的教育程度越高,反而使这样的差距显得更明显。

1. 初、中等教育资源缺乏致使学生基础薄弱

西部民族地区的教育发展水平长期以来都处于弱势。偏远的地理位置、稀缺的教育资源、薄弱的文化氛围等致使少数民族地区的各级各类教育水平都普遍低于其他地区,少数民族的学生在语言基础、思想层次等方面也处在劣势。尤其是第二语言习得方面的障碍成为制约少数民族学生学习的突出问题之一。双语少数民族学生同时学习、使用三种语言即汉语、少数民族语言和外语。少数民族语言是在民族地区生产生活的主要语言,该语言是双语少数民族学生从出生就开始接触,是他们生活的语言背景。汉语在民族地区的使用虽比较广泛,但少数民族学生的汉语水平仅限于平时的交流。低水平的教育致使语言学习上的差距被遮蔽,随着教育水平的提高,差距就会被扩大。与非双语的少数民族相比较,双语少数民族的语言基础劣势就会显现出来。而且对于法学这样在写作、阅读以及表达等过程中有较高要求的专业,让双语少数民族法学生在学习、理解上显得困难重重。

少数民族学生的英语学习有一部分从幼儿教育开始接触,也有一部分开始于初中,甚至有一部分到高中才开始接触。毋庸讳言,少数民族学生的英语水平参差不齐,在高等教育的集合下会让大学英语的教学达不到理想效果。而且,少数民族地区位处我国边境地区,要培育具备一定外国语基础和法学知识的国际卓越法治人才,外国语言是必须攻克的一大难关。

较之其他地区的学生,西部民族地区一般高校少数民族学生在思想层次上存在一定的差距,这些差距主要体现在少数民族学生的眼界、阅历等方面的局限。因此,在独立思考、敢于质疑、勇于创新方面,与汉族学生相比,少数民族学生则略有欠缺。相应地,上述少数民族法学学生相对需要较强的理性思维与质疑能力来维护民族地区发展的公平与公正。

2. 有限的法学教育资源限制法治人才的输出

西部民族地区的一般高等院校大多属于“行业大学”,由于它们的培养目标、优势学科不同,使他们在长期的办学过程中形成自己的特点:专业类型集中,学科特色突出。在没有“211”院校的雄厚实力,也没有政法类院校的专业教育积累的情况下。与之相比,一般高等院校在设立的法学专业上则表现出相似的弱点:法学教育资源相对匮乏。

首先,民族地区一般高等院校法学教育中师资力量相对薄弱。主要表现在法治人才的引进、吸收、保留等方面。难以引进优秀的少数民族专职教师,高教

学水平和深厚专业素养的人才数量少,教学工作就处于"两慢一低"的境地,即起步慢,进展慢,效率低。其次,民族地区一般高等院校往往在教学模式缺乏自身特色,未做到因材施教与因地制宜,各高校在法学教育整体上仍然处于模仿和初步探索阶段,多数高校在探索与模仿中逐渐迷失自己应有的特色,导致高校自己在法学学科专业建设上忽视了自身法学教育的实际情况,因此培养出来的少数民族法学生质量大打折扣,这些都不利于民族地区的法学教育工作进一步开展。

因此,民族地区的一般高校要增加少数民族法治人才的数量,通过提高自身的法学教育质量来提升少数民族法治人才的专业素养,培养出民族地区法治建设所需要的法律信念过硬、法治能力过硬、法学素质过硬的"三硬"少数民族卓越法治人才,则可以从以下几个方面进行思考与实践。

三、民族地区一般高校卓越法治人才培养的对策

(一)培养新型卓越法治人才——"法贤",增强民族地区的法律信仰

西部民族地区的法律文化是国家法与民族法相互交织的。当拥有国家强制力的国家法与拥有广大群众基础的民族习惯法相冲突的时候,则需要一群拥有现代法理基础、法学思维的法治人才去促进两者的融合,让民族地区的法治得以完善,从而进一步促进国家的法治建设。而这样的法治人才在民族地区是欠缺的也是各高校需要培养的。

民族地区的高校可以借助自己的区位优势,结合自身学科优势以促进国家法与民族法的融合。如一般高校针对法治人才的培养对象不能局限于高校少数民族法学生,还可以扩大培养范围。各高校可以将培养对象扩展到前文所提到的少数民族里维系民族习惯法的纠纷解决者,如德古、寨老、山官、族长等人。一般高校可利用自身的法学教育资源对这一类乡贤进行培养,引导他们在已有的少数民族法律文化基础上进一步对国家法进行系统学习,将国家法与民族习惯法有机地地结合起来;并利用他们在本民族群体中的影响力,将国家法为主体的法律信仰传播出去。使之成为少数民族地区新型卓越法治人才——"法贤"。[1] 在民族地区,"法贤"是平衡国家法与民族习惯法的法治人才,他们经过高校的培养后可以在本地区传播正确、科学的法律文化;并起到标杆作用,引领民族同胞们积极学习法律知识,营造良好的法律学习氛围;同时他们还可以重塑少数民族地区的法律观念,将法治理念深入到少数民族人民内心,让越来越多的少数民族青年投身到法律的学习中。各大高校以优秀"法贤"文化涵养

---

[1] 作者界定的"法贤",即指在特定区域内有着较高地位以及威望,并拥有较丰富的法律知识的少数民族贤士。

少数民族地区法律文化,培养出新一类融合法律文化能力强的卓越法治人才,以此增强偏远民族地区群众的法律信仰,强化他们的法律意识,促使越来越多的少数民族青少年走上学法之路,为扩大少数民族法学生基数奠定基础;从而为国家法与民族法之间的平衡添加筹码。

(二)形成法学教育阵线联盟,培养少数民族双语卓越法治人才

一方面,民族地区的高校也可以与同地区的高校进行法学教育资源的交流、共享和整合,实现有限法学教育资源的最大化,凝心聚力形成法学教育联盟,共同解决法学教育的各种问题。并借此扩大一般高校法学专业在民族地区的影响力,以吸引优秀的少数民族学生报考各高校的法学专业来增加少数民族法学生的基数;同时还可以缓解法学教育资源紧张的情况,以及解决一些培养少数民族法学生遇到的难题。

另一方面,高校是国家法系统学习的教育资源,而涉及民族习惯法时,"法贤"则是优质的教学资源。民族地区的一般高校还可以借助已经培养成优秀法治人才的"法贤",让他们通过使用少数民族语言给少数民族法学生传授民族习惯法的知识。以此形成国家法与民族法的教育阵线联盟,培养出卓越的法治实务工作的双语法治人才。此类授课形式有利于学生的少数民族语言学习,还让少数民族法学生对西南西北少数民族习惯法的重难点内容如在婚姻家庭法范围内的"抢婚"习俗、"走婚"习俗、藏区的"赔命价"习惯法等有系统、深刻的认识。高校与"法贤"教授少数民族法学生解决国家法与民族习惯法冲突的理论方法,有利于学生快速找到国家法与民族习惯法之间的平衡点,更好地从事法治实务工作。这样的法学教育联盟不仅能让优秀的民族习惯法文化得以传承,还能提高民族地区的法治工作效率,更进一步加快国家整体的法治建设。

(三)结合自身实际,夯实法学教育基础,培养多类型法治人才

1. 注重法学理论实践能力,培养卓越的实务法治人才

法治实践需要法学理论的指引推动,法学教育更需要法治实践的检验提升。因此各高校要注重培养少数民族法学生的理论实践能力,支持少数民族法学生参与法律援助,着力推动建立法治实务部门接收少数民族法学专业学生实习、担任实习法官、检察官助理等制度,推动机构落实接收、指导少数民族法学生实习作为法治实务部门的职责。

高校在扩招设立专门的少数民族法学生教学教师岗位的同时,可以吸收法治实务部门专家参与人才培养方案制定、课程体系设计、教材编写、专业教学,不断提高协同育人的合作,培养出优秀的少数民族专业法治人才。民族地区的一般高校也可以借助自己优越的地理位置与民族地区的法治实务部门在法律人才培养、司法案例研究、法律资源共享等方面进行深度融合与紧密合作。可

借鉴江苏师范大学法学院与玛曲县人民法院共签战略合作框架协议以期推动共同培养造就高素质的法律人才,为全面推进依法治国基本方略贡献双方应有的力量。少数民族地区的高校也可以借鉴此方法,不仅可以为民族地区的法治部门培育出务实的卓越法治人才,还可以推进民族地区的法治工作。

2. 结合高校优秀专业,培养复合型卓越法治人才

"整个法学的学科知识体系正在逐步变化,边缘学科、交叉学科和新兴法律学科发展很快,法学与其他相关学科互动交流、互相融通、相互促进的态势不可改变。"[1]在《关于坚持德法兼修实施卓越法治人才教育培养计划2.0的意见》中鼓励高校开发开设跨学科、跨专业新兴交叉课程、实践教学课程、形成模块(课程组)供学生选择性修读。"在法学专业核心课程体系方面,2018年《法学本科国家标准》采取了'10+X'模式,保留最具核心意义的专业课程名录,各地各类高校在结合自身特色优势设置专业课程方面有较大的自主权。"[2]民族地区一般高校大部分是"职业大学",这类高校有自己的优秀专业,特色学科同时还创设法学专业。基于这样的优势,一般高校可以创设法学与其他学科相交叉的课程,充分发挥"10+X"中X的内涵,培养复合型的卓越法治人才。

比如,医科大学的法学专业可以注重培养解决卫生方面、医患纠纷等专项领域的法治人才。在进行相关法学学科授课时可以综合医患纠纷中一些典型案例,将其中的医学术语或者就医过程通过授课的方式讲解给少数民族法学生听,以此扩宽学生的知识面,培养专门解决医患纠纷的实务法治人才。

工科类大学则可以充分发挥学生的创新与创造能力,利用互联网、人工智能将法学与其他知识结合起来,如西南石油大学彝族学生勒苦伍牛惹为主的创新团队研发设计一款专门针对彝族人群的手机App,勒苦伍牛惹把这款App取名为"涯悠"。这款手机App的彝汉互译功能主要用来翻译生活化的语言,现在已有7万名活跃用户。这样成功的案例是可以进一步得以拓展的。

在西南西北地区的少数民族数量多,种类也多。其中大部分都有自己的语言,还有一部分既有语言也有文字记载。虽然汉语是少数民族的通用语言,但对于语言基础较差的双语少数民族学生来说,理解一些专业性术语相对困难,尤其是法学专业上的各种抽象、深奥的法理知识。

民族地区各高校可以团结不同高校、不同专业的少数民族学生就不同地区、不同的民族语进行收集,高校自己培育卓越的人智能+民族语言法治人才,借助人工智能将法学知识与民族语言相结合。这样不仅可以提高学生团结协

〔1〕 吕涛、窦衍瑞:《应用型法治人才培养的课程体系构建》,载《法学教育研究》2019年第2期。

〔2〕 王德新:《改革开放四十年来高校法治人才培养的探索与实践》,载《法学教育研究》2019年第2期。

作能力、创新创造等能力,还能借此将法学知识"智能化"来提高少数民族双语同学的学习理解能力,促进他们对法学知识的吸收。此外,把技术成熟的"人工智能+法学+民族语言"操作推向民族地区,从而加快民族地区普法、法援、庭审等法治实务工作的进程。

3. 创建优秀的师资团队,以法学教育人才培养法治人才

教师是教学育人岗位上重要的工程师,是教学过程的组织者、指导者、意义建构的帮助者、促进者,拥有优秀的师资团队是培养卓越法治人才成功的一半。民族地区的一般高校可以加大人才引进的力度,增加人才培养的方式,如出资培养人才尤其是针对少数民族法治人才的培养;与优秀人才签订定向协议,让人才回归出资培养的高校。在这方面云南民族大学较早地开始实践,自2009年起该高校与云南省高级人民法院合办定向少数民族法官培训班,旨在为少数民族地区培养出精通民族语言、熟悉民族风俗习惯的少数民族法官。同时高校还要健全全方位的师德考核系统,强化师德监督,积极引导教师以德立身、以德立学、以德施教。其次大力推进开展专题研修,引导广大教师深入了解法治实践,提升教师专业能力和综合素质,为少数民族法治人才培养提供智慧储备。

还可以吸收法治实务部门专家参与人才培养方案制定、课程体系设计、教材编写、专业教学,任职法律优秀人士为兼职教师,不断提高协同育人,达到培养出优秀的少数民族专业法治人才的效果,使少数民族一般高校法学学科的教学教育有着强大的师资队伍,为培养相关卓越法治人才提供前提条件。

四、结　语

西部民族地区的卓越法治人才培养任重而道远,其培养之路需要因时因地而制宜。因此,西部少数民族地区一般高校在国家依法治国、培养德才兼修卓越法治人才等背景下应当顺应时势,借助所在区位以及具有民族特色的法律文化等资源优势,重视对少数民族地区法治人才的专项培养,制定出相适应的培养方案,使教学理论、教学策略、教学手段与教学技术的使用均建立在培养少数民族卓越法治人才的基础上,从而提高各高校的法学教育质量,进而培养出民族地区理想的少数民族卓越法治人才。

法治视域下高校社会主义核心价值观建设创新研究*

李炳烁　何　铭**
（江苏大学法学院）

摘　要：当前高校社会主义核心价值观教育面临着较为复杂的局面。核心价值观教育的制度保障与资源融合缺乏有效对接，目标规划与实践内容尚待有效落实，文化引领与人文涵养亟待有效深入。总体而言，在全面推进依法治国的社会背景下，法治思维与高校社会主义核心价值建设具有内在的关联性。法治有利于明确高校社会主义核心价值观建设的规范标准、促进实践落实以及引领价值导向。在新的社会形势下，高校作为培育和传播社会主义核心价值观的主阵地，需要不断创新方式方法，以青年学生的思想需求为导向，以法治思维、法治方式、法治文化进行制度创新、实践落实和有效引导。

关键词：法治思维　高校社会主义核心价值观教育　制度保障　价值引领

培育和践行社会主义核心价值观是十八大以来国家建设与社会发展的重大战略任务。高校作为人才培养、理论研究的重要基地，担负着为中国特色社会主义事业培养建设者的重大使命。坚持“德育为先、育人为本”的教育理念，深入研究、系统阐释以及大力弘扬社会主义核心观，创新社会主义核心价值观建设的实践路径，引导大学生群体树立正确的价值观念和理想追求，是新时代高等教育的基础性工作。同时，习近平多次强调，“要切实把社会主义核心价值观贯穿于社会生活方方面面”“健全各行各业规章制度”“要用法律来推动核心价值观建设，注重在日常管理中体现价值导向”。〔1〕因此，加强制度保障，以法治思维和法治方式推动高校社会主义核心价值观建设实践创新，对于强化大学生核心价值观教育的落细落实具有重要意义。

---

* 基金项目：江苏省社会科学基金项目“社会主义核心价值观融入江苏法治建设研究”(17DF012)。

** 李炳烁，法学博士，江苏大学法学教授；何铭，法学硕士，江苏大学法学院讲师。

〔1〕 习近平：《习近平谈治国理政》，外文出版社2014年版，第164～165页。

一、高校社会主义核心价值建设的实践审视

当前高校社会主义核心价值观教育面临着较为复杂的局面。在全球化、信息化的时代,各种社会思潮呈现交流碰撞的新态势,不同的价值观念和多元文化潮流在高校融汇激荡,信息技术的发展也为各种价值观念的传播提供了快捷的载体。青年大学生正处于思想活跃的时期,高校的社会主义核心价值观教育越发显得迫切。

(一)制度保障与资源融合缺乏有效对接

高校社会主义核心价值观建设的重要内容,是强化制度建设,"以社会主义核心价值观的基本要求,重新审视大学章程和各项规章制度,并在学校改革发展的各项举措中突出体现社会主义核心价值观的精神和要求"。[1] 从实际发展情况来看,高校注重核心价值观教育的校园文化宣传和方式创新,但在将社会主义核心价值观的内容融入学校管理、学生培养、教师评聘等重要制度环节的领域则相对缺乏。不同部门之间的制度衔接也存在关联度不够的情况,宣传部门和学生管理部门等重视程度较高,思想政治教育教师在日常的教学工作中也比较关注核心价值观教育,但其他管理部门、科研机构、业务单位等对此重视程度不够,存在"形式主义"现象,没有形成完整有力的保障体系,思想政治教育主体独立且分散,核心价值观教育的资源缺乏有效对接。总体而言,没有具体的制度保障,社会主义核心价值观的培育与践行,特别是对青年学生的教育,就失去了在实践中感知和体悟、进而自觉认同践行的现实载体。

(二)目标规划与实践内容尚待有效落实

高校在社会主义核心价值观建设的过程中,普遍重视核心价值观对于校园文化的引领作用,尤其是很多高校结合自身传统,考虑学校文理兼顾、科学人文相融合的特点,创新了一批丰富多彩、积极向上的文化品牌项目,为广大师生坚定理想信念、保持良好情操做出了积极贡献。同时,我们也看到,高校社会主义核心价值观建设的目标落实还有很多需要提升的空间。一方面是方式方法较为单一。相当一部分学校将社会主义核心价值的教育等同于开展学生社团活动,没有探索具有时代精神、满足新一代青年学生精神诉求、能够直面和回应社会问题的教育方式。另一方面又过分强调思想政治教育的政治性,满足于传授知识体系式的教育模式,无法做到与时俱进、寓教于乐;另外,缺乏长期的目标规划。高校社会主义核心价值观的建设,是一项长期的系统工程,需要系统的制度保障和具体的实践落实。很多学校管理者还没有意识到在价值观念领域

[1] 刘建军:《高校培育和践行社会主义核心价值观的四个步骤》,载《思想理论教育》2016 年第 3 期。

博弈较量的艰巨性、长期性和复杂性,没有将核心价值观作为高等教育的基础性工作贯穿于学校发展的全过程,因此实践效果不容乐观。

(三)文化引领与人文涵养亟待有效深入

社会主义核心价值观深深根植于中华优秀传统文化,具有丰富的思想精华和道德精髓。因此,培育和践行社会主义核心价值观,必须"以文化人、以文育人",通过"教育引导、舆论宣传、文化熏陶、实践养成、制度保障等,使社会主义核心价值观内化为人们的精神追求,外化为人们的自觉行动"。[1] 目前,高校社会主义核心价值观建设,在以人文精神涵养大学生精神世界方面,还有很多提升的空间。社会主义核心价值观的丰富内涵还没有转化为多种多样的人文因素,潜移默化地滋养青年学子的精神家园。尤其值得注意的是,校园文化建设和思想政治教育不能停留在文艺活动、开会学习、橱窗宣传等层面,这样无法触及人的思想和灵魂,不会吸引新一代的大学生。高校社会主义核心价值观建设,必须创新理念、贴近生活,"运用各类形式,融入社会生活,形成有利于培育和弘扬社会主义核心价值观的生活情景和社会分氛围,使核心价值观的影响像空气一样无所不在、无时不有"。[2]

二、法治思维与高校社会主义核心价值建设的内在关联

在全面推进依法治国的社会背景下,法治思维与高校社会主义核心价值建设具有内在的关联性。2014 年,习近平总书记在中央政治局第十三次集体学习时强调,要用法律来推动核心价值观建设,要求注重在日常管理中体现价值导向,使符合核心价值观的行为得到鼓励、违背核心价值观的行为受到制约。2016 年,中共中央办公厅、国务院办公厅印发了《关于进一步把社会主义核心价值观融入法治建设的指导意见》,强调要以法治体现理想精神和道德情操,强化法律对道德建设的促进作用,推动社会主义核心价值观更加深入人心。总体而言,核心价值观作为思想和观念层面的认识活动和价值尺度,只有通过外在的行为才能体现。而法治作为人们行为的规范评价模式,在社会主义核心价值观中居于基础地位。法治既是社会主义核心价值观的基本要素,又是社会主义核心价值观的实现载体,还是社会主义核心价值观的实践保障。

(一)法治有利于明确高校社会主义核心价值观建设的规范标准

法治之所以有利于明确高校社会主义核心价值观建设的规范标准,与高校核心价值观建设遭遇现代性困境有关。改革开放四十年来,我国经济社会发展

---

〔1〕 习近平:《习近平谈治国理政》,外文出版社 2014 年版,第 164 页。
〔2〕 习近平:《习近平谈治国理政》(第 2 卷),外文出版社 2017 年版,第 134 页。

取得了巨大进步,完成了西方国家上百年才走完的历程。与此同时,中国社会也经历了人类历史上前所未有的快速社会转型。传统与现代相互交织,各种利益冲突不断凸显,社会阶层的分化也日益明显。在这种社会背景下,各种社会思潮、多元文化观念在时空叠加的条件下不断碰撞、冲突与融合,加之全球化时代信息技术的快速发展,网络虚拟世界呈现出更多的反传统、反权威、多主体特征。所有这一切给高校大学生的价值观念形成了较大的冲击。高校学子作为社会发展的接班人,他们的价值观念塑造、道德体系建设已不仅是高等教育范畴,而是一个关乎整个社会发展的全局性问题。“在传统价值观的解构与断裂、多元文化社会思潮的挑战与挤压、信任危机的滋生与扩散的形势下,法治在国家层面可以约束权力的任意行使,在社会层面可以对社会发展起着规范引领作用;对个体而言,法治能够为公民参与社会活动提供价值规范和评判标准。”〔1〕因此,以法治来明确高校社会主义核心价值观建设的规范标准,以法治的力量推进道德建设,提升高校思想政治教育水平,核心价值观建设才有明确的制度标准和刚性约束,才能增强大学生培育和践行社会主义核心价值观的自觉性。

(二)法治有利于促进高校社会主义核心价值观建设的实践落实

法治,作为社会主义核心价值观的重要组成部分,实际上也是高校社会主义核心价值观教育的一种实践取向和制度保障。运用法律法规、公共政策、典型案例向青年大学生传导正确价值取向,切实发挥法治的规范和保障作用,可以促进核心价值观由“软性要求”向“硬性规范”转变,有利于推动社会主义核心价值观在大学生群体中内化于心、外化于行。从价值观念塑造的角度来看,人们内心道德感具有天然的脆弱性,需要外在的制度和规则给予支撑和保障;反之,外部的社会规则也需要道德观念的固本培元。“敬重制度、规则是现代公民的一种德性和品格,在现代法治社会中,核心价值观作为一种道德自律和文明自觉,它所倡导和建构的公民品格的重心已由个人的本体道德转移到经济生活和社会公共生活中的规则制度上来。”〔2〕由此可见,通过法治明确社会主体的权利义务,增强社会主义核心价值观实践的现实基础,既有利于青年学生进一步明晰核心价值观的实践要求,推动高校社会主义核心价值观建设的制度化、实践化、常态化,更有利于经由外部的行为规范促进社会主义核心观入脑入心,增强大学生对核心价值观的认同和自觉。

(三)法治有利于引导高校社会主义核心价值观建设的道德取向

深刻认识高校社会主义核心价值观建设与法治的理论逻辑和实践发展具

〔1〕 陈金钊:《对法治作为社会主义核心价值观的诠释》,载《法律科学》2015年第2期。

〔2〕 王贤卿:《努力把社会主义核心价值观融入法治建设》,载《求是》2017年第7期。

有重要意义。习近平指出,“法律是成文的道德,道德是内心的法律,两者都是治国理政的重要手段。法律和道德都具有规范社会行为、调节社会关系、维护社会秩序的作用,在国家治理中都有其地位和功能。法安天下,德润人心。法律有效实施有赖于道德支持,道德践行也离不开法律约束。法治和德治不可分离、不可偏废,国家治理需要法律和道德协同发力”。[1] 法律作为社会行为的规范体系,以权利义务和责任的方式明确了在当下社会人们应该如何行为的范围及其尺度。法律是成文的道德,道德是内心的法律,法律规范本身必然内含着道德判断、体现着价值取向。从科学立法、严格执法、公正司法到全民守法,法律体现着对于社会正义、先进道德的弘扬,对于不法行为、不良道德的遏制和惩罚。法治不仅能更好地守护公平正义、弘扬美德善行,而且能促使人们趋善避恶、扬善弃恶。因此,通过在高校中进行法治宣传和法治教育,尤其是以生活中的法律案例现身说法,使符合核心价值观的行为得到鼓励、违背核心价值观的行为受到制约,可以把核心价值观的教育引导、舆论宣传、典型示范、实践养成等道德教化的各种具体方式加以制度化、规范化,引导高校社会主义核心价值观建设的道德取向,真正使核心价值观教育具备明确的现实载体和实践基础。

三、法治视域下高校社会主义核心价值观建设的创新路径

在新的社会形势下,高校作为培育和传播社会主义核心价值观的主阵地,需要不断创新方式方法,以青年学生的思想需求为导向,以法治思维、法治方式、法治文化进行制度创新、实践落实和有效引导,使核心价值观教育真正融入高等教育全过程,最终形成有利于弘扬社会主义核心价值观的社会环境,为立德树人提供价值引导力、文化凝聚力和精神推动力。

(一)以法治思维保障高校社会主义核心价值观建设的常态化

前文已述,高校社会主义核心价值观教育必须加强制度保障,实现从思想政治教育、舆论宣传、课堂学习到制度实践的转变,使核心价值观的不同内容融入高校管理、学生生活、校园文化等领域。任何价值观念都必须依托一定的制度基础才能切实发挥思想引领、凝聚共识、价值认同的效能。高校社会主义核心价值观建设要想得到广泛认同、推广,保持稳定性、连续性和持久性,就必须以法治思维推进制度建设,使学校的教育理念、管理制度、管理方式、各种方针政策都体现社会主义核心价值观的丰富内涵、精神实质和实践要求,在法治框

[1] 习近平:《习近平谈治国理政》(第2卷),外文出版社2017年版,第133页。

架内推进社会主义核心价值观规范化,努力将社会主义核心价值观的要求转化为可操作化的制度规范,使社会主义核心价值观贯穿于教书育人的每个环节。例如,可以通过组织修订教授治学规则、学生管理守则,突出遵纪守法内容,注重规则意识培育,倡导契约精神,弘扬公序良俗,引导大学生自觉遵守学校规则,履行法定义务和社会责任。再如,以法治思维提升学校管理制度的价值导向,通过校规校纪,鲜明地表明支持什么、鼓励什么、反对什么、禁止什么,规范人们的行为,引领人们的价值取向;与此同时,也可以通过政策、措施、法律后果等推动和促进大学生的行为走向。譬如,通过推进学生诚信档案制度建设,在日常学习生活中征集、使用信用信息,加大对失信行为的遏制力度,促进形成守信光荣、失信可耻的校园文化。总而言之,通过建立体现核心价值观的制度体系,以法治思维保障高校社会主义核心价值观建设的常态化、稳定性、执行力和约束力,才能形成高校核心价值观培育和践行的长效机制。

(二)以法治方式推进高校社会主义核心价值观建设的实践落实

社会主义核心价值观本质上是实践的,其根本生命力在于其实践性。[1]社会主义核心价值观既包括价值观念,也包括价值实践,是二者的有机统一体。价值观念的这一特征决定了,高校培育与践行社会主义核心价值观,其根本途径在于价值实践。中共中央办公厅、国务院办公厅《关于进一步把社会主义核心价值观融入法治建设的指导意见》指出,坚持以社会主义核心价值观引领法治建设,以法治思维、法治手段推进社会主义核心价值观培育践行,既重视发挥社会主义核心价值观的教化作用,又重视法治建设的规范作用,通过将社会主义核心价值观贯彻到全面推进依法治国的法治实践中,贯彻到科学立法、严格执法、公正司法、全民守法等法治建设的各个环节中,实现社会主义核心价值观对法治建设的多维融入与相互支撑。这意味着,高校社会主义核心价值观建设的实践落实,必然建立在法治基础上,以良法善治提升工作的有效性。其中尤为重要的是,要以社会主义核心价值观为引领,以法治思维和法治方式为基本原则,建构民主、法治、公平、和谐的高校治理体系。把培育和践行社会主义核心价值观的相关要求上升为良好的制度规则,做到民主治理、规则先行,实现制度完善和改革决策相衔接,做到重大改革依法公开、依法决策,师生员工民主参与,责权利相一致,不断提升高校治理法治化水平。从实践来看,这一点是极为必要的。

同时,还应该坚持以法治方式推动核心价值观的实践融入,以感性认知增强价值认同。"内化于心、外化于行"是社会主义核心价值观建设的重要目标,

---

〔1〕 双传学:《社会主义核心价值观研究丛书》(实践篇),江苏人民出版社2015年版,第8页。

从顶层设计、政策安排到制度规范,都需要法治化的价值认同路径创新。从实践角度来看,当前高校社会主义核心价值观建设尚面临诸多困难,来自意识形态、社会转型和文化继承等方面的因素给核心价值观建设发展带来各种挑战。因此,以丰富生动的实践推进核心价值观的价值认同显得尤为重要。另外,在注重主体需要、突出校园特色的同时,也应创新载体形式;运用网络平台等新媒体形式增强核心价值观的感性认识,从青年学生对核心价值观的日常生活实践接触、从对法治建设的点滴生活感知开始,坚持贯穿结合融入、落细落小落实的实践养成方法。

(三)以法治文化促进高校社会主义核心价值观建设的自觉践行

高校社会主义核心价值观建设需要制度规范和教育引导,同时也离不开文化涵养和文化引领。而社会主义法治文化在促进高校社会主义核心价值观建设的自觉践行方面,具有不可替代的重要意义。法律是成文的道德,道德是内心的法律。我国所倡导的法治文化是包含着自由、平等、民主、正义、和谐、秩序等多方面丰富价值的,具有强烈价值取向特色的价值观念。这些价值观念又被社会主义核心价值观所内含。富强、民主、文明、和谐是社会主义法治文化的总体目标,自由、平等、公正、法治是社会主义法治文化的核心精神,爱国、敬业、诚信、友善又是培养社会主义法治文化的源头活水。因此,践行社会主义核心价值观是社会主义法治文化的应有之义。从实践来看,近年来各个高校在社会主义核心价值观建设中,通过以案说法、提供网络信息平台方便学生法律咨询、在公共场所修建法律文化墙开展法律文化熏陶、组织法律援助活动等文化活动,以可视性、体验性、互动性方式推动核心价值观与法治文化进课堂、进教材、进头脑,引导学生了解核心价值观、法治文化融合发展的要义,帮助学生将其内化为自己的主观需要,转化为行动指南,起到了很好的效果。在学校法治文化的宣传教育中,还应充分注意发挥师德风尚的引领示范作用。师德是学校教育的灵魂,教师的师德师风对学生有着潜移默化的影响。教师在实践中坚持践行社会主义核心价值观,坚持用法治思维和法治方式处理教育事务,对于学生主动参与精神的养成,对于学生自觉精神的塑造均具有不可忽视的作用。这就需要教师在教育过程中坚定理想信念,坚守职业道德,发挥优良传统,坚持为人师表,通过自身教学工作中将核心价值观与法治文化融合的具体实践,引导学生接受认同核心价值观,增强行为自觉性。

高校与司法机关联合培养法治人才模式之完善

李　锋　钱　鹏　刘合臻*
（海安市人民检察院）

法学教育是我国教育体系中的重要组成部分，是法学教育学术研究性的体现，而学术研究性法学的社会性，强调法学教育的职业性和实践性。[1] 正如霍姆斯所说法律的生命不是逻辑，而是经验。随着我国高等院校中法学教育的大规模扩张，培养实务型人才越发成为社会需要。《国家中长期教育改革和发展规划纲要（2010～2020年）》提出要创立高校与科研院所、行业企业联合培养人才的新机制。为了贯彻落实纲要精神，教育部、中央政法委于2012年正式启动"卓越法律人才教育培养计划"，将目标定位为：以提升法律人才的培养质量为核心，以提高法律人才的实践能力为重点，加大应用型、复合型法律人才的培养力度，培养造就一批适应社会主义法治国家建设需要的卓越法律职业人才。2018年10月，教育部、中央政法委公布了《关于坚持德法兼修实施卓越法治人才教育培养计划2.0的意见》。

一、高校与司法实务部门联合培养法治人才工作的举措

（一）高校教师到司法机关进行实务挂职。近些年来，理论界和法律实务界都逐步意识到搭建司法实务部门和高校之间的交流桥梁的重要性，并为此做出了努力。最高人民检察院自2006年起实施法学专家挂职制度，至今已有十余年，法学专家挂职最高人民检察院已经形成规范化制度。2013年，教育部、中央政法委员会、最高人民法院、最高人民检察院、公安部和司法部，联合推出了高等学校与法律实务部门人员互聘的"双千计划"，旨在加强高校与法律实务部门的合作，提高法律人才培养质量。实践证明，学者挂职有助于改善法检

* 李锋，海安市人民检察院政治部主任；钱鹏，海安市人民检察院政治部副主任；刘合臻，海安市人民检察院检察官助理。

〔1〕 林定坤：《反思我国的法学硕士教育》，载谢晖、汪全胜主编：《中美法律教育评论》，山东人民出版社2009年版，第138页。

司法实务部门工作者的知识结构和议案能力，促进实务人员转变司法理念，推进高素质、专业化法律实务人才的培养，增强司法机关的学术氛围，推动司法实务理论研究。

(二)司法人员通过继续教育提升理论水平。法律硕士教育是创新我国法律人才培养机制的有益探索，不仅满足了法律实务部门对人才的需要，而且有效促进了高校法学理论教育与法律实务人才培养的融合，并以应用型法律人才的培养促进了“人才共育”。法官、检察官等司法实务工作人员可以通过攻读硕士或博士研究生，提升自身的理论水平，尤其是2016年在职研究生制度改革之后，非全日制研究生的报考和就读人数大幅度上升，客观上为高校带去了相应的实践教学资源，能够使法学院校通过接触地气而获得实践部门提供的新鲜素材。以致用、实务为培养目标的法律硕士的招生规模也在持续扩大，2019年法律硕士考试新增41个招生院校，其中6所学校是“211”大学。[1]

(三)学校将司法机关作为实习基地开展体验式教学。很多高等院校有自己常设的法学实习基地，在实习基地，学生有机会系统而成规模地参与法律专业实践活动，直面真实的法律案件，通过协助法官、检察官、律师的工作，切实了解法律事务的处理流程、关键点，通过实际参与体会处于司法环节不同角色的法律人承担的不同责任，乃至根据自己特征选择最适合自己的法律职业。这方面若做得好可实现学生学校与实习单位的双赢。对学生而言，切实参与基地的实践活动可以学到课本和学校老师没有教给的知识，锻炼自身实践能力，于实习单位而言，学生可帮助解决一些简单的事务性的工作，从而提高整体工作效率。

二、高校与司法实务部门联合培养法治人才存在的问题和不足

法学教育，存在司法实务重视不够、实践教学办法不多、实践能力训练不足的缺陷，这也是近年来法学毕业生就业形势不好的原因之一，应当引起我们足够的重视和反思。[2]

(一)司法职业伦理教育较为欠缺。职业伦理是司法职业的重要内涵，法官只有比一般社会成员更有信念、良知和正义感，才不会仅仅把法律知识作为自己谋生的工具，才会运用法律服务于社会，才会凭借自己的善良正直之心去追求社会的公平正义。近些年来司法实务界相继制定了《法官职业道德基本

---

〔1〕 参见舒洪水：《改革开放四十年来高校法学教育与实务部门的关系发展与展望》，载《法学教育研究》2019年第2期。

〔2〕 付子堂：《朝阳大学法律实务教育特色的当代启示》，载《朝阳法律评论》2012年第2期。

准则》《检察官职业道德规范》《律师职业道德和执业纪律规范》等职业伦理规范,修改了《法官法》《人民检察院组织法》等,表现出对职业伦理教育的重视和需求。但是,法学教育尚未对此作出积极回应,未开展有针对性的职业伦理教育与训练。法学教育与司法职业的互动不畅,使法学教育不能完全按照司法职业的需求开展司法理念教育,培养出来的学生在司法理念上往往存在空虚、不实或者走调的情况,无法形成对司法实践的正确指导。

(二)案例教学运作状况差强人意。为了充分使法学院校的学生了解司法实务,就必须让学生更早的获悉司法实务的现状,通过典型性案例深化他们对法学知识的理解,把所学的理论研究放到具体案例中来,使他们看到理论并非空洞,并在参与探讨过程中潜移默化地掌握分析技巧,形成自己的实践思维。案例教学的顺利实施要求学生在课前进行大量的阅读和思考,在课堂上则以讨论和互动为主要形式,并且讨论的主要内容应该是综合运用所学知识去分析同类型的案例。但现实中案例教学运作状况差强人意。部分教师和学生对"案例教学法"的理解都有失偏颇,认为在课堂上多穿插和讲解案例,增加授课内容的故事性、趣味性就是案例教学,这其实是对案例教学的误解,因为此种方式并未改变由教师对知识进行解读,而学生被动接受的本质特征,无非是学生接受起来显得不那么枯燥乏味而已,其本质与传统的灌输式教学无异。案例教学除了增加对法律适用的感性认识,更为重要的是要引导学生透过现象看本质,形成对法律规则的理性认识。

(三)学生在检校合作中的参与深度不够。就目前来看,法学院校与司法实务部门的合作与沟通与交流仍然还只是主要停留在上层(教师层面),如双向派员挂职、横向课题合作、疑难案例的专家咨询,且带有一定的功利化色彩,并没有深入学生群体中去,学生并不能直接从中获益。虽然学生也有直接到司法机关实习的机会,但是基于司法考试、公务员考试、研究生入学考试等多方面的现实压力,使学生无法安心实习,那些有过实习经历的学生也有相当一部分只是混了一纸实习证明,以便充实求职简历,并未认真投入法律实践,使实务教育流于形式,实际效果可想而知。

三、高校与司法实务部门联合培养法治人才的完善进路

应用型学科的法学特性决定了法学的学习无法脱离实务能力的培养,法学必须在面向实务操作中才能真正焕发出其内在的蓬勃生机。[1]

---

〔1〕 参见陈伟:《法学学术型硕士研究生实务能力培养探究》,载《朝阳法律评论》2015 年第 1 期。

（一）加强课程体系建设，深化课程教学改革。加大跨学科、跨专业的开课力度，加强跨校选课机制，建设交叉学科前沿课程，为法治人才拓展知识结构，提高应用型、复合型法治人才培养质量。在法治人才培养方案中嵌入实践课程，邀请实务部门的专家参与培养方案制定，使制定的培养方案能够对接市场和社会需求，使培养的法治人才能够适销对路。让实务部门专家参与到政法高校的人才培养过程中，设置校内教师与校外实务“双导师”队伍，将“法律人才消费者”转化为“法律人才生产者”，形成“共同制定培养目标、共同设计课程体系、共同开发优质教材、共同组织教学团队、共同建设实践基地”的联合培养机制。构建不同行业面向的人才培养模式。司法人才培养模式依然是高校法学教育的核心组成部分，此外，企业法务、政府法务、立法事务、社会管理法务以及行政执法等均对从业人员知识结构、职业素质和专业技能有着不同的要求。越来越多的涉外法律事务、知识产权等综合性法律事务又对法律人才提出了外语水平、学科背景等特殊要求。因此，唯有以行业为导向的法律人才培养模式才能适应社会的多元需求。

（二）利用多媒体和网络教学把案例资源引入课堂。在网络已经较为普及的前提下，我们就要充分利用这一现代化的工具，为法学实践教学带来更为切实有效的变革。把多媒体教学与网络教学进行良好对接，把司法庭审通过网络传输引入课堂中来，让学生真切的通过现实庭审而得以接触到鲜活的案件，通过实体与程序的现实运用，把书本上的“死法”变为“活法”。法律实务部门要向法学院校开放数字化法律实务资源，将法庭庭审等实务信息资源通过直播等方式实时传递给法学院校，通过观看中国法院庭审网的直播也可让学生随时领略到真实案件的庭审过程。这样一来，不仅会大大便利学生对庭审的旁观，强化法学生学习法律的热情，而且，通过现实案例完整开庭的过程，使他们有一种身临其境的感觉，并通过庭审过程而把原有的理论知识与实践案件进行了回应，既强化了理论学习和认识深度，又在案件庭审旁观中对自己的实践素养有了更好的提升。

（三）完善实践教学环节引导学生深入参与。法律的生命在于经验，而法学教育的生命在于实践。高校必须意识到法学实践实训教学环节在卓越法律人才培养中的地位，加强与完善实践教学环节以实现卓越法律人才培养目标定位中的“实务性”。在校内，实践教学主要采用案例教学、庭审观摩、模拟法庭实验、法律诊所等教学方式来进行。应注意选择典型的、真实新颖的案例，在进行案例讨论时要求学生将理论与实践结合起来，注意活跃学生思维，开阔学生视野，从而提高学生分析案件的能力。庭审观摩可以采取带学生到当地法院观摩庭审现场的形式开展，对于典型的、有示范作用的案例也可邀请法院到学校来开庭。另外,通过观看中国法院庭审网的直播也可让学生随时领略到真实案件的庭审过程。已建立模拟法庭实验室的高校应充分发挥模拟法庭的实验功能,在民事诉讼法与刑事诉讼法等课程授课中可模拟审判1~2起案件。有条件开设法律诊所的高校,可通过诊所式教学提高学生的执业技能。[1]

[1] 参见杜莉:《司法考试背景下地方普通高校卓越法律人才培养探析》,载《湖北警官学院学报》2015年第9期。

法律诊所教育理念下法治人才培养模式新路径

李秀华*

（扬州大学法学院）

摘　要：在法律诊所教育理念引领下如何创新法治人才培养模式值得关注与思考。依据现代法律诊所教育理念与目标，运用恰当的培养技能与策略，对法律诊所学生进行全方位、有步骤培养，不仅有助于优化法律诊所教育质量，亦有助于培养有技能、有责任感、有道德、有品质的法治人才。本文从培养法治人才作为出发点，发现法治人才培养模型建构存在一定挑战性。研究认为法治人才培养模式需要有效激活法治人才培养理念，探索法治人才培养要素与方法，全面提升法律诊所教师与法律诊所学生共同进步与发展的意识，同步训练法律诊所教师与法律诊所学生的法律技能、公益意识与社会责任感，培养法律诊所学生治理社会、国家的意识与能力。

关键词：法治人才　法律诊所　法律诊所教育　培养模式　国家治理

一、问题提出：法治人才培养模式的新维度与新指向

法律的生命在于实践，法治人才素质的核心就是实践能力。习近平主席在中国政法大学考察时强调：法学学科是实践性很强的学科，法学教育要处理好知识教学和实践教学的关系。同时提出：法学学科体系建设对于法治人才培养至关重要。解决好为谁教、教什么、教给谁、怎样教的问题。同时强调努力以中国智慧、中国实践为世界法治文明建设作出贡献。[1] 近年来，我国法学教育发展面临观念相对滞后、教学模式陈旧、培养法律应用人才模式单一、法学教育目标模糊等挑战。随着法学教育深化，机遇来临，法律应用人才培养存在不足与

---

* 李秀华，扬州大学法学院教授，中国法学教育研究会诊所法律教育专业委员会常委，中国婚姻家庭法学研究会常务理事，扬州大学法学院婚姻家庭法律诊所项目负责人。研究方向：婚姻家庭法、性别与法律、诊所教育。

〔1〕 杨丽娜、程宏毅：《习近平在中国政法大学考察时强调　立德树人德法兼修抓好法治人才培养 励志勤学刻苦磨炼促进青年成长进步》，载《人民日报》2017年5月4日，第1版。

瓶颈,难以适应现代法治建设与发展要求。教育部、中央政法委员会教高(2018)6号《关于坚持德法兼修实施卓越法治人才教育培养计划2.0的意见》(以下简称《2.0意见》)中特别强调:加强校内实践环节,开发法律方法课程,搞好案例教学,办好模拟法庭、法律诊所等。[1] 教育部早在2014年度工作要点明确提出,要引导一批本科高校向应用技术类高校转型。2014年国务院印发《关于加快发展现代职业教育的决定》(以下简称《决定》),全面部署加快发展现代职业教育。《决定》明确了今后一个时期加快发展现代职业教育的指导思想、基本原则、目标任务和政策措施,提出到2020年,形成适应发展需求、产教深度融合、职业教育与普通教育相互沟通,体现终身教育理念,具有中国特色、世界水平的现代职业教育体系。[2] 建立以职业需求为导向、以实践能力培养为重点、以产学结合为途径的专业学位研究生培养模式。研究建立符合职业教育特点的学位制度。逐步扩大高等职业院校招收有实践经历人员的比例。建立学分积累与转换制度,推进学习成果互认衔接。法律诊所教育即是培养法治人才的路径之一。早在20世纪90年代初,国外法律诊所教育在系统反思传统法学教育基础上,提出新型的法律诊所教育理念:即把法律诊所教育、法律诊所教育类型化发展和法律诊所学生理论与实务能力高度整合理念,这一理念逐渐被许多国家法学院接受和采纳,并推动许多国家高校法学院探索并创新法治人才培养模式。中国许多高校法律诊所力求构建立体化、多元化、规范化的法治人才培养模式,不仅有助于培养法治人才,并能有效引导法律诊所师生实现法律诊所教育的核心目标。笔者认为,法治人才培养模型建构与创新不仅是司法与教育的系统工程,更是利国、利民的国家与社会的系统工程,构建维度开放、多层面联动的法治人才培养模式,有利于培养融合型、实务型、复合型法律

[1] 《2.0意见》强调要强专业,筑牢法学教育之本。重点建设120个左右国家级一流法学专业点,引导高校主动适应法治国家建设需求,紧密结合自身特色优势,明确本校法学专业培养目标与建设重点,不断提高专业建设与社会需要的契合度。重实践,强化法学教育之要。着力强化法学专业知识教育,将中国法治实践的最新经验和生动案例、中国特色社会主义法治理论研究的最新成果引入课堂,写进教材,及时转化为教学资源。要着力强化实践教学,进一步提高法学专业实践教学学分比例,支持学生参与法律援助等活动,积极探索实践教学的方式方法,切实提高法治实务部门接收法学专业学生实习、法学专业学生担任实习法官、检察官助理等制度,将接收、指导学生实习作为法治实务部门的职责任。参见教育部、中央政法委员会:《关于坚持德法兼修实施卓越法治人才教育培养计划2.0的意见》,2018年9月17日。

[2] 教育部早在2014年度工作要点明确提出,要引导一批本科高校向应用技术类高校转型。2014年,《决定》全面部署加快发展现代职业教育。要采取试点推动、示范引领等方式,引导一批普通本科高等学校向应用技术类型高等学校转型,重点举办本科职业教育。建立以职业需求为导向、以实践能力培养为重点、以产学结合为途径的专业学位研究生培养模式。研究建立符合职业教育特点的学位制度。逐步扩大高等职业院校招收有实践经历人员的比例。建立学分积累与转换制度,推进学习成果互认衔接。

人才,应和了《2.0 意见》所强调的精神,标志着法律诊所教育发展越来越关注法律诊所学生在整个教育生态环境中的需求、社会的需求、进而促进法律诊所教育理念渗透及法律诊所教育价值目标的实现,从而激发法律诊所学生的积极性、创新性与自主性。许多高校建构不同类型法律诊所,就会形成不同法治人才培养模式,在具体培养法治人才所运用的教育工具、启动的人力资源与规模具有很大差异。

完善法治人才实施方案,将法律诊所学生培育成法律技能高超、有充分社会性别意识、强烈国家与社会责任感、高质量服务社会的复合型法治人才,是法律诊所教育的核心目标。笔者认为,我国目前法治人才培养模式弊端有以下 5 个方面:(1)高校法学专业设置缺少差异性与实务性;(2)法律诊所学生知识结构过于简单而狭窄;(3)法学教育缺少跨学科的格局与视野;(4)法学院学生分析与解决问题能力薄弱;(5)法律应用人才培养路径单一。中国法律诊所教育委员会秘书处曾向法律诊所教师征集法律诊所教师面临的问题,涉及法律人才培养方面,笔者进行了梳理与归类:主要集中在以下 7 个方面:(1)法律诊所课程设计与学生要求、社会需求匹配度脱节;(2)法律诊所教师团队建设面临资源有限困境;(3)实践基地建设受各种因素局限,管理案件机制不健全;(4)公正性评价机制缺失:法律诊所教师付出与成果未能得到公正性评估;(5)法律诊所与各实践合作部门对接存在障碍;(6)多向度激励机制缺失;(7)法律诊所平台建设缺少技术性与资金支持。这七大挑战会直接或间接影响创新法治人才培养模式的创新,也会影响法律诊所教育理念渗透与落地即以人为本,促进老师与学生共同和谐发展,从而激发老师与学生的主体精神,否则培养学生在知识结构建立、职业伦理道德修炼、实践与创新能力、心理素质、服务意识与社会责任感建立、案件综合处理能力等法律素质养成方面成为难题。法治人才培养模式在一定意义上还不能很好适应法律诊所教育发展规律与司法实践快速发展的要求。"美国法学院力求教会学生学会在广泛学科领域中进行法律分析、掌握法律技能和理解职业价值。"[1]但美国法学教育与法治人才培养模式亦受到一些质疑与批评。有学者质疑美国法学院是否在设置课程、培养学生方面有效地为学生从事法律职业提供较为充分的理念、职业道德与技能方面的准备。不可否认,越来越多的法学教育者强调在培养法治人才方面必须注重强化法律技能与职业伦理教育、同时要超越普通法律服务的目标,要将对学生社会治理与国家治理的内容纳入其中。法治人才培养模式的建设与优化,必须要在法治人才培养目标、内容设计及可操作方面进行全面而系统的改

[1] [美]Judith A. McMorrow:《美国法学教育和法律职业养成》,载《法学家》2009 年第 6 期。

进。本文注意吸取国内外法律诊所培养法治人才培养的经验,建立法治人才培养模式,力求推进这一模型可复制并本土化。

二、创新法治人才培养模式的司法元素考量

法治人才培养模式如何对接司法实践?家事法律诊所运行如何与法治人才培养及家事审判改革进行有效对接?如何将法治人才培养的问题准入法律诊所教育、社会变革与立法改善的社会、法律诊所教育的大系统?扬州大学法律诊所在课程设计上,积极应对家事审判特殊性及其内在规律要求,要求法律诊所学生及时把握家事审判改革的形势与动态,全面系统掌握最新法律规定、最高人民法院的司法解释、最新裁判规则、典型个案处理流程及原则。根据最高人民法院法〔2016〕128 号文件《关于开展家事审判方式和工作机制改革试点工作的意见》(以下简称《家事审判改革意见》)规定,全国 118 个法院建立了家事审判改革试点。截至 2017 年 7 月,全国已有 24 个省区市出台贯彻实施《反家庭暴力法》的配套法规和政策文件共计 247 个,这些配套法规和政策文件,在有效预防和制止家庭暴力、保护家庭弱势群体合法权益方面发挥了积极作用。法律诊所教学与实践中要求家事法律诊所学生应了解家庭暴力对受害人伤害程度与后果。由于家事案件审理涉及心理学、社会学等跨领域专业知识,需要相关专业领域人员配合与协助。强调法院调查审理家事案件,及时为当事人提供心理疏导等相关专业服务。从家事法律诊所运行与培养法治人才视角进入,探讨心理与法律视角同步纳入综合干预家庭暴力系统,成为家事法律诊所培养法治人才的一个新契机与视角。北京心理危机干预热线曾对 30 例家庭暴力受害来电者自杀危险特征及干预方式进行了分析。30 例来电女性 29 人,已婚者 29 人,有自杀意念者占 63.3%,有计划者占 6.7%,有既往自杀未遂史者占 43.3%,12.0% 暴露有杀施暴者的想法。有学者研究家庭暴力与抑郁症患者自杀之间存在明显关联。〔1〕 家庭暴力不仅影响家庭与社会稳定和谐,甚至会影响子女成长。面对干预家庭暴力的许多困惑与挑战,法律不再是解决家庭暴力的唯一办法,改变传统应对家庭暴力的模式,综合心理、法律等手段成为干预家庭暴力的重要手段,也是特别需要法律诊所学生能把握的视角之一。在公权力影响下,不同部门介入家庭暴力防治体系将会极大遏制家庭暴力,并从根源上预防与制止家庭暴力的发生。国内类型化的法律诊所中,就有反家庭暴力法律

---

〔1〕 有学者对 72 例抑郁症患者调查有家庭暴力组 38 例评定和比较。研究结果显示,家庭暴力与频繁有自杀想法存在关联。学者从生活事件的多个维度,试图探讨抑郁症患者自杀的可能影响因素。参见邹韶红、张亚林、党海红、黄国平:《家庭暴力与抑郁症患者自杀的相关研究》,载《中华精神科杂志》2003 年第 4 期。

诊所、妇女维权法律诊所等。例如，扬州大学家事法律诊所与多部门联合，从干预家庭暴力理念、干预决策体系、干预流程模型、参与相关立法等入手，建构法学教育理念、社会性别立场、心理与法律干预机制互动共进的法律人才应用培养模型。借助心理专家、社工等力量干预家庭暴力，使干预家庭暴力模式具有科学性和专业性。例如，干预家暴机制的创新，重在从多元维度创新（见表1）。这不仅对受害人与施暴者干预提供了研究视点，同时为创新法治人才培养模式提供了新视角。

表1　干预家庭暴力的新模型

干预家庭暴力的传统模型	干预家庭暴力的新模型
法律与其他机制脱离	更具综合性与人性化
传统观点的突出与渗透	新型观念的引导与启示
淡化家庭暴力的严重性	强调家暴后果与权利受损
指责受害人	强调受害人中心主义
处理问题的手段单一	处理家庭暴力的手段多元
忽视性别问题	强调社会性别视角植入
强调权利与控制	忽视权利在家庭暴力中的作用
具有短期性效果	关注处理结果的长效性

作为一种新型的干预机制，是在司法部门、心理专家、社会专家、受害人、施暴者之间互动与干预机制和模型。从法律与心理角度研究干预模型理论，强调这是在一定框架内政府部门与立法机构的改革，重视多视角构建心理学视角下的干预模型，提出“综合视域”理论路线，力求调和上述两种研究路径，认为在心理视角内法律掌控大方向，在干预过程中，既要关注受害人也要关注施暴者。与相关部门合作，经由重建技术使其面对创伤进行有效情绪管理。这些研究成果对创新法治人才培养模式具有积极的探索意义。将心理与法律视角纳入法治人才培养体系，与司法实践、立法形势结合的家事法律诊所教育模式，为培养法治人才提供了新型的思考视角。

三、创新法治人才模式必须应对三大难题

在法律诊所教育核心理念指引下，创新法治人才培养模式，除关注审判改革动向外，必须关注我国法律诊所教育的改革形势与走向，关注法律诊所教育的规律与特点等。

（一）法治人才核心法律技能梳理

美国律师协会法学教育与律师资格部下设的关于法学院与法律职业特别

工作组的报告,即《麦考利特报告》,对创新中国高校法治人才培训模式具有一定启示作用。《麦考利特报告》确立了法律职业需要具备的十项基本技能:(1)问题解决技能;(2)法律分析和推理技能;(3)法律检索技能;(4)事实调查技能;(5)交流与沟通技能;(6)咨询技能;(7)谈判技能;(8)起诉和其他纠纷解决程序的技能;(9)法律事务的组织与管理技能;(10)确认并解决道德困境技能。通过上述十项技能的学习,达到法律职业的基本价值目标:提供合格的代理服务;努力促进正义、公正与道德;努力提高职业水准;作为职业人,完善自我。[1] 在中国高校传统法学教育框架中并不缺失上述技能,但在法律诊所课程设计与培养法治人才方案中,仍存在上述技能训练不足与缺失。在创新法治人才培养模式时的最大的挑战源于缺乏法治人才培养目标、理念及对传统法学教育体制的惯性依赖。

创新法治人才培养模式必须突破传统老师是教学主导,老师是主体的观念壁垒,强调师生是教学共同体、强调民主、平等与互动精神,强调学生在实践中与老师、实务工作者一起积极把握法律学习、在司法实践中最前沿的理念与要义,共同建构思维品质、法律知识技能与实践经验之间有效的逻辑结构(见图1)。法律诊所是法学实践教学的一个重要载体,契合了学徒式和实践型法学教育模式。[2] 创新法治人才培养模式需要在教学实践、司法实践与立法前沿中及时补充传统法治人才培养的营养与经验,需要不断启动改革旧观念与模型的动作。

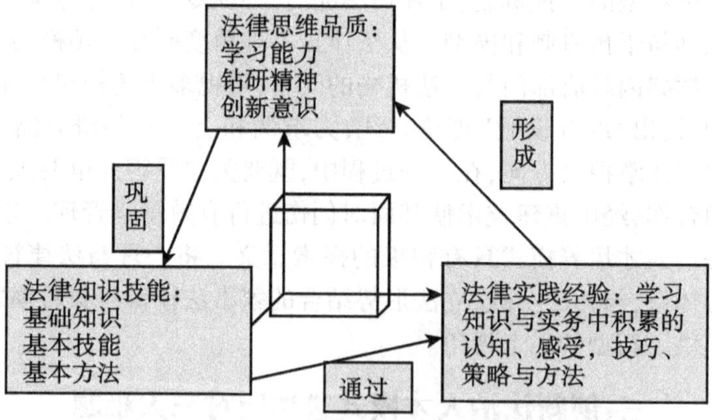

图1 法律诊所学科素养及其相互关系的结构模型

〔1〕 参见[美]罗伊·斯塔基等:《完善法学教育——发展方向与实现途径》,许身健等译,知识产权出版社2010年版。

〔2〕 胡铭:《司法竞技、法律诊所与现实主义法学教育——从耶鲁的法律现实主义传统展开》,载《法律科学》2011年第3期。

(二)法律诊所教师综合法律素养与专业实力考量

很多法律诊所教师十分关注在互联网时代如何与时俱进?如何建立和维护用起来顺手的教学理论、教学案例大数据?如何在诊所教学过程中强化与提升教学质量?如何强化法律诊所师生间、教师之间、教师与法学院之间、教师与合作单位之间的联动性?如何通过网络工具有效推进法律诊所的进展、掌握法律诊所学生的学习的状态、检视法律诊所教育的效果?如何从专业性的视角加强法律诊所教育的多元性、互动性与实践性与有效性?

法治人才培养模式是诊所式教育本身改革与优化的重大课题。法律诊所教师对传统法学教育的依赖与认同,反映出法治人才培养模式创新会面临传统观念、思维定式所带来众多困惑与冲突。创新法治人才培养模式时,教师的知识结构、社会性别意识、职业道德、社会公益心成为重要的考量因素。笔者在对扬州大学 56 名学生进行教师课堂活动调查与评估时,在课堂互动、案例教学、视频运用、教学目标达成、知识传授、老师的精神状态等选项中按学生选择从高到低的比例依次为:64%、48%、41%、30%、25%、16%(见图 2、表 2)。法律诊所老师的言行、技能与价值观、知识结构等之间有着诸多微妙的关联,并会影响到学生的成长。有学者认为法律诊所教师每一次不经意间的谈话、举止等生活工作习惯亦会影响诊所教学质量,甚至对教师个性修养亦提出更高要求,如诊所教师应是有创新精神,能够接受新生事物的人。[1] 法律诊所教师综合法律素养仍是法治人才培模式建构所需要的要素指标之一。

(三)法治人才培养模式框架设计与评估指标

随着时代变迁,法治人才培养方案与内容除理论与实践结合技能、处理个案的技能、沟通与谈判的技能、设计案件处理方案的技能、网络工具使用技能、职业伦理素养、团队合作技能等,在建构法治人才培养模式的基本框架下,笔者认为应以更人文、更多维度、更丰富与前沿、更加包容与实务的视角设计评估内容本身是对培养框架更有效、客观、更科学化的反馈。笔者引用美国加利福尼亚州教师课堂教育行为评价值标准(见表 3)可以看到:教学内容设计与评估之间的联动,这也会启迪我们如何推进法律应用人才培养模型的创新。这并不是法律诊所课堂评价标准,但它已突破了很多传统的评估指标,以更科学、更全面、更具活力的视角进行评估。例如,运用诸多教学策略与资源满足学生的多种需求,提升学生自我指导与反思性学习能力;提升学生社会性发展与群体的责任感,建立与维持学生的行为标准;用评价的结果再指导并优化教学。同时法治人才培养模式内容设计与评价的终极目标是为了学生与老师的共同成长与发展。

[1] 高凌飚:《课堂教学评价:从只看单向传授到看师生是否成长》,载《中国教育报》2009 年 2 月 19 日。

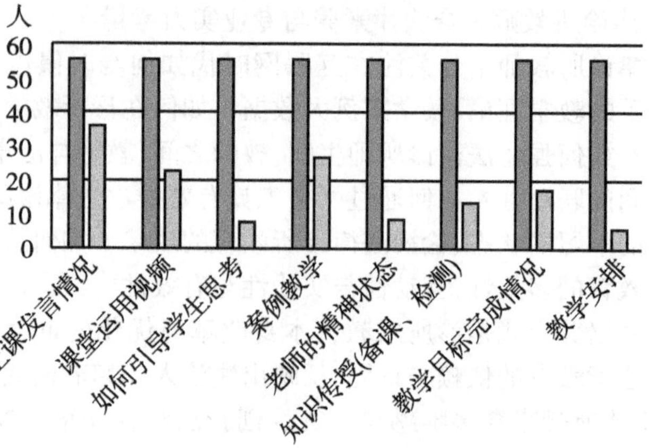

图2 课堂活动评估主要对象

表2 课堂活动评估情况

序号	内容	百分比(占总人数)	备注
1	学生上课的发言、讨论情况	64%	学生的发言情况代表在课堂上老师与学生互动的比例,也能证明学生对这一门课的兴趣
2	课堂中运用视频	41%	运用新媒体教学方法,比单一靠老师讲述更能吸引学生
3	教学目标完成	30%	老师让学生自己寻找答案
4	案例教学	48%	案例与教材的关联性
5	老师的精神状态	16%	语言表达、亲切程度
6	知识传授	25%	是否进行课堂回顾;学生的把握程度

表3 美国加利福尼亚州教师课堂教学行为评价标准

序号	评价项目细则及参数		评价参数(1-5)
1	吸引或支持所有学生的学习	A 将学生先前的知识、生活、经验或兴趣与学习目标联系起来	
		B 运用很多的教学策略与资源满足于学生的多种需求	
		C 提升所有学生自主性的自我指导及反思性学习能力	
		D 促进提升学生自主性、互动能力以及选择能力等学习经验的积累	
		E 促进学生参与问题解决、批判性思考以及其他活动以使教学变得更加丰富	

续表

序号	评价项目细则及参数		评价参数（1－5）
2	创造或维持有效的学习环境	A 创造一个能吸引所有学生的环境	
		B 建立一个能促进公平和自尊的学习氛围	
		C 提升学生的社会性发展与群体的责任感	
		D 建立与维持学生的行为标准	
		E 设计与贯彻常规以支持学生学习	
		F 有效使用教学时间	
3	理解或组织教学内容	A 表现教学主题促进学生发展	
		B 促进教学主题内容之间以及不同教学主题的联系	
		C 组织课程促进学生对教学主题的了解	
		D 运用各种材料、资源和技术使教学内容易于学生所掌握	
		E 运用适合于教学主题的教学策略促进学生的理解	
4	组织教学与设计学习过程	A 了解和评价学生的背景、兴趣以及发展性学习需求	
		B 帮助学生建立或表达学习目标	
		C 设计长期、短期教学计划鼓励学生学习	
		D 开发教学活动与教学材料并使之序列化	
		E 根据学生的需求调整教学计划	
5	学生学习评价	A 帮助学生建立或交流学习目标	
		B 参与并指导学生评价自己的学习	
		C 收集和使用多种信息资源评价学生学习	
		D 就学生的进步与学生、家长和其他人员进行交流	
		E 用评价结果指导和反思自己的今后教学改进	
		F 学生学业成绩有利于满足区年级水平标准评估	

四、创新法治人才培养模式新路径

在法治人才培养模式的建构中须将法学理论、实践技巧及法律信念与态度密切联系起来，引导培养学生的学习能力与态度，职业技巧与责任感。创新法治人才培养模型的核心目标为学生提供全新、注重实践与体验的学习方式，培养完整意义上的具有高度社会与国家责任感与职业道德且有高技能的法治人才。笔者创新法治人才培养模式有以下新路径：

(一)深化法律诊所教育理念、创新法治人才培养模式

规划并完善法律诊所课程内容与框架

法律诊所教育力求实现法学教育活动、实践价值、服务社会与为弱者服务的有机统一,推进社会发展。通过不断调整和充实教学计划,以适应法律诊所教育发展的需求。以扬州大学法律诊所为例,课程设计方面进行了如下改进与优化:

第一,将课堂做社会,将社会做课堂:课程设置更趋科学性。在法律诊所教育先进理念的引导下,注重以诊所模式规范法律诊所课程,突出家事法之特色,不断改进家事课程设置体系与模式,科学地渗透法律诊所教育规则与精神。将课堂放在法律援助中心、警察与妇联培训基地、社区等,由社区百姓与执法人员共同参与。基于家事案件复杂性与多元性特色,开设具有心理视角、社工视角的课程,法官、律师、检察官、心理专家、社工、当事人等同步介入课堂共同探讨婚姻家庭问题,处理、防止学生在面对家事案件时用单一法律手段处理问题。以多元视角观察并解决当事人的家事问题,充分体现了法律诊所以人为本精神。第二,对课堂教师结构进行改革。(1)课堂与实践内容可适度调整:如何接待当事人、律师职业道德、法律援助目标、多元视角处理家事案件方案与策略制定、心理视角与社工视角观察家事案件处理、证据收集、庭前准备、如何代理案件、调解与谈判技术、诉讼技能与技巧等。(2)制定多种行动方案与计划。注意处理案件的视角与方法。从性别视角观察两性资源分配、权力关系及其运作分析与处理个案。(3)校外指导老师结构更加多元化。指导教师结构优化,强化了法治人才培养质量。(4)课堂主要方式:采取参与式方法,具体形式有:讨论、观看录像、真实案件深度分析、角色扮演、法律规定释义等、律师与当事人同步介入的方法。第三,开展多种形式法律援助服务。学生定期到社区、法律援助中心、妇联、派出所等开展法律援助服务。定期开展"法律援助进社区""法律广场"等普法宣传与咨询活动,解答百姓法律难题,代拟法律文书,并以代理人身份参与诉讼,受到社会各界普遍赞誉。优化了法律援助与法律诊所、法律援助和社区、法律援助与派出所、法院等多维结合模式,收到较高社会效果与社会评价,更重要的是创新了法治人才培养模式。

(二)创新法治人才培养模式实践运行检视

1.法律诊所实践模式运行是检视法治人才培养效果指标之一。以家事诊所作为法治人才培养模型的突破点主要是因为:目前家事法律诊所系专业化运行,目前家事诊所在中国亦屈指可数;家事案件在整个民事案件中占有相当大比重;家事案件早已成为家庭和谐与社会稳定的隐患。以家事法律诊所作为培养法律人才与服务社会的平台,有助于对学生进行综合素质训练同时注意到专

业化素质的养成,此外推进法学综合实验室和社区法律援助服务机制的整合,对构建和谐社区与和谐社会具有重要突破性意义。

2. 关注学生综合素养与实践能力的提升,是成为法治人才的重要环节。引导提高学生法律知识应用与实际操作能力,通过诊所运作,为弱势群体无偿提供法律咨询和代理服务,且与学生共同制定并启动法律援助的方案。

3. 指导学生建立规则意识,严格遵守法律诊所与法律援助的各项规则。为了配合各项制度的执行,保障法律援助和诊所教学各项活动的有序开展,我们设计和制作了《扬州大学法律诊所学生申请表》《诊所教师法律援助工作指导记录》《诊所学生工作表现评估》《诊所教师工作表现评估》《诊所教师课堂表现评估》《当事人接待登记表》《授权委托书》《委托代理协议》《民事调解卷宗》《民事诉讼卷宗》等表格,从而明确了法律援助学生参与法律援助活动的各项要求。

4. 与各机构联动、创新法治人才培养模式。迄今为止,扬州大学家事法律诊所已经在扬州市司法局、扬州市法律援助中心、法院、律师事务所、派出所、妇联、双桥区等多个社区作为法律诊所的实践基地,从而为法律诊所学生提供了相对稳定案源。在一定程度上,法律援助机制与诊所法律教育有助于检视、修正和巩固已有专业知识和理论体系,在培养学生的法律思维与职业伦理方面,在训练学生的操作技能方面,法律援助具有明显优势。

5. 培养学生多视角观察与分析的敏感与能力。在课内训练上,强调情境模拟、心理感受、师生互动等教学方法,充分体现学生主体地位。从而使法律援助的优势方法与思维得到进一步强化,从技能技巧为主的学习方法向培育学生的公益心与责任感转型。

6. 政策层面推进法律诊所教育工作:倡导和建议。除法律援助个案处理,法律咨询与法律宣传外,法律诊所老师引导学生从更高层面关注法律诊所教育的深层功能。如法律诊所老师先后提出政协提案、社情民意与调研报告 70 余件。其中设立妇女庇护中心的建议,建设社区与法律援助机制有效结合、在法院系统引入人身保护令等多项政协提案被政府部门采纳。同时法律诊所师生积极推进反家庭暴力立法与民法编婚姻家庭编立法,向全国人大法工委多次提出立法建议稿。

7. 建立正规科学的法律诊所教育通道,强化法律诊所教育的正向性,全面提升学生的助人能力与技术。在跨地区、跨部门、跨领域的交流与合作中,法律诊所与法律援助工作趋于正规化、常态化,并有助于强化其正向性。在强化指导的正向性中,进一步有针对性地开展法学教育与训练,如指导学生如何处理家庭暴力。法律诊所老师曾将诊所学生带入警察培训课堂上,帮助学生掌握处理家庭暴力相关信息、知识、所需技能及心理调适能力的信息。有针对性地提升学生帮助弱者能力。

(三)创新法治人才培养模式的新思维与新效应

1.创新法治人才培养模式,进行理论与实务有效整合。法治人才培养模式能否实现其设计的价值功能,能否达到其预期目的,在其建构维度、评估机制及多元视角的准入方面应有所突破。对法治人才的培养不能简单沿袭以往经验和做法,必须不断接受法律诊所教育的持续性训练,从而真正实现法律诊所教育的价值功能。在优化法治人才培养模式时应根据教育规则合理运用诊所教育资源,实现对法治人才模式的创新:注意避免单一、被动培养的惯性影响,应建立多元、积极型法治人才培养模式的建构。法治人才培养是一项复杂科学的系统工程。研究认为可以在全国有条件的高校设立法治人才培养基地,编写专门法治人才培养教材。法治人才培养模式创新其实是对法律诊所教学经验与法律诊所教育体系的重构与优化,试图是对反思性教学与理性评价的科学性统一。法治人才的培养模式创新还会在合作意识、专业操作技能、创新精神、开放理念、健康心态、社会责任感、公益意识、法律诊所课堂与运行管理能力、多元化、有效的教学措施方面进行创新,在法律诊所教育这一有效的载体中有效实现法治人才培养的功能。

2.法治人才培养模式的建立与研究步入科学、规范并具有持续发展动力的体系。在家事法律诊所中,通过纳入社会性别视角、心理学、社会学等多维研究视点,在法律诊所教育与法律援助服务弱者过程中深刻地理解两性资源的差异,为当事人提供更人性化的服务,从而创新法治人才培养模式。

从法治人才培养模式创新入手,希望法治人才培养模式的建立与研究步入科学、规范并具有持续发展动力的体系。笔者认为,法治人才培养研究,强调法律诊所教育共同体的建立,不仅使法律诊所教师受益,同时法律诊所学生、实践部门、受助者等同等受益。

3.法治人才培养效果显著,司法考试在全省名列前茅,学生科研成果显著。近年来,扬州大学法学院学生司法考试通过率保持在50%左右,位居全国同类高校前列,其中法律诊所学生通过比例占有很大比重(见图3)。法律诊所课程在法学院的评优中名列前茅。法律诊所教师指导学生积极承担或参与国家级、省级科研项目。诊所学生参加各类学术研讨会累计达400次以上其中获得省级以上的科研立项达累计达200项以上,在扬州大学法学院学生科研立项方面脱颖而出。

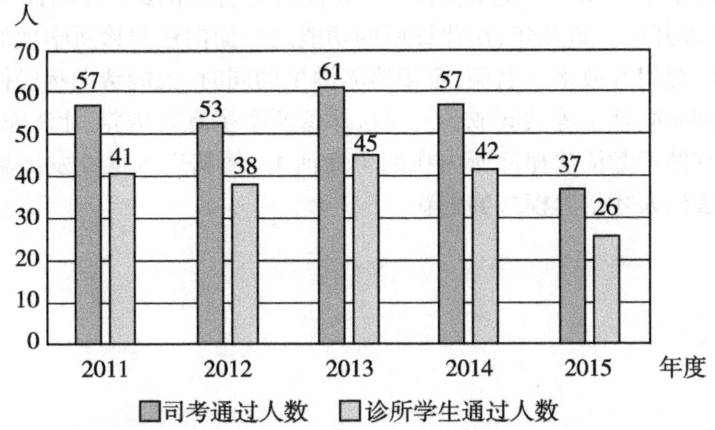

图3　近五年法学院通过司法考试学生中诊所学生比重

在近年大学生科技创新基金项目校级以上课题申报中,法律诊所学生参与人数年均在80%以上(见图4)。法律诊所先后获省司法厅、省教育厅、团省委、省法律援助基金会联合授予的"法律援助志愿服务活动先进集体"荣誉称号,江苏省法律援助优秀指导教师称号,江苏省法律援助优秀大学生志愿者,省法律援助基金会确定为重点资助项目。被共青团江苏省委、江苏省志愿者协会授予扬州大学法律诊所"江苏省十佳青年志愿服务项目"称号等。

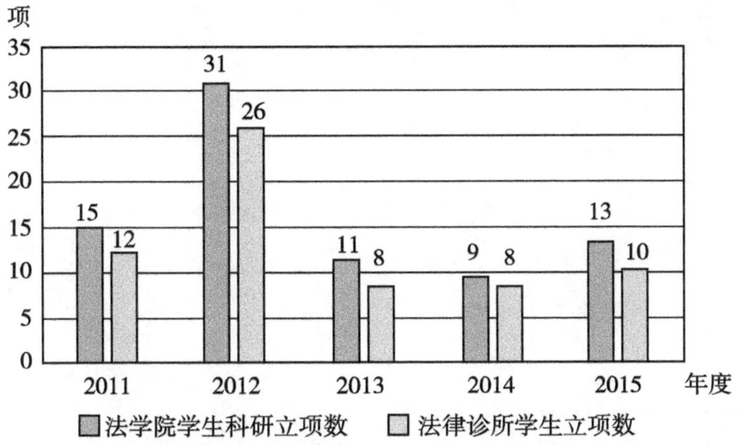

图4　近五年法学院学生科创基金立项中诊所学生比重

4. 课程模式彰显蝴蝶效应,探讨出本土特色的法治才培养模式。经过多年探索和持续改进,扬州大学家事法律诊所课程设计的价值理念和内容架构日趋科学合理,诊所运行模式与应用效果得到一定的肯定与认可,法律诊所培养法治人才的教学范式得到一定应用。[1] 笔者认为,法律诊所可以面向律师、法官、检察官等开放。近几年,法律诊所的功能之一面向法律诊所学生的同时,面向有关合作部门开放多个名额,希望培养学生的同时,也能帮助年轻律师、检察官、心理咨询师、社工等共同成长。对法律诊所学生有效培养、让法律诊所教师同步成长有助于激活法律诊所内在的生命活力,使其进入良性发展轨道,也有助于推进法治人才培养模式的创新。

〔1〕 扬大法律诊所多次举办全国性婚姻家庭法学与法律诊所内容相联、理论与实务对接的研讨会。例如,家庭暴力受害人法律援助能力建设研讨会,人身保护令理论与实务研讨会;反家庭暴力草案修正案暨反家庭暴力经验研讨;民法典立法视野下夫妻关系理论与实务研讨会等十几次。自2007年至今提出70余份政协提案、调查报告、社情民意。推动妇女庇护中心成立、推动扬州法院系统发出多份“人身保护令”,与各部门一起推动社区幸福家庭工程,参与相关立法,并提出建议稿。扬大成为全国三家高校探讨反家庭暴力法律诊所的试点之一。世界维情大会上,婚姻家庭法律诊所负责人获得婚姻服务特别贡献奖。

在我国高校开设普通法教育课程初探
——以江苏师范大学法学院的《普通法导论》课程为例

刘　恺　吴佳颐　牛祉涵　孙昕昊　魏　航*

（江苏师范大学法学院）

摘　要：英文教授法学专业课程是改革法律人才培养方式的重要组成部分。开设英文授课的普通法课程是对法学教育“宽视野、厚基础”思路的具体实践。本文以江苏师范大学法学院开设的普通法导论课程为切入点，结合其经验和教学反馈，对在全国推广普通法课程提出几点启示：一是需要对全国高校进行分级部署；二是增强普通法学术背景的师资力量；三是学生需要特别加强作为课程载体的英语语言能力。

关键词：普通法课程　英美法系　大陆法系　法学教育　本科生

一、开设普通法课程的必要性

江苏师范大学（以下简称“苏师大”）是江苏省和徐州市重点建设的省属重点大学，是教育部与江苏省人民政府共建高校，属江苏高水平大学建设高校。苏师大法学院成立于2016年。共有本科生492人。普通法课程始于2018～2019学年第一学期，属专业选修课。课程设置的历史不长，目前只有2018级本科生选修过该门课。

（一）经济政治层面的需求

经济全球化推动着法律全球化。朱景文在其文章中对法律全球化做了定义：“法律全球化是正在进行的世界经济、政治、文化全球化过程的法律表现，是一个主权国家协调行动，共同参与的积极进程。”[1]全球化推动着大陆法系与普通法系相互融合，并彼此学习。自2001年中国加入WTO后，中国的法学教育便迎来了新的机遇与挑战。

---

* 刘恺，副教授，法学博士，江苏师范大学法学院；吴佳颐，2018级本科生，江苏师范大学法学院；牛祉涵，2018级本科生，江苏师范大学法学院；孙昕昊，2018级本科生，江苏师范大学法学院；魏航，2018级本科生，江苏师范大学法学院。

〔1〕 朱景文：《法律全球化：法理基础和社会内容》，载《法制现代化研究》2000年第6期。

就经济层面而言,全球化引进了大批的外贸企业在中国落地生根。这些外国资本主义企业带来了他们的商业经营模式,也带来了他们的公司规章制度。而这些公司的规章制度,大多都是在普通法的基础上制定而成的。加之大量的国际商事、国际投资等国际经济法的规则由英美法系国家,特别是美国,引入到国际规则体系之中。因此,对普通法有一定了解的法律从业者的需求量也就不断的上升。

就政治层面而言,"中美贸易战"成了社会各界关注的焦点。在与各个国家进行合作交流或是谈判的时候,知晓普通法系国家的法律是必不可少的。俗话说,知己知彼,方能百战不殆。国家主权神圣不可侵犯,我们不仅要保持经济的强大,政治的稳定,法律在背后的维护作用也是十分重要的。在不断完善我国法律体系的同时,熟悉普通法才能更好地维护合法的政治权益。

(二)普通法系与大陆法系的相互交融

就法治建设层面而言,大陆法系与普通法系的交融也日益频繁。上述提到的国际商事规则,国际投资规则就是典型的例子。此外,大陆法系也借鉴了普通法系的做法,在一定程度上通过判例来创造规则或突破现有规则。比如,欧盟法院、欧洲人权法院在"判例造法"方面都比较活跃;再如,英国作为普通法系国家也开始频繁地颁布制定法。当然这也有着其客观不得已的地方。作为欧盟的成员国,英国必须要在规定的时间内将欧盟立法特别是指令(Directive)内容内化成为内国法。判例法具有一定程度的不可控性,制定法则在内化过程中是最优的手段。普通法和大陆法的交融让我们大陆法系的中国高校法学教育也有必要开设普通法课程。普通法的教育不仅能够加速我们与世界的接轨,稳定我们在国际上的地位;更能促进我们自身法律体系的建设和完善。

1. 提供一个理解我们自己法律体系的对比视角

众所周知,我国是大陆法系的国家,在法律形式上,我国一般不采用判例法。而是根据制定法来进行审理,即采用成文法。成文法不同于判例法,其代表着高度的理性和规范性的凝结,它要求的法律法规是条理清晰,逻辑缜密的,且一旦颁布施行,法官在审理案件时就必须严格执行、适用。成文法确实有一定的优势。它能够防止法官们随意造法,可以较大程度地维护老百姓的合法权益;也让法官们在判案的时候有法可依有案可循,提高效率,明晰依据,减少法律服务的成本,并在一定方面抚慰了人心。法学是一门复杂的人文类学科,法律的适用也是一个复杂的过程。无论是民法、刑法还是一些其他的法律法规,都无法真正地做到与理论知识相吻合。复杂性和多变性往往在实际案件与理论知识之间设立起了屏障,这就意味着课本中的知识无法完全得到运用,法典法条的适用也只是符合一般的案例,而当面对一些特别的情况,法官判决就有了一定的难处,无法逾越界限做出合乎情理的判决成了一大问题。

相较之下,普通法系在判决时似乎更加柔性化它赋予了法官造法的权利。在判决的过程中,法官可以根据需要,创设法律规则或突破现有判例法或制定法规则做出判决。当然,法官们也不能随意创制法律,而是以一定的原则为基准,在受到约束的情况下进行的。此外,为了维持法律规则在各个法院之间的统一适用,下级法院必须得严格遵守上级法院判决过程中所形成的规范,这无疑保障了法律体系的统一性和使用的严谨性,减少了滥用造法权这类情况的发生。相比于大陆法系的制定法及成文法,普通法就更加的灵活,其能够将法律规范和价值判断结合并考虑现实情况的需要和社会发展的需求是它的一大优势所在。在法官判决时,他们通常不局限于现有的法律法规,而是增加了自己的思考,让判决在很大程度上符合当前的社会价值观念。但这并不意味着放弃原有的评判价值,而是将过去的价值与现有的价值统一起来,综合选择,形成新的,合乎社会需要的价值判断。由此一来,这就推进了法官的深入学习。遵循先例原则是普通法系国家的一大基本原则,法官在判决之前,熟悉以往类似的案例并进行比较研究是法官必不可少的工作,这在一定程度上可以启发法官对先前知识的学习与比较。总而言之,通过开设普通法课程可以给我们习惯大陆法学习方法的法科生们一个不同且崭新的视角。

2. 丰富我们先行法科教育的内容

“法律教育是不可动摇的法律”,获得好的法律教育对法学生来说是从事法律行业的敲门砖,但如何在现阶段开展我国的法律教育是学界内外一直探讨的问题。我国的法学教育有着浓重的体系主义色彩,往往重理论轻实践,[1]法学专业的教育模式也受固有思维的限制。在大学本科制的学习中,中国法学教育主要教授的是法的相关知识,即一些法律条文的解读和各项原则的分析,大多都缺少必需的实践。法学本科、研究生阶段都强调知识的灌输,但后者同时也强调论文的发表。不可否认,学校对于发表论文的要求的初衷是好的,论文是一位学生学习过程的记录,从中可以了解他的思想深度,便于后期对该学生的考核;在创作论文的同时,又可以加强学生对该类方面问题的研究,提升学生本身的能力。然而按照当前的情况来看,大多数论文的选文题材相似度高,新意创意层面相对薄弱,且部分成果只是在原有的基础上提出新的问题进行讨论。此外,过分追求论文的数量也是一大弊端,只有少数的论文能够符合相关的质量要求。法学教育不同于其他专业的教育,其更应该着重于创新意识的培

〔1〕 杜启顺:《我国法律硕士培养模式优化研究——以卓越法律人才教育培养计划2.0及衔接法考改革为视角》,载《南宁师范大学学报》(哲学社会科学版)2019年第5期。

养及实践能力的提升。而我国主要采用的成文法,相应的教学模式注重对法律体系、法律条文的教授,法律实践环节相对不足,达到培养创新型,实务性人才的目的十分困难。在普通法系中,判例法决定了他们的教授课程是以案例为主,老师在课堂上主要培养学生的批判性思维以及质疑能力,通过阐述一些案例来增强与学生之间的互动。这种生动活泼的教授方法,能够让学生更快速地掌握相关的理论知识,并且在研究案例的过程中形成自己的思考,培养自己各方面的能力。

普通法系国家的教育方法无疑给我们带来了一个新的提示。我国是大陆法系国家,我们的法律体系相对来说比较严密抽象,在法学教育方面,往往更注重培养学生最基本的法学素养。这样培养出来的学生知识功底较为深厚,但缺乏法律行业需要的实践经验。于是有的学者提出,要学习借鉴普通法系国家的教育模式,但完全照搬他们的判例教学法是不可取的。以美国为例,首先,从生源上来说美国的法学生大多都是大学毕业后再进修法律的研究生或是硕士生之类具有一定学历的人。相比于国内的大学法学本科生来说,美国的法学生对于相关知识的接受能力较强并且独立思考的能力也占优。其次,普通法系国家的法学教育在一定程度上过于职业化,然而这在一定程度上是不利于法律学科的发展的。

同时,对于普通法系国家的教育模式,我们应该辩证地去看待,取其精华去其糟粕,由此才能更好地完善我们自己的法律教育模式。在我看来,"理论 + 案例 + 实践"这一大模式是我们目前所需要的。"理论知识"契合了我国的法律体系,也为初次接触法律专业的大学本科生打下了日后学习的良好基础;"案例"分析实际上是一种课堂上的实践,通过对不同案例的研究解读,学生们可以将所学的知识运用到案例之中,将理论知识实践化;"实践"则是更高要求地将理论付诸实践,参加一系列的法律活动和法律行业都是重要的途径。通过借鉴普通法系国家的教育体系,实践化我国目前的教育模式,才能最终培养社会所需的实践型人才,培养有素质的法律工作者,从而更快地迈进完全的法治社会。

二、我国普通法教育的历史回顾

在中国近代法学教育史上,尤其是民国时期曾出现过一个法律学校众多,法律教育模式多元的时代。在这些国立、私立法律教育机构之中,颇具影响且颇有特色的,学界认为当属 1912 年汪有龄在北京创办的朝阳大学和 1915 年美国人兰金(Charles W. Rankin)于上海创设的东吴大学法学院。[1] 这两所私立的法学院,在近代法学教育史研究界素有"北朝阳,南东吴"的美誉。在学科建设层面,东吴法学院偏向于英美法教育。其教育模式着重独特的职业训练和比较法教育,设立者们认为这可以有效地培养学生们对于差异巨大的不同法律体系的驾驭能力。但是同时值得注意的是,东吴法学的学制安排与课程设置也并不是一成不变,仅有英美法内容的。以1929年其向国民政府教育部立案为界,东吴法学院在学制安排与课程设置上有着较为明显的变化。即1929年以前,它的学制中有预科的要求,且课程设置以"英美法"教育为主,课程内容基本是围绕"英美法"展开的,"中国法"性质的课程在早期的东吴法学院几乎不存在。从内容上看,这一时期课程具有浓厚的"实务性"导向,其课程设计主要是围绕培养"执业律师"和法律应用展开。1929年以后,其在学制中废除预科阶段,并在课程设置中加入了"中国法"和"大陆法"的内容。[2] 东吴法学院的成功,以及英美法教育在近代中国的铺开,有着独特的历史机缘。东吴法学院的英美法教育模式,符合当时上海租界英美法倾向的法律事务的需要,有着广阔的法律服务市场及巨大的商业利益支撑,并且填充了当时上海经济社会对法律从业者的需求。与此同时,这种法律人才的培养,也适应民国政府按照西方先进国家法律制度来构建法律体系和司法体系的情形,对晚清以来被动的法律现代化需求是一种积极的回应。相比之下,朝阳大学就是私立法政院校的典型,它是官办公立法政院校的重要补充机构,其为中国法律近代化和学术研究作出了巨大的贡献。在教学模式上,朝阳大学更多地以日本法学院的教育模式为仿效蓝本。而在教学方式上,其则受到大陆法系"潘德克顿"学说的影响,以罗马法、债法、物法等理论法学教育为主体,注重对法条的具体分析和注释研究,并且倚重法典,将法典内容作为授课要点,以此侧重对法学理论的深入理解。[3] 尽管如此,朝阳大学的法学教育还是兼顾吸收了英美法的元素。特别是在"一战"以后,英美全面主导国际事务,国联的法律制度构建也受英美法的深厚影响。同时,朝阳大学也在一定程度上借鉴了美国法学院校(如哈佛大学)的教育标准,因而其法科教育可以说以大陆法为主,兼具英美法元素。

1949年之后,受意识形态的影响。带有英美法背景的法学教育在我国越来越受限制,东吴法学院虽然坚持了几年办学,但于1952~1953年的高等教育

---

〔1〕 王晨光:《法学教育改革现状与宏观制度设计——日韩经验教训反思与中国改革刍议》,载《法学》2016年第8期。

〔2〕 艾莉森·W.康纳:《培养中国的近代法律家:东吴大学法学院》,载《比较法研究》1996年第2期。

〔3〕 张小虎:《民国时期法学教育的总体特征——以"南东吴、北朝阳"为例》,载《保定学院学报》2014年第3期。

调整期间彻底停转了。法学院图书馆的大部分书籍转给新设的华东政法学院,部分师生也转入了后者。这标志着我国法学教育进入了英美法教育的停滞期。改革开放之后,普通法教育开始复苏。从80年代开始,随着加入"复关入世"的需求不断上升,普通法教育也开始蓬勃发展。1996年开始实行的法律硕士教育的目标很明确,即培养法律实务人才。有学者认为这移植了美国的JD(Juris Doctor,法律博士)模式。[1] 当然,随着普通法教育的推进,也有些质疑的声音。我国法学教育间接承自大陆法系的德国,没有必要引入普通法的教育模式,这些观点带有一定的狭隘性。虽然中国正在学习、模仿与践行大陆法系的一些制度构建来完善我国的社会主义法律体系,但同时也在学习英美法系的制度体系。由于美国在"二战"后主导了世界经济秩序,这导致世界经济领域法律体系中很多共同的术语、概念与思维方式都来自美国法。不仅中国在学习英美法和传统大陆法系国家,德国、日本、法国也都在学习和借鉴英美法系。[2] 发展至今天,普通法课程已经在全国三十多所大学法学院(系)开展。其中比较著名的有北京大学法学院李红海老师主讲的普通法系列课程,及西南政法大学开设的普通法课程。与此同时,地方院校也有开设相关的课程,比如烟台大学的英美法教育发展就很快。

三、江苏师范大学法学院开设普通法导论课程的概况

(一)基本概况

苏师大法学院普通法课程于2018~2019年度第二学期首次开设,课堂采用全英文教学。课程开设的具体时间于2019年2月到5月,作为本科专业选修课,面向大一学生,总计12周36个学时,共109人参加课程。鉴于专业选修课的课程定位和全英文授课对于学生难度较大,课程考核时以结业论文而非考试的形式作为考核手段。因此,虽是英文授课,但学生感觉压力适中,课上能够积极思考,课堂互动也比较活跃。

(二)考核方式

具体而言,课程考核方式是:平时作业(2次):英文小论文(200~300个单词),主要针对相应的章节,考虑到难度问题,也会给予一定提示,并将论文选题定位为网上素材较多的话题,便于学生查阅资料进行思考。鉴于难度降低及网上资源的丰富性,主要依靠维普检测,严格检查打击抄袭问题,以此保证虽然降低了考核的相应难度,但学生仍学有所获;而且客观上也提升了学生对学术

---

[1] 胡正锐、熊刚:《普通法与中国法学教育——以职业化的法学教育为视角》,载《法制与社会》2011年第3期。

[2] 蒋志如:《评〈论当代中国的普通法教育〉》,载《清华法学》2010年第5期。

不端的认识,对学术品行培养有促进作用。

期末的考核形式为英文大论文(500个单词)。经过一个学期的学习,学生对普通法基础有了一定的了解,所以在最后的考核上对学生的相关素养提出了更高的要求,最明显的表现在于字数的提升即内容的深化。学生能更多地依靠自己的努力系统梳理已经学到的知识,选择较为新颖的主题。除此之外,为了让学生可以有机会在不断的学习中独立完成作业,讲师将教课件公布给了学生。当然,考核过程中还会严格检查抄袭问题,保证整个课程作业中的学风严谨性。

(三)课程目的

希望能够通过开设该课程达到以下目标。从学生的角度来讲:第一,培养学生系统掌握普通法基本原理知识的能力。第二,熟悉普通法基本原则及相关制度。第三,拓展学生的法律知识素养。第四,希望学生能在适当的英语压力下提升自己的英语能力。第五,整个课程全程强调学风问题,培养学生的自律意识。从教师授课的角度而言:第一,在通晓知识的同时,在讲课过程中可以完善个人的见解。第二,主讲师本科授课数量需要提升,这是一个极好提升自我的过程。第三,构建课程团队,带领同学学习的同时分担压力。

首先,就课程特色来说,参加的学生普遍具有英语四级水平,全英文对他们来说是不小的挑战,但老师上课过程中会解释相关术语的含义,并解答同学疑惑,因而在一定程度上同学们对授课内容的理解不成问题。课程主要围绕普通法体系展开,而普通法系与大陆法系不可避免地存在一定的差异。该课程在本院设立的初衷就在于在他们进一步了解学习大陆法系基本原理的基础上,能更好地对比普通法系与大陆法系。所以,立足普通法系的历史发展,着眼于普通法系对当代大陆法系的影响,对本院缺乏国际视角的学生来说又是本课程的一大吸引之处。更重要的是,通过对比普通法与大陆法,有助于学生更加全面的了解我们大陆法系的基本原理及相关知识体系。

其次,就课程内容来说,围绕课程有几大重点:第一,普通法的发展历史;第二,“遵循先例原则”的基本原理;第三,普通法与大陆法的差别。由此又细分为十二个专题:1.普通法介绍(Introduction to the Common Law):(1)普通法的起源历史;(2)普通法系与大陆法系的区别;(3)普通法在现如今世界版图内的地位;(4)介绍一下本课程的学习方法。2.普通法的历史I:起源(History of the Common Law System I: Origins):(1)盎格鲁—撒克逊时期的英国法;(2)诺曼征服后,确立了更加紧密的封建制度;(3)诺曼征服后,对英国的法律系统的改革。3.普通法的历史II:普通法在中世纪时期的发展(History of the Common Law System II: Common law in the middle ages):(1)罗马法的影响;(2)英格兰形成了不同于欧洲大陆法律体系的普通法系统。4. 普通法的历史 III:普通法在近现代的发展(History of the Common Law System III: Common law in modern history):英国普通法传播。5. 普通法系与大陆法系的区别(Comparative Study of Common Law and Civil Law Systems)。6."遵循先例原则"及其限制(The Principle Of Precedent and Its Limitations)。7. 判例法(Case Law)。8. 衡平法(Equalty Law)。9. 英格兰及威尔士的法律体系(The English and Welsh Legal System)。10. 美国的法律体系(The American Legal System)。11. 澳大利亚的法律体系(The Australian Legal System)。12. 加拿大的法律体系(The Canadian Legal System)。而针对普通法课程的难点,即以"遵循先例原则"为基础构筑的法官造法机制,对于本院的学生而言理解起来相对有点难度。因而讲师选择在上课的同时辅以生动有趣的英文课程视频的讲解,在吸引学生注意力的同时,也可以采用大量判例来帮助学生理解。在讲述各国普通法体系时,主讲师以其丰富的社会实践及广阔的国际视角给同学们带来了很多新奇又有深度的故事,将普通法系国家的风土人情与相应判例结合并,学生们被老师深深吸引的同时也极大地开阔了视野。此外,每节课三个课时的设计旨在最大化利用学生的精力。当然,为了避免课程时间对某些学生造成一定的压力,课程团队在讨论后决定在课余休息时间,准备相应的搞笑动画片,缓解学生压力,帮助学生放松,如播放《猫和老鼠》等影片。动画影片不一定能起到很大作用,但让学生转移注意缓解身心,可以极大地减少学生们的压力,使他们放松后以饱满的姿态迎接下一节小课的到来。不仅如此,课程团队也为精神相对饱满的学生着想,主讲师下课时会在教室外为课上仍存在疑惑的学生解答,并争取能让他们通过自己的思考找到自己的答案。

(四)授课效果

课程结束后为了能更好地对普通法课程做出一定的改进,课程团队收集了学生们对课程的感受评价问卷。第一个问题:作为该课程的一大特色,全英式授课,也成了学生们最在意的一点,60.2%的学生觉得以自己的英语水平觉得学习起来吃力,39.8%的学生觉得虽然内容上有难度,但可以接受。证明全英式授课对学生来说确实是一大挑战,不过虽然全英式授课具有相当的意义,但是确实有学生难以理解的问题存在。所以应根据学生的具体情况做出一定的调整,大多数学生建议能够在课堂上中英结合,适当照顾英语水平较普通的学生。在课程团队经过一定的讨论后,再次做了一些调查,结果表明大多数学生在全英文授课上面临问题的最大原因是受专业词汇的影响。就本院学生来说,学生基本处于应试的英语四级水平,大多数专业词汇较生僻,难以理解,课程团队将对该类词汇汇总,并做出一定调整。第二个问题:普通法与大陆法的差异对本院这种缺少国际视角的学生的影响,57.8%的学生觉得有一定差异,但是自己可以更有兴趣学习,这部分学生有一小半成绩在班级前列;还有13.3%的学生觉得差异较大,难以理解,而这群学生却大半都在成绩前列,但剩下一部分学生成绩较普通,呈两极化;28.9%的学生觉得不太在乎差异问题,听得懂课就行,有趣的是,这部分学生的成绩却并不十分理想,大部分学生处于中层水平。由于该问题较敏感,课程团队经历讨论后认为,回避普通法与大陆法的差异不是正确的做法。对此,本院学生更应该主动正视两者存在的差异,从而才能更好地学习,掌握知识。基于一系列的调查,课程团队参考修改后如下:抽出一节课时,专门解释普通法与大陆法的差异,并结合前面内容规划,使学生重视二者的差异。第三个问题:普通法的每周课时安排,虽然课程团队已经极力为学生着想,但仍有69.9%的同学觉得时间略长,学习后半段较为吃力。只有极少数学生觉得时间略短。28.9%的同学觉得时间安排上相当合理,刚好达到其舒适区。课程团队结合实际课程发现,在上普通法课程前会有二小节英语课的学生无一例外,都觉得自己吃不消又是一连三小节的英语,所以这一段的时间调查其实是受了一定影响的,而对比另一部分的学生,他们是下午睡醒后的第一大节课上普通法,大部分学生觉得三小节的量刚刚好到达自己的舒适区。而由于课程内容的紧凑,所以课程团队讨论决定首先从调动学生积极性入手,上课时穿插的视频也许可以换成中文的,毕竟确实全英似乎对本校学生要求太高,课程也不可避免地出现枯燥乏味。课余时间的趣味动画,倒是收获了同学的一致好评,因为时间短,并不会让同学们分心,更多的是让同学感到轻松、放心。当然,具体操作还是需要课程进一步的实践。

(五)学生感受

1. 优点

结合对学生们的调查反馈,本课程在学生方面,最令学生喜欢的是教师在课堂上似乎有点"跑题"的谈天说地,不仅成功带动学生兴趣,令人意想不到的是,甚至有部分学生专门会在课下为老师说过的一些知识去百度,而这些学生在第二次的课堂上都会显著活跃。而且,授课教师有着六年的欧洲生活学习经历,讲授的内容多带有地方特色,但其几乎都是为了解释判例的形成而引入的"小故事",其实就像是让学生们又自主学习了一遍。学生反馈中肯定意见占绝对多数也着实给了课程团队一个惊喜,教师上课所用的课件(PPT)得到了很多学生的肯定,同学看得出来这课件是真的有用心在制作的。可以说,课件不仅是老师上课的工具,更是学生直接与内容交流的媒介。剩下的这个极其受学生欢迎的点倒是在课程团队意料之中,即上课辅助老师讲解的小视频,大多时间并不长。学生通过这样的短视频汲取知识的同时,还能适当的放松,而且,这种汲取知识是真的全神贯注的知识。

2. 缺点

第一,考核方式不够全面。学生不满意点主要集中在考核成绩缺乏对于课程活跃度的奖与罚的反应。对此,课程团队在跟学生积极沟通的同时,也询问了一些同学院的选修老师,结合多方建议,觉得可以在考核中加入平时分一项,这个平时分不仅有签到状况,更有课堂回答问题的奖励,不过平时分的比重并不会高,相反会比较低,为了照顾愿意学习却害羞回答的同学,这是比较好的选择。

第二,还有一部分同学反映,课程无可争议的存在相当的难度,本校学生整体更适应应试教育的风格,在课外资料缺乏的情况下,一部分学生学习不能说吃力,但真的相当不习惯。课程团队也曾经认真想过这个问题,但深思熟虑后,应试教育并不适合普通法,但也做出了积极的调整,主讲师会在每节课结束的时候,给学生留下一定的小任务,当然,绝对不会让学生感到过分的压力,做到小问题,大理解,也不让学生离开课堂就彻底离开知识。课程团队在调查中也确实发现了自己疏忽的一面,平时考核以及期末考核的形式虽然不差,但学生们反映作业的主题往往只有一个,有深度是有深度,可是主题只有一个对学生而言确实不太友好。课程团队也认真反思并总结了这一点,表示今后会积极地给予学生更多的选择。总体来说,一个有趣的课堂可以让学生在略显枯燥的课程中找到适合自己的学习方法。而一个积极完善自己的课程,能使学生与老师在上课时,共同感受上课的乐趣,学生不仅是上课,老师不仅是工作,两者更能充分交流,彼此升华。

四、对于苏师大普通法导论课程的几点思考

结合教学反馈和笔者自己的授课心得,对所开设的普通法导论课程总结出以下几点思考:

第一,判例教学。普通法中强调对判例的研习。首先,判例构成了普通法重要的法律渊源。其次,判例能够很全面地阐释法律规则是如何在实际生活中运行的。鉴于判例的重要性,部分普通法系高校的法学院甚至会开设判例课程,比如香港大学法学院。当然不同法学院开设的判例课程的具体形式和内容会有一定的差异。本文所指的判例课程是将判例指定为阅读和研习材料的课程。如果指定的判例经过“编辑”以致学生只需要阅读“重要”部分,这样的课程不是判例阅读课程;指定的阅读材料除了判例外还包括教科书或文献节录或老师的评语,以致学生只需要阅读关于该判例的材料,这样的课程也不是判例阅读课程;教学方法主要是老师讲课,或者教学目的在于追求判例所载的法律

规条,这样的课程更不是判例阅读课程。[1] 鉴于选修课的本质,加之课时有限(课时仅为36课时),所以只能介绍普通法的规则、发展历史,简单探讨一下代表性普通法国家(如美国、英国、加拿大、澳大利亚等国的普通法体系)。没有额外的时间和篇幅全面探讨案例,从而展示普通法规则具体如何形成发展,这些案例如何成为法律渊源的。

第二,教师的个人因素。笔者兼为苏师大《普通法导论》的授课教师。本着在海外留学攻读博士学位,后回国任教。但是笔者留学的国度为大陆法系国家,博士期间从事的研究也80%为大陆法系法律体系的研究,只有其中一少部分涉及英国法。因此笔者不得不边授课,边对自己进行系统化的普通法学习。由此可见,普通法的师资是相对缺乏的。

第三,教材方面。缺乏专门的全英文教材。国外有很多,但是限于版权原因不能在国内发行。而且价格比较高,合成人民币普遍在400元以上。学生负担不起。北京大学李红海出版有《英美法概论》,但为中文教材,不适合全英文授课的课程。鉴于此,笔者自行编写讲义,目前已经形成了20万单词量的讲义稿件。讲义书稿属于初创阶段,随着后续不断教授本课程所得到的心得体会,以及参考国际上相关的经典教材,其内容会进一步修改。

第四,考核方式不够全面。这也是学生反馈的结果,前面已经提到。当然可以引在考核中加入平时分一项。

第五,难度问题。鉴于本校的生源比起知名院校有很大差距,而且学生的英语水平也参差不齐。学生反馈确实全英文教学有难度。我们学院也开展了"雅思工程",即通过报销报名费,给予一定奖励,与英语培训机构合作在我院开设雅思班的方式,鼓励学生接受雅思培训,参加雅思考试。客观而言,这一工程提升了我院学生的英语水平。也对学生修全英文课程有所帮助。

五、在全国高校推广普通法课程的措施

第一,分级部署。苏师大法学院的状况或许代表了国内大多数法学院的现实情况,相对缺乏师资和授课经验。那么不妨从"导论"着手,以此作为切入点或抓手。知名院校由于师资相对丰富,学生的基础也比较好,可以开设普通法系列课程,比如北大法学院的做法。

第二,大力引进师资并进行培训。知名法学院院校鉴于其知名度,比较容易有普通法背景的师资力量进来。但是大部分院校是不具备这个条件的。因此需要知名院校的师资援助,或者将现有师资放在知名院校或者普通法系国家

[1] 何美欢主编:《论当代中国的普通法教育》,中国政法大学出版社2005年版,第148~150页。

进行培训。

第三,提高学生的英语水平。中文和英文差别巨大。普通法作为产生于英语国家的法律体系,法律术语、概念,如果不用英文去阐释,会降低学习的效果。因此,只能从提高学生英文水平方面着手,而不应该改变课程的授课语言。笔者所在的单位开展的“雅思工程”值得借鉴和推广,有利于提高学生的英语水平,同时还能够帮助学生提早准备,未来出国深造。

六、结　语

开设普通法课程是对法学教育“宽视野、厚基础”的思路的具体实践。法律是一种非常实用的科学,中国传统的法律教育模式重视纯理论的学习,却忽视了实践技能的培养,而普通法课程在一定程度上可以有助于强化培育实践能力。苏师大法学院开设普通法导论课程的经验和教学反馈,对在全国推广普通法课程具有几点启示:一是需要对全国高校进行分级部署;二是增强普通法学术背景的师资力量;三是授课对象——学生需要特别加强作为课程载体的英语语言能力。

法学本科专业教学质量国家标准评析

马　莉*

（南京审计大学法学院）

摘　要：法学本科办学恢复以来，法学本科教育中仍存在专业定位不明、课程体系有缺陷、法学本科生实践教学不足、法学专业就业形势严峻等问题。2018 年 1 月，教育部发布的《普通高等学校本科专业类教学质量国家标准》包括了法学专业建设国家标准，对建设中国特色、世界水平的法学本科教育具有重要意义。法学本科专业国家标准能够明确法学专业教育是职业教育，并在法学专业核心课程设置中初步考虑办学特色问题，强化法学专业实践教学。为进一步完善法学本科专业国家标准，需进一步强化“立德树人”要求，回答法学本科教育是大众教育还是法律职业精英教育问题，法学专业国家标准应该是人才培养质量标准体系。

关键词：教学质量　国家标准　法学本科专业

进入 21 世纪，我国法学教育与我国高等教育的其他方面一样，取得了飞速的进步，但问题也很突出。为了提高包括法学专业在内的本科人才培养质量，2007 年“高等学校本科教学质量与教学改革工程”由教育部、财政部开始实施。2011 年，在“十二五”期间继续开展“本科教学工程”建设，发布《教育部　财政部关于“十二五”期间实施“高等学校本科教学质量与教学改革工程”的意见》（教高〔2011〕6 号），将质量标准建设作为五个重点建设关键领域的第一个任务。党的十九大提出建设教育强国是中华民族伟大复兴的基础工程，“质量为王，标准先行”，实现高等教育内涵式发展，关键是要牢牢抓住提高质量这个“纲”，教育标准建设是提高教育质量的基础工程。

2013 年 4 月，高等学校教学指导委员会受教育部委托，组织数千名专家学者，历时 4 年多，先后组织工作研讨会和征求意见会数百场。2018 年 1 月 30 日，教育部在北京召开新闻发布会，发布了《普通高等学校本科专业类教学质量国家标准》（以下简称“国标”）。

---

* 马莉，南京审计大学法学院副研究员，主要从事法学教育、法学研究。江苏省教育科学“十二五”规划课题“卓越法律人才培养背景下法学特色人才培养模式改革研究”（B－b/2015/01/076）。

涵盖了普通高校本科专业目录中全部92个本科专业类、587个专业,涉及全国高校56000多个专业点的法学本科专业国家标准成为我国第一个高等教育教学质量国家标准,它对我国建设中国特色、世界水平的高等教育质量标准体系具有重要的标志性意义。具体体现在它不仅明确了各专业类的内涵、学科基础、人才培养方向等,同时对适用专业范围、培养目标、培养规格、课程体系、教学条件、师资队伍以及质量保障体系建设等都做了明确要求,尤其对教师教学发展条件、专业类师资队伍数量和结构以及教师学科专业背景和水平等方面提出定性和定量相结合的要求。而且对某一具体的专业类,它还明确了该专业类的基本办学条件、基本信息资源、教学经费投入等要求,列出了该专业类知识体系和核心课程体系建议。[1]

由于《普通高等学校本科专业类教学质量国家标准》颁布时间不长,且2019年我国本科教育和本科专业建设的热点在于国家"双万专业"的申报和评审,按照教育部的部署,在今后三年内,国家将在法学类本科专业(含知识产权、监狱学等专业)中共遴选137个国家一流本科专业,目前法学专业教学指导委员会的遴选工作刚刚结束。所以有关法学专业教学质量国家标准的研究成果并不多,通过"中国知网"检索,目前只有2篇论文。一篇是南华大学经济管理与法学学院的马柳颖教授和其硕士生蹇尚庭今年6月发表于《长春教育学院学报》上的《〈法学类教学质量国家标准〉下地方高校法学专业人才培养模式改革探索》,另一篇是西北民族大学念富强副教授2018年10月发表于《社科纵横》上的《物权法课程教学的思考——以"高校法学专业教学质量国家标准"为基础》,两篇文章一宏观一具体,对研究法学本科专业教学质量国家标准有一定的借鉴意义,但涉及对法学本科专业教学质量国家标准本身的评价并不多,因此有研究的必要。

一、法学本科专业国家标准对法学本科教育的促进

原中国政法大学校长黄进教授认为"改革开放以来这四十年的法学教育可以分为三个阶段。第一个阶段,从1977年或者1978年到1992年,这是我国法学教育的恢复期。第二个阶段,从1992年改革开放新时期到2012年党的十八大,这是我国法学教育的快速发展期。第三个阶段,2012年后中国的法学教育进入了逐渐走向成熟发展的时期,一直到现在。这个阶段办学规模得到了控

〔1〕 参见吴岩:《〈普通高等学校本科专业类教学质量国家标准〉有关情况介绍》,载《重庆与世界》2018年第4期。

制,以提高质量为核心的内涵发展成为法学院追求的目标”。[1]《法学本科专业教学质量国家标准》就是在这个背景下推出的。

(一)法学本科教育恢复以来存在的问题和不足

自1978年恢复法学本科办学以来,中国的法学本科教育已经走过了40年的历程。目前,开展法学本科教育的院校由最初的几所发展到现在的634所。2018年,法学类普通本科在校生数约为8万人左右。[2] 法学教育的飞速发展,为全面推进依法治国,为促进我国经济与社会发展起到了极其重要的作用。但是随着我国法治国家建设事业的推进,高等教育的发展,法学本科教育中存在的问题和不足也逐渐显现。

第一,法学本科专业定位不明。我国法学本科专业普遍存在定位不明问题,这是大部分法学本科专业都存在的大问题。目前我国设立法学专业的主要有如下几类高校:政法院校、综合性大学、财经类高校、师范院校、理工农林院校等,这些学校由于其定位不同,类别差异还是比较明显的,但是它们所办的法学专业差异不大,甚至几乎无差异。可以这么说,我国600多个法学本科专业尽管分处不同地方不同院校,但办学定位大同小异。法学专业的地域特色、院校特色没有显现。笔者仔细查阅了各法学院网站,其中挂出人才培养方案的有170个左右,在这170个人才培养方案中,将本专业培养目标定位为“培养法学高级专门人才”的有148个,表述为“培养精通法律的高级专门人才”的14个,表述为“培养精通国际国内法律的高级专门人才”的8个。除少数法学院外,各法学院法学本科人才的培养普遍面临着层次定位和特色定位不清的状况。

第二,课程体系有缺陷。我国法学本科人才培养课程体系存在明显缺陷。一方面,专业课程基本对应部门法,导致课程过多过滥。法学本科专业国家标准设立之前,法学专业主干课多达14+2门,严重挤占了通识课、实践课的教学空间。众所周知,大学本科专业的专业主干课一般为5~6门,很少有超过7门的。法学专业的主干课设置有悖高等教育管理的常理。另一方面,法学本科专业通识课过少。由于专业课的挤占,更主要是由于主导法学本科教育的各大高校法学院院长们的重视不够,我国的法学本科生文史哲及科学基础教育明显不足,对政治学理论、社会学理论和方法的了解明显不足。这样的完全的职业化的课程设置,导致我国的法学教育培养出一批完全照规范依样画瓢,缺乏创新精神、人文素养和家国情怀的法科生。南京“彭宇案”的判决凸显了法科毕业

〔1〕 徐显明、黄进、潘剑锋、韩大元、申卫星:《改革开放四十年的中国法学教育》,载《中国法律论》2018年第3期。

〔2〕 周秀娟、刘淑波:《我国法学教育内涵式发展问题研究》,载《长春理工大学学报》(社会科学版)2019年第2期。

生人文情怀的缺失。[1]

第三,法学本科生实践教学环节总体较薄弱。法学是社会科学,法学专业是应用文科专业,实践性极强。但随着20世纪90年代开始法学专业学生在司法机关实习不再允许参加具体案件的立案、侦查、起诉和审判工作,法学专业学生的实践教学的获得感越来越少,一个严重的后果便是法学本科专业学生实践能力严重不足、毕业后适岗能力总体不高。表面看来,我国法学专业实践教学轰轰烈烈,模拟法庭、诊所教学、法庭辩论等工作每个法学院都在做,但实际上面子功夫大于实际。一般来说,我国法学本科专业的课程设置情况十分有利于实践教学,而实际情况是,我们并没有真正结合部门法进行实践实训,学生仅有的集中专业实习又受到就业找工作和考研等冲击,其结果是学生实践能力低下。

第四,法学专业就业形势总体不佳。学生通识培养不够,实践能力又低下,其结果就是法学本科专业学生就业率不高。各种各样的统计数据、排行榜都告诉我们,就全国而言,我国法学专业学生就业率连续处于"黄牌"或"红牌"状况。据麦可思研究院发布的《2016年中国大学生就业报告》显示"法律事务"专业就业率最低,已经连续三年垫底。[2] 法学专业本科生就业率仅为86.9%,仅高于历史专业,法学专业成为看似高大上却最难就业的专业之一。而实际上,社会生活各个方面却展现出对法律服务的巨大需求,这种反差值得我们深思。

(二)法学本科专业国家标准能够较为有效地解决法学本科教育的突出问题

法学本科专业国家标准是我国普通高等教育的第一个专业国家标准,是包括法学专业在内的所有专业应达到的质量标准,既包含本科毕业生需要达到的基本要求,也涵盖了对学校办学条件、管理流程等各方面的规范,是设置本科专业、指导专业建设、评价专业教学质量的基本依据。高校可以以国家或地区层面的专业标准为指导,结合自身办学特色,制定学校层面的专业标准。国家和地区层面专业标准的制定经过详尽的前期调研和仔细斟酌,是各教育专家和行业实践者等的智慧结晶,某种程度上,也体现了社会的人才需求和最新人才培养趋势。专业标准对引导高校办学方向,帮助高校明确办学目标,理清办学思路有重大的指导性意义。具体到法学专业,法学本科专业国家标准的指导作用

---

〔1〕 张骞:《从彭宇案、许云鹤案等案看法学教育与司法考试应良性互动》,载《兰州学刊》2012年第4期。

〔2〕 参见就业蓝皮书:《2016年中国大学生就业报告》,载 http://ex.cssn.cn/dybg/gqdy_sh/201606/t20160623_3081988.shtml,最后访问日期:2019年6月5日。

体现在如下几个方面：

第一，明确法学专业教育是职业教育。法学界长期争论法学本科教育是通识教育还是职业教育，法学本科专业国家标准给出了答案。法学本科专业国家标准指出“法学专业教育具有很强的应用性和实践性，在国家民主法治建设中发挥着重要的基础性作用。法学类专业教育是素质教育和专业教育基础上的职业教育”。法学本科专业国家标准中有关法学专业教育性质的准确而又清晰的表述，使法学本科教育长期存在的属性争议：究竟是学术性教育还是职业性教育这一问题得以明确。

有法学教育专家曾指出：“中国精英法学院的毕业生，即使在智力和潜能上毫不逊色，但在职业技能掌握上，虽然很难跨国比较而且没有相关实证研究，但在我看来，却很难同美国精英法学院毕业生相比。”[1]而此次法学本科专业国家标准明确提出将应用性和实践性作为我国法学专业教育的特色和指征，为我国法学本科人才培养指明了方向。法学本科教育承担着为法治国家建设培养人才的重任，是立法机关、司法机关、行政执法部门、法律服务机构、企事业单位法务部门法律实务人才的主要来源。所以各法学院应该根据法学本科专业国家标准厘清办学定位，重构课程体系。

第二，在法学专业核心课程设置中初步考虑了办学特色问题，具有明显的进步。法学专业课程设置是人才培养目标的具体体现，它具体而鲜明地体现了法学专业的教育理念、价值取向、人才培养目标定位以及教育教学特色。改革开放以来，我国法学本科课程体系不断调整变化，更加注重课程设置的灵活性、多样性、课程体系的平衡性，以及课程内容的开放性和实用性。在此课程体系下培养出一大批杰出的法学和法律人才。但总体仍然存在不少问题。其中最大的问题是法学专业专业课程太多，不仅挤占了法学专业通识教育的空间同时也使法学院千院一面。

法学本科专业国家标准努力解决法学本科专业课程过多的问题，将法学专业的核心课程限制为10门。法学专业法学本科专业国家标准规定：法学专业核心课程采取“10+X”设置模式。“10”指所有法学专业本科生必须完成的10门专业必修课程……“X”指各高校根据办学特色开设的其他专业必修课程……“X”选择设置门数原则上不少于5门。“X”的课程设置初步解决了法学本科专业的特色问题。“各专业可以自主设置专业选修课程体系。鼓励开发跨学科、跨专业的新兴交叉课程与创新创业类课程。”这样的设置规定一方面对高等学校提出统一要求，以10门专业必修课程保障法学专业学生的基本

---

〔1〕 苏力：《中国法律技能教育的制度分析》，载《法学家》2008年第2期。

素养和质量,兜住底线;另一方面可以让各高校在设置课程时充分考虑和利用自身发展的优势,彰显自身特色。给高等学校人才培养留有足够拓展空间,更有利于高校培养出适应当下经济社会发展需求的高质量法科人才。法学专业法学本科专业国家标准明确将“法律职业伦理”课程作为法学本科专业的必修课,有利于提高法学本科专业学生的职业伦理意识,不仅对防止将法学本科生培养成精致利己主义者有一定的作用,同时由于法科毕业生职业的特殊性,对提升全社会的道德水准也具有一定的意义。

第三,对法学专业实践教学的强化。法学专业具有较强的实践性,为切实培养更加适应社会经济发展需要的法律专门人才,法学专业必须与法律实践相结合、与法律职业相结合。法学本科专业国家标准从概述部分开始,培养目标、课程体系、教师队伍等多个部分以定性或定量的表述提及法学本科教育要“注重强化实践教学。……强化案例教学,增加理论教学中模拟训练和法律方法训练环节”“实践性强的课程的主讲教师应具有实务工作背景或实务经验”。法学本科教育要打破传统教学模式,注重学生实践应用能力的培养,加强实习、实训基地的建设,使法学本科培养的人才能够满足法律实务部门第一线法律职业岗位的需求,真正适应现实社会的需要,回应社会对高质量法学教育的诉求,与社会需求、法律职业实现对接,满足社会对法律人才的需求。我们认为除了必要的法学专业综合实习外,法学本科专业实践教学必须抓好每一门专业课程的课程实践教学和实习环节,使法学本科专业的毕业生能够达到法学本科专业国家标准的要求。

二、法学本科专业国家标准的完善

(一)进一步强化“立德树人”要求

“立德树人”是社会主义大学培养人才的根本,也是法学本科专业人才培养的根本。习近平总书记指出,“高校立身之本在于立德树人”。[1] 法学本科专业国家标准在法学本科专业“立德树人”方面还需要进一步强化规定。

法学本科专业的教学质量国家标准涵盖了包括培养目标,培养规格,课程体系,教学规范,教师队伍,教学条件和质量保障体系等在内的十个方面的内容。标准从各方面都进行了规定,但是在人才培养质量的维度上,没有将学生的爱党爱国情怀、学风、就业率、社会认可度作为评价指标。法学本科专业的教学质量国家标准的制定更接近于从办学标准的角度,而不是人才培养的标准的角度。建议将来加以完善。

〔1〕 习近平:《习近平总书记在全国高校思想政治工作会议上的重要讲话》,载《人民日报》2016年12月11日,第1版。

法学本科专业国家标准中对于教学效果部分的表述均为定性要求,缺少量化指标。建议从考研率、毕业生年终就业率、专业对口就业率、首次司法考试合格率、毕业生满意率、用人单位满意率、学生家长满意率乃至一定时间内用人单位对毕业生的满意率等方面设置可供参考的、明确具体的量化指标,较为直观的评判法学专业本科人才培养质量。

(二)需回答法学本科教育是大众教育还是法律职业精英教育问题

法学界一直有法学本科专业教育是大众教育还是法律职业精英教育问题,法学本科专业国家标准回答了法学本科教育是通识教育还是职业教育问题,但没有很好地回答这一问题,这一问题如不能明晰则法学本科教育同样具有定位不明的问题。法学本科教育到底培养的是法律精英还是懂法律具有法治思维的一般人必须要通过法学本科专业教育教学目标和课程体系加以解决。法学本科专业国家标准强调了法学本科专业的职业教育,似乎是往法学精英人才培养方向靠拢,但其课程体系设计又似乎还在兼顾法学本科专业教育的大众化。

法学本科专业国家标准中的课程设置除法律职业伦理、法理学、法律史学之外,仍是与部门法对应的课程,这样的课程设置培养出的人才,毕业后在工作中遇到有关法律问题时,思考和解决问题的方式将呈现单一性,他们将仍然会囿于传统的法学理论与视角而缺乏突破与创新。因此,我们认为需要打破部门法的樊篱,设立综合性的课程如国家法学、公法学、私法学、诉讼法学等,培养复合型、职业型、创新型法治人才。

(三)应该是人才培养质量标准体系

法学本科专业国家标准不应该是单一的“课程质量标准”,而应该是“人才培养质量标准体系”。过去十几年,我国高等院校在人才培养质量监控上偏重于“课程质量标准”监控,较少关注“人才培养质量标准体系”的构建,人才培养的系统观念不到位,因而人才培养的合力就不易形成。法学本科专业国家标准仍然存在这方面的问题。

我们认为,专业由师、生、课程、教材、课堂、课外、校外等元素组成的人才培养综合有机体。当然我们也承认课程质量是专业质量的重要体现,国家标准对课程进行了全方位的规范是必要的,课堂教学在有据可依的基础上进行可控的研究和发展,从而对课程的教学质量的提升大有裨益。但从管理和评价的角度来看,由于缺乏系统的观念,法学本科专业国家标准对课程的规定可能难以真正落到实处。

法学本科教育的立身之本在于立德树人,全面提高人才培养能力是办好法学本科教育的核心所在,必须予以高度重视。法学教育的根基就在于法学本科教育,而专业是人才培养的基本落脚点,作为法学人才培养实现路径的根本和基础的法学专业教育就承载了重要的意义和作用。而要做好此点,必须以本科教学质量国家标准为依据和准绳,实现政府、高校、社会三方参与,实行管理、办学、监督三位一体的有效运行模式,切实做好引导、建设和监督各个环节,努力提高法学本科专业人才培养能力。

法学本科专业国家标准虽有不足和待完善之处,但其作为我国法学本科专业教学的第一个国家标准,它的良好实施将为规范法学专业办学和促进法学专业建设起到保障作用,稳步推进法学本科专业人才的整体水平和综合素质。法学本科专业国家标准也将对法学本科专业的学科建设起到至关重要的引导作用,为新的历史条件下法学专业定位、人才培养模式构建以及教师队伍建设等提供系统性的指导和规划,在未来较长一段时期内引领法学本科专业的可持续健康发展。

大数据时代条件下教学设计"碎片化"能力提升问题研究*

孟卧杰　黎　慈**
（江苏警官学院）

摘　要：大数据时代条件下，教学资源由强调知识产权的"封闭保护"转向以"开放圈粉"为目标的主动推送。当"移动优先"作为战略提出，并成为教学对象的首要选择，高校教师必须勇敢接受技术带来的挑战，成为技术的掌握者、使用者和操盘手。同时，学生学习方式则由大而全向短平快转型，学生获取知识的特征则呈现出碎片化、快捷化、及时化等特征。基于这样的时代特征，教师在教学设计过程中需要大力提升自己的"碎片化"能力，删繁就简，去粗取精，萃取精要，信手拈来，满足学生及时、迅捷、瞬息式掌握知识的要求。

关键词：移动优先战略　教学设计　碎片化能力　大数据时代

大数据被认为是一种重大技术变革，其价值是通过"海量数据"和"全部数据"的占有，进行各种数据交换、整合、分析，进而发现新知识、创造新价值，带来大知识、大科技、大利润和大发展。[1] 随着大数据时代的到来，各行各业在运用大数据帮助开展专业工作、总结行业规律、合理分配业务资源等方面开展了相应研究。正如《大数据时代》一书的作者英国学者维克托·迈耶·舍恩伯格指出的，"大数据正在改变人们的生活以及理解世界的方式，成为新发明和新服务的源泉"。[2]

---

* 本文系江苏省教育科学规划办"十三五"规划年度课题"基于移动教学平台的法学课程线上线下混合式金课建设研究"（项目编号：D/2020/01/06）、教改项目"基于大数据应用和移动优先战略的法学课程线上线下金课建设研究"（项目编号：2019A44）的阶段性成果，并受江苏高校哲学社会科学重点建设基地总体国家安全与法治研究中心项目（批准号：2018ZDJD－B007）、江苏省333高层次人才项目、江苏省"十三五"重点建设学科建设工程项目、江苏高校优势学科建设工程项目（PAPD）以及江苏警官学院"宪法与行政法学"教学团队建设项目的资助。

** 孟卧杰，江苏警官学院教授；黎慈，江苏警官学院教授。

〔1〕 涂子沛主编：《大数据》，广西师范大学出版社2013年版，第33页。

〔2〕 参见［英］维克托·迈尔－舍恩伯格、肯尼斯·库克耶：《大数据时代：生活、工作与思维的大变革》，盛杨燕、周涛译，浙江人民出版社2013年版，第1页。

何为大数据？大数据对于一般人而言，意味着什么？对于普通教师而言，到底提出了什么样的新要求？大数据的应用对于传统教学提出了哪些新的挑战？这些问题值得我们每一个高校教师，尤其是人文社科教师的重视。广义的大数据被定义为物理世界到数字世界的映射和提炼，即通过发现其中的数据特征，从而做出提升效率的决策行为；从技术角度而言的狭义的大数据，则是指通过获取、存储、分析，从大容量数据中挖掘价值的一种全新的技术架构。可见，仅仅从单一的数据获取的信息十分有限，但是结合复杂数学模型以及强大计算能力的TB级数据，却能产生出仅凭人体器官无法获得的洞察。通过查阅众多参考文献，可以发现大数据时代的显著特征可以被总结为容量大（Volume）、产生速度快（Velocity）、多样性（Variety）和信息价值大（Value）四个特征（四个V）。[1] 在大数据时代背景下，数据就变成了新资源，只要找到合适途径方法和技术手段，任何数据都有可能变废为宝。

大数据带给我们的，不仅是便捷，还有不知不觉的落后和手足无措的茫然：我们精心"准备"的教学资料可能已经落后于学生手机里的存储文件，我们"悠然自得"的"教学设计"，随时可能被学生从大数据货架上瞬间捕获。因此，大数据时代的教学模式和教学策略的运用、教学设计的行动，宜采用逻辑推理方式，关注学生的内驱动力培养，通过获取信息和组织信息来认知问题并找到解决问题的方法。[2] 基于这一出发点，本文希望探讨一下教学设计"碎片化"能力的提升问题。

一、问题意识与概念建构："移动优先"战略与"碎片化"教学设计能力

当前，大数据在经济、文化以及社会生活等各个领域的应用都渐趋广泛，同时也改变着我们传统的思维方式和行为习惯。[3] 大数据应用已经成为热门话题，对各领域都开始产生巨大影响，教育也很难例外。实际上大数据在教育中的研究与应用，开始影响到教学对象、教学内容、教学评价等各个方面。[4]

随着数据大爆发，信息传播速度呈几何级增长，内容呈现海量性的特点。2014年，EMC公司发布了第7份digital universe报告，国际数据公司（IDC）认

---

[1] 朱东华、张嶷、汪雪锋等：《大数据环境下技术创新管理方法研究》，载《科学学与科学技术管理》2013年第4期。

[2] 王睿：《大数据时代教学模式的变革》，载《人民论坛》2015年第12期。

[3] 赵宏越：《大数据背景下电子电工教学设计与实施》，载《现代经济信息》2018年第24期。

[4] 肖美娜、谢康：《大数据下的高校教学设计研究》，载《天津电大学报》2015年第4期。

为全球大数据总量约为4.4ZB，到2020年数据预计将增长10倍；[1]大数据时代在数据信息内容的分析以及选择过程中也与以往大不相同，[2]大数据时代的媒体建立了更为精准的信息链接技术，[3]能够精准迅速地在同类事件中建立联系，分析信息受众的需求；同时，大数据时代的必然产物就是碎片化，信息资源的疯狂涌入，自媒体平台的飞速发展以及精准的信息推送技术，迎合现代人忙碌的生活节奏，以及碎片化的学习时间。[4] 正是这样的时代背景催生了“移动优先”战略的出台。

一言以蔽之，在大数据时代条件下，信息传播呈现海量性、个性化、碎片化的特点；大数据的广泛应用催生“移动优先”战略。在以传播知识信息为特征的教学活动过程中，需要提升碎片化教学设计的能力以应对新的挑战，贯彻“移动优先”战略的意图。

（一）大数据时代条件下的“主动推送”风暴

大数据既是一种数据又是一种能力，具有公认的体量、种类、速度和价值四个特征。大数据时代条件下，教学资源由知识产权保护转向为圈粉为目标的主动推送。精品课程、在线课程、MOOC、SPOOC、金课、混合金课，应接不暇。其中，自2012年以来，大型开放式网络课程，即MOOC（Massive Open Online Courses）掀起一阵狂潮，令人应接不暇之余，大有席卷传统教学之威力。

随着信息技术的飞速发展，社会已经进入大数据时代，高校以“口头传授”和“灌输式教学”为主要模式的教学活动将面临新的机遇和挑战。传统教学正因为其不能满足受众需要正逐渐失去生命力。大数据时代条件下的理论教学可能需要充分利用大数据，和社会实践有机结合，形成优势互补，从提升教学设计理念、优化教学设计能力，进而大力推动推动高校课堂教学改革。而且，这种改革必须适应学生学习方式和获取知识的变化特征，即学习方式由大而全向短平快转型，获取知识的特征则呈现出碎片化、快捷化、及时化转化。

无论我们是否承认，一个事实就是，大数据时代的“互联网＋”教育或者“互联网和”教育，表现出三个最突出的优点，即通过海量资源破除地域壁垒；通过适应每个学生的学习进度以满足个性化学习的需要；通过节约课堂时间使教师有更多精力培养学生的学习能力。因此大数据时代条件下，教学资源比以往任何时代更丰富、更为便捷、更为容易获取、更为学生喜闻乐见；相反，我们的

〔1〕 参见彭迎涛、宋绍义、方德英：《数据传播过程风险识别及其指标体系研究》，载《科技管理研究》2018年第10期。

〔2〕 吴伟：《媒介数字化记忆功能下的传播新象》，载《青年记者》2017年第29期。

〔3〕 张梦：《大数据背景下国防科技信息传播新发展》，载《情报理论与实践》2019年第8期。

〔4〕 朱晓敏、常海洋：《后现代主义学习理论引领下的成人碎片化学习》，载《成人教育》2018年第1期。

教学设计实现“快速”投送、投其所好。

(二)移动优先战略驱动下的高校教学新要求

移动优先(Mobile First)并非新词。早在2009年前后,雅虎公司用户体验总监卢克·罗伯莱夫斯基(Luke Wroblewski)率先提出这种设计理念;2015年11月28日,谷歌亚太区总经理杰瑞米·布特雷斯(Jeremy Butteriss)先生在香港举行的“2015年亚洲数字媒体大会”上向与会的亚洲顶级媒体同行呼吁“忘掉别的,聚焦移动第一”(Forget about everything else, focus on mobile first only)。〔1〕党和国家领导人也站在战略高度提出“网络强国”和“移动优先战略”,“要坚持移动优先策略,让主流媒体借助移动传播,牢牢占据舆论引导、思想引领、文化传承、服务人民的传播制高点”。〔2〕在数字化时代条件下,高校教师如何将应知应会的知识、最新的科研成果、优秀的知识产品,与新媒体技术全面融合,打造资源共享、内容兼容、传播互通的新型教学内容和教学成果,已然成为重要课题。如今大数据、云计算、平板高效互动课堂、AR/VR、远程录播登记书和教学手段的运用,课堂信息化更加高效便捷,移动优先战略开始显示其远见卓识。

“终端随人走、信息围人转”是这个大数据时代的典型特征。移动优先战略,要求教学内容原则上都要第一时间通过新媒体平台进行发布。移动教学端是当下教学受众最常用的媒介;移动推送模式,以手机为代表的数字移动设备,给媒体格局带来了革命性变革。根据中国互联网络信息中心第43次《中国互联网发展状况统计报告》,我国网民规模已经突破了8.29亿;如果按照比例计算,大学生是接触网络最为频繁的群体(因为他们时间最宽裕、行动上最自由),中国青年报的调查数据显示有87.3%的大学生表示自己经常上网,〔3〕如今大学生的互联网使用率已经接近100%。〔4〕随着互联网技术的发展,信息传播的媒介、载体和环境都已经有了翻天覆地的变化,移动端成为网络用户获取信息的重要途径、方式和工具。〔5〕当移动优先成为教学对象的首要选择,以手机为代表的数字移动设备给媒体市场带来了革命性颠覆,传统教学的灌输模式

〔1〕吕顺景:《发达国家“移动优先”战略及启示》,载《传媒》2016年第2期。

〔2〕绿箫:《移动优先,让主流媒体牢牢占据制高点》,载光明日报网:http://epaper.gmw.cn/gmrb/html/2019-01/30/nw.D110000gmrb_20190130_1-02.htm,最后访问日期:2019年5月4日。

〔3〕调查显示经常上网的大学生是绝大部分,占比达87.3%,载中文互联网数据资讯网:http://www.199it.com/archives/527225.html,最后访问日期:2019年1月29日。

〔4〕零点调查:调查显示大学生和白领互联网使用率近100%,载中文互联网数据资讯网:http://www.199it.com/archives/334638.html,最后访问日期:2019年1月30日。

〔5〕杨超、朱小阳:《移动优先与媒体融合——基于H5的移动数字出版交互式传播策略》,载《编辑学刊》2019年第2期。

不能满足受众需求，影响了课堂教学的效果。传统教学特别是课堂教学别无选择，必须将移动优先作为一项重要战略贯彻下去，加快传统教学同媒体融合发展步伐，吸引更多学生的认可和支持。

简言之，移动优先战略的部署和落实、学生已经“从听众到用户”的转变这一现实，要求我们更加深入地思考和探索：为什么要实施移动优先战略？如何实现移动优先？在移动优先的背景下，作为教学型本科院校如何打造精品课堂？新的时代条件下，从创新教学设计的思维观念、转变教学目标定位、丰富教学设计思路和教学课堂方式、丰富教学手段、调整教学内容，同时进行数据分析以不断完善和提升。要想实现移动优先，必须在“优”和“先”上下工夫。[1]

（三）“碎片化”教学设计能力是一种什么能力

由于学习时空渐趋分割、学习媒体日趋多元化、学习注意力稳定性渐弱，人们往往需要微型学习资源以适应新的学习方式。随着网络媒体技术的快速发展和应用，学习资源越发开放、多元、共享，那些传播和共享知识的在线教学视频，借助于网络数据库平台，对高校教育教学活动产生越来越大的影响，学生的碎片化学习习惯对以讲授为主的传统教学提出前所未有的新挑战；“碎片化”教学较之传统教学的相对优势，当下高校教师必须从理念、方向、规划、流程等方面构建全媒体时代下的微模式教学进而提升碎片化学习的效果。[2] 此外，现代大学生在快节奏的生活中更加注重学习的效率，现代知识更新速度的加快也要求信息推送更加及时。

近些年来，“碎片化”思维开始受到越来越多教育研究者的关注。从哲学的角度来看，“碎片化”思维是一种反思性思维，它包含了“去自然化”或者说“去常规化”的过程。[3] 甚至有学者认为，大数据时代，碎片化学习业已成为巨量信息与移动终端升级的必然产物。[4] 一方面，这种碎片化学习是对巨量网络信息的“拆解”与“重构”，意味着大数据时代学习行为和学习方式的变革。碎片化的概念与整体化相对立，大数据时代下信息的海量性带来了信息选择上的困难，对海量信息进行成体系的归纳和综述更是一件难度不小的任务，所以学生获取知识的碎片化特征是大数据时代下的必然结果。[5] 大数据时代移动

[1] 张大成：《移动优先要在“优”和“先”上下工夫》，载《新闻战线》2017 年第 14 期。

[2] 于海燕、吴磊：《碎片化学习背景下微模式教学研究》，载《中国成人教育》2015 年第 19 期。

[3] 赵婧：《“碎片化”思维与教育研究——托马斯·波克维茨教授访谈录》，载《全球教育展望》2012 年第 10 期。

[4] 黄领：《大数据时代背景下大学生碎片化学习习惯与教学设计研究》，载《中国成人教育》2016 年第 23 期。

[5] 王茂莉：《大数据时代高职院校课程供给模式变革初探》，载《中国职业技术教育》2018 年第 23 期。

互联网的发展以及新媒体和多元信息的产生,使学习过程中获取的知识比较零散、不系统,是无序、互不关联的知识碎片;深入研究碎片化学习产生的原因、学习过程、知识管理等,有利于大数据时代学习者获取有价值的信息并完成知识的建构。[1] 另一方面,“碎片化”使大学生的思维模式、认知模式、行为模式等发生根本性转变。国家、高校、社会要及时把握新媒体时代“碎片化”的逻辑规律,丰富新媒体时代知识文化产品供给,完善社会主义核心价值观传播体系,提高学生自我管理教育能力,避免大学生思维碎片化的形成。[2]

综上所述,基于大数据时代条件下“碎片化”的传播方式、叙事语言、阅读习惯、教学模式的影响,高校教学活动和教学设计的“碎片化”格局似乎已经不可逆转;但是,我们不得不努力实现“碎片化”与“系统化”的融合。简言之,本文所谈及的教学设计“碎片化”能力,是一种理念,是一种去粗取精,是一种萃取,也是一种信手拈来,且这些都是坚持课程体系的系统性和整体性的前提下进行。

二、大数据时代人文学科教学模式面临的转型困境与多维挑战

大数据时代人文社会科学的教学模式难以抗拒地呈现“线上线下混合式”特点;在这种混合学习视域下,教学设计具有统整性、系统性、开放性、生成性、协同性、成长性等基本特性,并按照“寻找教学对象、整合学习资源、设计学习通道、内置相关技术、反思教学双方角色、运行反馈处置机制”的基本逻辑框架开展教学设计;在整个教学设计过程,要注重教育大数据对教学设计的支持作用,有效应对教学模式面临的新挑战。[3] 同时,移动优先战略导向下,教学活动需要展现出个性化、精准性、效率性等特征,才能成为“有效果”“有效率”“有效益”的教学活动;这就需要精准把握学习起点、个性化定制学习目标、动态组织教学内容、灵活调整教学策略、即时评价与个性化反馈、推荐个性化学习资源等环节。[4] 这种富有时代特色的混合教学模式和移动优先战略指导下的有效教学目标导向,对大数据时代人文学科教学模式提出了各种挑战,也指明了努力方向。

---

〔1〕 王承博、李小平、赵丰年、张琳:《大数据时代碎片化学习研究》,载《电化教育研究》2015 年第 10 期。

〔2〕 周学智、姚梦竹、王子安:《新媒体时代的“碎片化”现象对高校育人工作的影响及对策》,载《北京教育》(德育)2018 年第 10 期。

〔3〕 吴南中:《混合学习视域下的教学设计框架重构——兼论教育大数据对教学设计的支持作用》,载《中国电化教育》2016 年第 5 期。

〔4〕 陈明选、耿楠:《测评大数据支持下的有效教学研究》,载《远程教育杂志》2019 年第 5 期。

（一）个性化学习需求的强网络依赖

一方面，大数据时代知识更新换代的速度越发频繁，学术界的第一手资源往往率先在网络中发布。学生们无论是进行基础知识学习还是进行科学研究，都依赖于最新的理论成果，所以当代大学生的学习离不开网络信息。大数据时代的海量性信息大大开拓了大学生的眼界，加深了大学生对于社会问题的思考，有利于激发学生的学习兴趣。通过网络，大学生可以实现与学术大师的近距离沟通，突破思维的桎梏，取得更大的进步。

另一方面，学生可以通过网络进行相互学习和交流，及时与导师进行沟通。自媒体技术的发展为学生提供了交流观点、分享信息的平台，通过网络平台学生们可以接触第一手的考研信息，可以得到别人的学习经验，从而在自己的学习过程中少走弯路。此外，在各类学习 App 中进行学习打卡，还能够形成学生群体之间相互学习、相互激励的学习氛围。

（二）快捷化学习的高标准预期

首先，当前学生的学习时间是碎片化的，需要重点明确的“碎片化”知识为学生选择信息提供导向，使学生在学习过程中少走弯路。网络信息的海量性带来了学生筛选信息的困难，学生容易在海量网络信息中迷失自己的方向。此外，自媒体平台的“去中心化”现象也带来了信息来源的权威性、真实性不强的后果。所以，“碎片化”教学中提供的重点知识和核心观点，有利于帮助学生在收集、选择网络信息的过程中保持方向的明确性。

其次，目前人才竞争形势越发激烈，对学生的专业技能提出了更加严格的要求，学生需要更加高效和重点明确的学习方式。“碎片化”教学浓缩了基础知识和核心观点，应当是整个教学内容之中的重中之重。通过“碎片化”教学的内容，学生可以把握学界关注的重点，揣测考研、就业的动态。此外，“碎片化”教学往往以学生们喜闻乐见的表现形式展现出来，有利于学生对核心知识的掌握，提升学习效率。

最后，“碎片化”教学模式有利于学生充分利用零碎的时间进行知识积累。“碎片化”教学模式往往以移动终端为载体，学生可以随时随地进行知识巩固。尤其是对于语言类的学科来说，学生的平时积累是提升自身能力的关键因素。以移动终端为载体的“碎片化”学习方式大大减少了学生整理知识点和自我测试的时间，将专业知识的积累融入平时生活中去。

（三）碎片化学习的快现实需求

第一，学生希望随时随地、快速弥补自身知识的缺陷与不足。[1] 人文科学

〔1〕 刘永凌：《微时代图书编辑碎片化学习之道》，载《中国出版》2018 年第 18 期。

问题的研究过程中可能需要进行跨专业的研究和学习,学生为了弥补自身知识结构的缺陷,往往需要进行短平快的"碎片化"学习,在短时间之内了解其他专业的基础知识,为自己的学术科研活动提供方向。所以,将学科的专业基础知识"碎片化",有利于跨专业的学习和交流,在碎片化学习的时代,学科之间的"知识鸿沟"被迅速填平。[1] 这有利于为学生从事课外研究活动提供思路和导向,拓宽他们研究的视野,加强不同学科之间的交流与对话。

第二,碎片化学习具有较强的灵活性和个性化特征,能够随时随地根据用户大数据准确推送需要的信息,大大节省了学生进行搜索的时间。学生掌握碎片化的学习方式,有利于提升其学习的自主性,提升学习方式的灵活性,将学习与生活融合在一起,充分利用零散的时间实现最高效的学习。[2]

(四)碎片化重组教学知识点的本领恐慌

其一,在未来移动终端很有可能会发展成为专业知识教育的利器,但并不是所有的教师都掌握这一项技术。自媒体技术发展历史不长,但是其发展速度很快,部分教师可能并不熟悉网络技术的应用。目前,越发先进的自媒体技术对使用者的技术水平和适应能力提出的要求更高,有深厚学术功底的教师可能并不擅长使用新媒体技术,由此带来了大数据时代人文学科教学模式转型过程中不可忽视的问题。

其二,在人类生活节奏不断加快的现代社会,高效的专业技术教育和人才的快速培养会有越来越大的需求,所以碎片化教学将越来越受到学生的青睐。然而目前的人文科学教学体系可能并不适合碎片化的教学模式,这对教学设计者提出了更高的要求:如何在最短的时间内实现最有效的教育,这要求专业教师具备深厚的学术功底以及高超的授课技巧。

其三,在碎片化重组教学知识点的过程中,需要为学生制定个性化的学习方案以及个性化的学习内容,这就需要把握学生受众群体的现实需求、学习能力和基础状况。为学生制定个性化的教学模式,无论是在传统教学中,还是在碎片化教学中都有至关重要的作用。然而,目前高校的教师往往在教学过程中欠缺这样的考虑,没有着眼于学生考研或者就业的现实需求,存在自说自话的现象:教师上课讲的内容不是考试考的内容,考试要考的内容往往是要自学的内容。

(五)可视化教学元素调集和运用的能力欠缺

第一,教学设计者难以跳出专业思维限制。可视化是一种将复杂信息快速

[1] 陈绍灿:《超越"碎片化"学习的教学范式转型》,载《思想政治课教学》2017年第11期。

[2] 刘霞玲:《从碎片化学习视角看会计系统化思维培养——基于业务循环的知识构建》,载《财会月刊》2018年第14期。

传输和容易被人理解的手段，是把数据、信息和知识转化为可视化表现形式并获得对数据更深层次认识的过程。[1] 可视化教学是为了让学习者在最短的时间内加深对知识点的理解，降低学习难度。为适应“碎片化”学习的要求，教学者应当用深入浅出的语言进行专业知识的讲解。然而，跳出专业思维的限制，以喜闻乐见的语言风格和简洁明了的教学方式传授专业知识并不是一件容易的事情。

第二，在进行可视化教学的过程中往往需要调集多种演示手段，如借助动画、视频、图例等新媒体技术，但是掌握这些技术的教师仍然在少数。对于人文科学内的学科而言，借助可视化教学手段对抽象概念进行解说，更有利于在短时间内降低学生理解复杂概念的难度、加深学生对知识点的印象、激发学生的创新活力。所以，教师对可视化教学手段以及元素的应用能力，将是大数据时代碎片化教学设计过程必须克服的困难。

三、大数据时代“碎片化”教学设计能力提升的路径选择

大数据技术的网络智能系统是师生双向交流的一种重要途径，以各类移动终端为代表的大数据时代的到来，为精确考核课堂教学活动的学习效果和教师的教学质量提供了可能。按照精准教学的理论方法，分析大数据对精准教学的影响，可以从教学目标确立、教学过程框架设计、教学评价与预测等三个维度，构建基于大数据的精准教学模式，进而对教学主体关系进行反思，推动大数据技术在精准教学领域的应用，有助于激发精准教学的活力，进一步提升精准教学的有效性。[2] 基于“学习行为大数据”的精准教学及其有效性研究，对个性化的学习行为进行数据分析，挖掘群体的共性学习特征，帮助我们做出下阶段的教学决策。弥补传统课堂的一些问题和短板，提升学生的学习积极性，也能增强教师与学生之间的互动和交流，使学生能在这种精准教学过程中获得更好的学习效果。[3]

(一)提供个性化教学的意识和个性化的教学设计

其一，教师需要培养个性化意识，在碎片化学习的时代，一方面，学习者越来越注重根据自己的需求和方式进行学习，教师应当关注学习者这样的诉求。另一方面，意识是行为的前提，没有个性化的意识就很难针对性地做出具有个

〔1〕 曹著明、宋改敏、贾俊良:《基于工作过程的“可视化”教学实践与研究》,载《职教论坛》2016年第21期。

〔2〕 付达杰、唐琳:《基于大数据的精准教学模式探究》,载《现代教育技术》2017年第7期。

〔3〕 邵雯娟:《基于大数据的精准教学设计与应用的研究》,载《电脑与信息技术》2018年第6期。

性化的教学设计。

其二,教学条件的保障是个性化教学设计更好展开的基础条件之一。个性化的教学设计需要信息化作为媒介,学校管理部门应在支持信息化教学的建设方面,注意均衡发展和可持续发展的战略思维,平衡好硬件系统投入与教学系统的投入;要关注设备硬件的维护、更新与开发,使平台网络技术能够顺利运行,不断升级。

其三,教师在教学设计上要为学生的个性化差异提供独立学习和思考的空间。从服务的角度来说,教师的教学设计根本上应该是使学生更好地掌握知识,教师的个性化教学设计本质上是对学生个性化的再整合过程,所以教师一定要关注学生的学习方式、思维特点,从而充分了解学生接受知识的个性化内容。教师在了解学生个性化特点的基础上需要在教学设计上体现出对学生个性化的尊重,改变传统的被动式教学模式,在教学设计的内容和环节上让学生以独立思考和理解的方式进行学习。

其四,教师在教学上应当适应个性化教学,改进教学方法。以往的传授式教学更多体现教师的主体地位,具有单向传输性特征,所有学生必须以一样的方式接受知识,学生的个性化诉求也就很难得到满足。对此,"碎片化"的教学设计可能更能够为个性化教学提供空间,帮助学生更加主动地思考、更加自主地获得知识。

其五,在师生之间建立相互选择的机制。当下的教学中大多是教师负责制,一位教师负责一个群体的一个教学内容,这样的做法天然限制了学生对于个性化学习选择的权利,学生即使再不能适应老师的教学方式也只能通过调整自身来达到相互适应的教学状态。如果能够将教师队伍打造成团队,各自发挥专长,发扬各自的教学个性,让学生可以在教师团队中进行选择将是有利于个性化教学设计的理想思路。

(二)快速输出和吸引学生注意力的教学组织能力

第一,教师要注意教学过程的层次设计和逻辑设计,必须将学生的学习提升到较高的认知水平,即学什么、学到什么样的层次,教学方式是否科学;而且整个教学一定要符合学习者的思维逻辑。虽然相较于直接讲解知识点,这样的做法更显烦琐,但是必须使学生的学习逻辑链构建完整才能便于后续教学的快速输入。

第二,教师把握好教学课堂的组织,课堂的组织主要包括三个方面。首先,教师一定要把握教学的进度和导向。教学方向正确才能获得预期的教学效果。一方面把握好教学进度能使学生在重要知识点上得到更多的讲解和指导以及更多的思考时间,从而避繁就简,提高课堂整体效率;另一方面也节约了学生的宝贵精力,从而达到快速输出和吸引注意力的效果。其次,教师要对学生的课堂情绪有所关注,对于不同的情绪进行教学的调整,在激动的时候进行平复,在沉闷的时候进行调动,维持课堂的学习氛围的相对稳定。最后,要对学生学习效果进行评价,若学生学习较为轻松可以深入拓展,若学生有学习的困难则需及时进行指导和帮助。

第三,加强教师的语言组织能力,教师的教学活动无论前期准备的多完美还是教师个人学识多么深厚归根到底还是需要通过语言来表达,因此教师的语言组织能力十分重要,在这里可以归纳为三个方面:语言表达的清晰和准确,清晰的语言可以让学生减少听课的困难度,便于理解;表达方式的艺术性,形象适宜的表达方式可以帮助学生对抽象思维加深理解;语言表达的共情能力,富有感情的表达才不会让学生感到枯燥,学生更能产生思想的共鸣。

(三)碎片化重组教学知识点的能力

第一,教师需要加深对知识的理解并且把握核心内容,碎片化重组教学知识点的目的是去繁就简,解构隐含的内在的知识内容,以要点式的形式达到快速学习的目的,因此对于进行知识重组的教学设计者提出很高的要求,只有对此有深刻的理解,才能从蕴于宏篇巨制中的思维体系里构建出一条条的思维要点,而且必须把握核心内容才能在简化的同时保证知识点的完整性。

第二,学校应当加强与现代"碎片化"知识平台的合作;教师也应当学习和运用当下"碎片化"学习的新模式、新方法。很多"碎片化"学习平台已经在信息时代发展的过程中积累了相当的经验,为"移动优先"战略的实现提供了物质基础。

(四)努力强化调集和运用教学元素的能力

首先,加强教师的信息处理能力,充分调集各种教学要素,包括各种数据分析图表,图标等。教师个人的信息技术处理能力是十分必要的。高校教师特别是中青年教师,其教学经验正处于上升期,其教学设计过程中的信息处理和组合能力也需要尽快综合提升,才能早日打开瓶颈,晋升高阶。错过了机会和时间,则很可能进入被淘汰的行列。

其次,需要大量进行教学设计的培训调研和经验整理,展开系统的总结提升和经验积累。当下教育行政部门很注意鼓励教师进行常态化的自我学习,也已经建立相关的培训制度,并组织了很多有效的培训。但是,我们很多中青年教师似乎并不太重视培训,并没有充分利用教师培训的时机努力掌握和运用现代信息技术,去提升自己的教学设计能力。

最后,需要创新意识,才能有热情有能力积极调集教学元素,进而运用各种手段,自由组合各种元素,吸引学生的注意点。"碎片化"能力,就是一种删繁就简、去粗取精的抓取能力,是一种信手拈来、萃取精要的组合能力,也是一种随心所欲、巧妙推送的输出能力,能够满足学生及时、迅捷、瞬息式掌握知识的要求。

(五)利用现代技术萃取和深度剖析重点知识的能力

第一,"碎片化"教学需要提炼核心知识的能力。在碎片化教学的高效知识传播过程中,需要在有限的时间内传递更多的知识信息,要求突出当前教学设计的核心与重点。这就要求教学设计者明确教学的目的和任务,构建出重点明晰的教学大纲,同时还应当在有限的时间内激起学生自主学习的兴趣,要求教学内容对当前大学生的思维有启发意义。

第二,"碎片化"教学设计要求设计者具备深挖知识内涵的能力。为了弥补碎片化教学过程中传播的知识流于肤浅的弊端,还必须深挖传播知识的核心内涵。这要求教学设计者首先发掘出核心知识中的深度内涵,并且结合各种艺术加工手段以深入浅出的方式表达出来,达到能够发人深省的效果。

第三,"碎片化"教学设计必须要有现代传媒技术的支撑。当前各种"网红"在移动终端媒体上得到广泛关注的原因在于其对受众心理的巧妙把握,他们创作的视频中的每一个看似随意的镜头实际上经过精心设计,经过了许多道艺术加工和技术加工的程序,这是一个专业化、团队化的工作过程。"碎片化"教学若是想要在移动终端中占有一席之地,以此激起当今大学生的学习兴趣,需要专业传媒技术人才的加入,需要打造包含有导演、剪辑师、演员、专业教师等角色在内专业的"碎片化"教学设计团队。无论是教学短视频的拍摄,还是微信公众号的推送,都离不开精心的运营、技术人才的引进、专业团队的打造以及资本的进入。

四、结　　语

英国生物学家达尔文曾经说过——世界上最后能生存的生物,不是最强的;也不是智慧最高的,而是适应能力最强的。时代变化越快,那些主动适应变化的人和被动接受变化的人之间的距离也会越来越远。谨记美国的科幻小说作家雷·克利福德(Ray Clifford)的告诫:技术不会取代人,但是掌握了技术的人必然会取代那些没有掌握技术的人。德国哲学家黑格尔也曾经指出,"理念是任何一门学问的理性"。[1] 一般而言,理念中通常蕴含着某种预期的设想,这要求理念的前瞻性和导向性必须要好。我们的教学工作也应当认识到这一现实:技术不会取代教师,但是掌握了技术的教师必然会取代那些没有掌握技术的教师。

---

〔1〕［德］黑格尔主编:《法哲学原理》,范扬、张企泰译,商务印书馆1961年版,第2页。

论依法治国背景下我国培养藏汉双语法官的目的*

南杰·隆英强**
（江苏师范大学法学院）

摘　要：法官是法院开展工作的中坚力量，因此，培养一支高素质的法官队伍是法院工作的重中之重。对于藏区的法院而言，培养的法官不仅要具备过硬的法学专业知识，最重要的是必须具有良好的藏汉双语沟通能力和熟悉当地风俗习惯及宗教信仰的基础上，全面应对法学专业领域各种情形下的藏汉互译能力和司法为民的服务能力。然而，目前的藏区科班出身的藏汉双语法官极为匮乏，同时藏区藏汉双语诉讼的数量大幅度增加，这直接影响到了我国民族地区的审判工作和综合治理基层社会的法治化工作，甚至影响到藏区社会的稳定发展与我国经济社会的健康发展。因此，我们针对藏族等少数民族地区，应该加强和全面提升藏汉双语法官的培养力度，全方位提高藏区社会藏汉双语法官的综合能力，从而为藏区的审判工作和当地经济社会发展服务。

关键词：依法治国　我国培养　藏汉双语法官

我国是一个多民族的国家，在少数民族地区，“双语”是民族干部和广大人民群众之间沟通感情和交流思想的纽带，作为一名少数民族地区的工作人员，想要顺利地开展当地的本职工作，学习和懂得少数民族语言是前提与核心。作为一名司法工作人员且又在少数民族地区进行司法审判工作，更是要熟练掌握少数民族当地的语言文字和翻译技能，其关系到国家法律能否在少数民族地区正确的实施，关系着少数民族地区的社会稳定和法治化进程，更关系到民族地

---

* 基金项目：本文系作者主持的2016年度江苏师范大学引进国内优秀人才项目《汉藏法律文化的当代价值与基层社会治理法治化道路研究》（31920160002）、2017年度江苏师范大学教材建设项目《中国首套藏汉双语法学专业特色法规教材》（JYJC201705）、2018年度《江苏高校“青蓝工程”优秀青年骨干教师项目》、2018年度《青海省“高端创新人才千人计划”拔尖人才项目》、2019年度国家社科基金重大项目《历代治藏法律文献整理与研究》（19ZDA154）子课题的阶段性成果。

** 南杰·隆英强，法学博士、法学博士后、硕士研究生导师、青海民族大学高端创新人才千人计划柔性引进特聘教授、江苏师范大学法学院教授。

区的长远发展。英国哲学家培根曾说过:“一次不公正的审判,其恶果甚至超过十次犯罪。因为犯罪虽是无视法律,而不公正的审判则毁坏法律。”由此可知,法院的一次不公正的审判,对于当事人而言,对其带来的负面影响是不可想象的,所要付出的代价也是不可估量的。司法公正和法律的权威很可能会因为一次不公正的审判而遭受质疑。法官作为审判公正的源头,其拥有着依法行使审判权、化解矛盾、维护社会公平公正、保障公民的合法权利得以贯彻实施的职责。司法是维护社会公平正义的最后一道防线,故司法的实现就可以看作是正义的实现。语言是一切活动的前提与基础,没有语言就无法进行交流合作,以达到目的性的活动,进行交流就要求双方甚至是多方必须使用自己精通的语言进行,而司法作为涉及多方的一种活动也依靠着语言的交流。[1] 由此可见,懂“双语”是少数民族地区法官必须具备的一项基本能力,也是对少数民族地区的法官提出的基本要求。然而,现实的情况却是,在少数民族地区的司法实践中,通晓藏汉双语的法官极为缺乏,导致法院在审理案件时产生了一系列的问题,少数民族当事人的诉讼权利得不到保障,使少数民族群众对法院的工作乃至对法官产生怀疑,对国家制定法缺乏了解和信任,造成了群众法治意识淡薄,从而影响了各民族之间的平等团结关系和国家法律的权威性等核心问题。因此,培养一支既通晓当地本民族的语言文字,又通晓汉语和法学专业理论知识;既能用藏汉双语等民汉双语开庭审判,又能用藏汉双语等民汉双语制作法律文书;既精通藏汉双语模式下的审判业务,又懂当地历史文化与民族风俗习惯的法官队伍,是目前全国藏汉双语等民汉双语法官培养的根本目标和现实问题,也是保障和落实我国少数民族当事人的诉讼权利和宪法法律等各种法治化建设的核心问题。

一、我国双语法官的基本情况

我国三大诉讼法规定了在诉讼程序中,少数民族的当事人可以使用自己民族的语言文字进行诉讼,三大诉讼法将这一规定为基本的诉讼权利。虽然在其他法律中也明确了这一权利,但是从目前的状况来看,少数民族的这一项权利并没有得到较好的保障。《中国的民族政策与各民族共同繁荣发展》一书中指出,我国将近有6000万少数民族的公民在使用自己的民族语言,有3000万左

[1] 相同观点参见古丽阿扎提·吐尔逊:《少数民族地区双语司法探析》,载《新疆大学学报》(哲学·人文社会科学版)2009年第5期。

右的少数民族公民有自己本民族的文字并使用。[1] 但比起我国使用少数民族语言的人口数量,我国的藏汉双语法官人数就少之又少,根本不能满足当前藏汉双语诉讼案件需求,从而使少数民族群众合法权益不能得到很好保障。我国藏汉双语法官数量是当前民族地区法院的最大难题,各民族地区都对藏汉双语法官问题采取了一系列措施,国家也从各个方面对民族地区藏汉双语法官问题采取了措施,经过各方积极努力,藏汉双语法官数量和素质比以往提高了很多,但是仍然不能与民族地区急速增长的案件数量相协调。

(一)少数民族双语法官的基本情况

新疆维吾尔自治区、西藏自治区、内蒙古自治区、宁夏回族自治区、广西壮族自治区等我国五个民族自治区中,有四个自治区在其管辖区域内使用自己的民族语言和汉语,即双语,其中宁夏回族自治区是唯一没有在其管辖区域内适用自己民族语言和汉语的自治区。除此之外,这些民族还杂居于全国各地。在这些民族地区的司法机关中,就必须配备相应双语法官,实现双语司法是我国民族地区在司法活动中的目标,让双语司法成为我国司法活动必要的一部分。最近几年,为了应对少数民族地区双语案件数量不断上升的趋势,一些少数民族地区人民法院相继成立了双语合议庭,在民事和商事等案件中双语案件也在不停涌现。为此,笔者统计我国近几年个别民族地区受理双语案件的数量,见表1:[2]

表1　近几年个别民族地区受理双语案件的数量　　单位:件

地区	年份	受理双语案件数
西藏日喀则	2003 年	6300
乌鲁木齐市沙依巴克区	2008 年	475
乌鲁木齐市天山区	2004 年	312
	2005 年	368
	2006 年	497
乌鲁木齐市新市区	2003～2008 年	1517

从上述数据中可以看出,在民族地区,双语案件数量一直在不断上升,以乌鲁木齐市天山区人民法院为例,在 2004 年至 2006 年三年,受理双语案件数从

〔1〕 参见《中国的民族政策与各民族共同繁荣发展》白皮书,国务院新闻办公室发表,2009 年 9 月 27 日,第 27 页,载 http://www.gov.cn/zhengce/2009-09/27/content 2615773.htm,最后访问日期:2019 年 11 月 9 日。

〔2〕 参见古丽阿扎提·吐尔逊:《少数民族地区双语司法探析》,载《新疆大学学报》(哲学·人文社会科学版)2009 年第 5 期。

每年312件上升为497件,上升幅度明显,西藏日喀则市在2003年时受理双语案件数量为6300件,占全年受理案件数量的19%,而经过十余年之久的今天,该地区双语案件数量,肯定有明显的大幅提高。纵观各民族地区,双语案件数量均呈上升趋势,但是此种现象与民族地区法官配备数量不相适应。在西藏自治区,全区的人民法院总共拥有3133人,其中通过国家统一法律职业资格考试,取得法律职业资格证书A证的只有98人,取得C证证书的人员也仅仅只有364人,[1]取得法律职业资格证书的人员数量只占全区法院人员总量的15%,而在这些人员中既通过国家统一法律职业资格考试又懂得藏汉双语的人员可谓少之又少,仅占极少的一部分。

据中国民族报统计:"2013年年初至2014年年底,吉林省延边朝鲜自治州全州需要用双语审理的案件有3.69万件,然而全州中懂双语的法官只有151名,其中能用双语审理案件的更是寥寥无几,与每年要审理的双语案件数量不相适应。"[2]另外,又据中国民族报统计:"在我国贵州省的331名双语法官中,45岁以上的仅占1/3。在广西,能使用壮语开庭审判的法官年龄多在50岁以上。"[3]据肖建飞教授对新疆和田地区双语法官的基本情况进行的调查结果也显示在新疆和田地区40岁以上的少数民族法官中具备汉语工作能力的很少,30岁以下的法官中汉语工作能力明显提高,但是少数民族语言能力相对下降,一些新招进来的人员,母语书写能力不能很快适应工作的要求,特别会出现一些维吾尔语口语能力不足的情况。

(二)藏汉双语法官的基本情况

在司法实践中运用藏汉双语的地区有:西藏、青海、云南、四川、甘肃省部分地区,这些地区是全国藏族最密集的聚居区,所以法院审判工作要用双语进行,法官也需要懂藏汉双语才能更好地开展审判工作。为深入了解近年来甘肃藏区藏汉双语法官具体状况,笔者对甘肃省甘南藏族自治州所辖七县一市进行了调研了解。笔者以夏河县、卓尼县、迭部县、碌曲县、玛曲县、临潭县、舟曲县及合作市等七县一市展开调研后发现,全州不仅有汉族、藏族、回族,还有蒙古族、土族、东乡族、保安族等20多个民族,其中以藏族人数为最多,根据2006年甘南藏族自治州统计年鉴所记载,全州总人口为412321人,占总人口的59.5%,其中藏族人口为360867人,占总人口52%,占全州少数民族人口87.5%,[4]

---

[1] 相关观点参见马方:《充分发挥人民法院和法官在依法治藏中的作用》,载《西藏日报》2015年8月15日,第3版。

[2] 参见张国欣:《培养藏汉双语法官,任重而道远》,载《中国民族报》2015年6月2日,第2版。

[3] 参见张国欣:《培养藏汉双语法官,任重而道远》,载《中国民族报》2015年6月2日,第2版。

[4] 引自《甘南藏族自治州统计年鉴》,甘南藏族自治州统计局编2006年版,第208页。

就此数据可以看出,甘南藏族自治州的藏族人口数,直接决定了该地区司法机关使用藏汉双语的必然性。在藏族自治州中的甘南自治州法院包括1个中级人民法院和8个基层法院。全州有法官235人,其中能用藏汉双语审理案件并翻译、用藏汉双语撰写法律文书的只有7人。具体情况如表2所示:[1]

表2　甘肃省甘南藏族自治州所辖七县少数民族法官干警统计

法院	干警人数(人)	少数民族干警数量(人)	藏族干警数量(人)	藏族干警占少数民族干警总数(%)	法官数量(人)	少数民族法官数量(人)	占法官总数(%)	藏族法官数量(人)	藏族法官占少数民族法官总数(%)
合作市法院	32	21	17	81	22	13	59.1	11	84.6
碌曲县法院	34	23	21	91.3	14	8	57.1	7	87.5
舟曲县法院	43	14	14	35.6	27	6	22.2	6	22.2
玛曲县法院	28	23	22	95.8	13	11	84.6	11	84.6
临潭县法院	54	28	24	85.7	32	14	72.1	13	92.9
卓尼县法院	43	31	31	72.1	25	18	72	18	72
迭部县法院	31	17	15	88.2	15	6	40	6	40

从上述数据中可以知道,甘南藏族自治州大部分地区少数民族法官数量占法官总数一半左右,而其中藏族法官人数占少数民族法官总数的绝大部分,可以看出法院系统中法官总体数量和少数民族法官占比并不少,但是在具体司法实践中,法院仍面临法官数量不足的情况,主要原因还是在于现有法官队伍不具备完善的藏汉双语能力和专业素养,使在审理涉及藏汉双语诉讼时,出现法官数量不足的现象。

二、藏汉双语法官所面临的主要问题

近年来,随着民族地区经济和社会发展,藏汉双语诉讼明显增多,然而法官和诉讼当事人之间语言不通,必定会影响到案件审理,进而影响民族团结和社会稳定,所以,培养好藏汉双语法官不仅能维护藏族人民群众合法权益,还能巩固甘南藏族自治州七县一市20多个民族的和谐团结问题,更能让甘肃地区藏族等各民族群众懂法、学法、守法、信法、依法的基本法治思维和法治理念,从而维护我国西北地区民族团结和社会稳定的重要事业。从甘肃等藏汉双语法官

〔1〕　参见祁全明:《关于少数民族法官培训的思考——以甘肃省甘南州的调研为基础》,载《社科纵横》2014年第4期。

培养培训现状分析,我国要培养德法兼修的藏汉双语法官队伍或者司法队伍仍然面临着不少问题,虽然目前最高人民法院和国家民族事务委员会等有关部门对藏汉双语法官人才培养培训问题比较重视,但是在选拔师资队伍建设、藏汉双语法官培训培养机制、藏汉双语法学培养培训精品教材建设、深入研究藏汉双语法治人才培养培训规律、尊重和提高待遇稳定留住藏汉双语法官优秀人才制度建设、实战性藏汉双语模拟法庭技能训练、藏汉双语司法文书制作撰写等诸多方面还存在很多不足,其表现主要包括如下方面:

(一)复合型双语法官的质量较低

从上述双语法官现状中可以分析出,在藏区能用藏汉双语开展工作的法官数量严重不足,以甘南藏族自治州为例,全州只有7名精通藏汉双语的法官,这个数量与每年要处理的案件数量相比,存在严重不足,笔者认为,这主要是由以下几个原因造成:

1. 没有完整的培养机制和统一的法律术语。首先,藏区现有的藏汉双语法官培养机制呈现体系化不足的现象,消耗了经济成本却没有取得预期效果,具有致命缺陷。虽然近几年在最高人民法院的大力支持下西藏、青海、甘肃、四川等省的高级人民法院积极举办了多期藏汉双语法官培训班以及建设了不少藏汉双语民族法官培训基地,例如,在2011年4月成立的全国第一个藏汉双语法官培训基地——蒙汉双语法官培训基地,在甘肃舟曲建立的旨在培养高素质的双语法官培训基地等。但仅仅依靠建立培训基地这种短期培训的模式并不科学,在司法机关内部培养高素质藏汉双语法官的机制也不完善,在少数民族地区的司法机关中,新老法官之间存在"传、帮、带"的传统,但这种传统培养法官的模式不并不具有普遍适用性,且经过该模式传统培养出来的双语司法人员的"双语办案"能力值得商榷,仅仅依靠建立短期的培训及各地、法院系统内部的培养机制并不能培养出一名高素质的双语司法人员,这也违背了人才培养的一般性规律。[1] 其次,藏区大部分案件的当事人都是藏族群众,因为国家通用语言文字或者汉语普及率不是很高,当藏族群众面临纠纷时,在缺少翻译人员的情况时,并不能直接地与法官进行沟通交流,而需要等待翻译人员的到来以及将原有的话语重新进行翻译,这就导致诉讼质量和效率的低下。特别是因为没有统一法律术语,所以经常会出现一些法律术语翻译不到位的情况。藏汉双语法官虽然懂藏汉双语,但很多时候,法官在向当事人讲解翻译时,就会出现不知道有些专业术语怎么翻译的问题。不同人作出不同的解释,常常让诉讼当事人不知所云。如在涉及少数民族的案件中,翻译人员在翻译"对方围打我,我便

---

〔1〕 相关观点参见才让旺秀:《影响我国藏汉双语司法人员结构因素的实证调查与改进意见》,载《西南民族大学学报》(人文社会科学版)2014年第4期。

拔刀刺向对方”这句话时,如果翻译人员缺乏法律方面的知识,就会翻译成为“对方围住我,我便拔刀刺向对方”,从字面上看“围打”和“围住”仅仅是一字之差,但这在刑事方面却有很大的差别,如果将“围住”翻译成为“围打”,这会让法官直接认定犯罪嫌疑人、被告人行为的性质,同时这对犯罪嫌疑人、被告人的量刑情节也是十分重要的,仅仅是一字之差,却可以使案件发生翻天覆地的变化,甚至会影响到犯罪嫌疑人、被告人的一生。[1] 在四川省甘孜县发生过这样一个案件:一个藏族女孩在一名男子行使着的一辆摩托车的后座上摔了下来,当场死亡。之后女孩的家属起诉了该名男子。法庭在听过被告人陈述、目击证人的证言之后,法官经过多次的审理将该案件认定为交通事故。但对于法官对案件性质的认定,女孩的家属并不认可。他们的理由是,双方根本就不认识,女孩为什么会坐男孩的摩托车,又怎么会突然从摩托车上摔下来呢?在女孩家属的坚持下,法官进行了重新的事实认定,在认定中发现,就连证人也不认可女孩是从摩托车上掉下来的,后来办案人员仔细审阅庭审记录才发现,原来是翻译人员将目击证人陈述的“女孩儿从摩托车后座跳了下来”翻译成了“女孩从摩托车后座掉了下来”。四川省甘孜县人民法院的工作人员进一步询问被告和经过调查发现,女孩受到威胁因害怕才坐到被告的摩托车上的,被告是准备将女孩带到郊外,欲与她发生不正当的关系,在中途女孩为摆脱被告人就突然地从摩托上跳了下来。[2] 如此例,在翻译时如果没有统一的法律术语,那么因为一字之差,整个案件性质就有可能会改变。这样的司法程序,就必定不能得到藏族群众的认可,也不能维护司法的公平正义,保障藏族当事人合法权益,从而使藏族群众对国家法律及司法机关产生怀疑。

2. 没有规范统一的教材。首先,不仅是藏汉双语法官培训方面,还是藏汉双语法律人才本科教育方面,没有规范统一的教材一直是特别棘手,但又不得不解决的问题。有规范的藏汉双语教材是组织藏汉双语教学和培训,培养藏汉双语法官的必要条件,没有规范的教材,教学和培训始终不能取得最好的成果。虽然,目前青海、甘肃、四川、西藏等省自治区的高级人民法院和人民检察院组织编著、编写、翻译了部分藏汉双语法律词典和培训教材及藏汉双语法学本科教材,例如,青海省高级人民法院在青海省语委办等20世纪80年代前后期整理的汉藏双语法律术语和词汇基础上,组织了省内少部分相关专家扩充内容编译了《汉藏法学对照词典》《汉藏双语诉讼对照指南》,2014年以来青海警官职

[1] 相关观点参见徐隽:《走出藏汉双语法官匮乏困境》,载《人民日报》2014年7月16日,第19版。

[2] 相关观点参见张国欣:《藏汉双语法官:为少数民族合法权益保驾护航》,载《中国民族报》2015年1月9日,第3版。

业学院原有师资队伍和省内从事汉藏翻译的部分人士翻译了法学本科法律法规教材20余本;西藏自治区人民检察院牵头组织翻译、整理大量藏汉双语法律术语后出版了《汉藏法律大词典》,由法律出版社出版;另外,西藏自治区高级人民法院针对法院系统,组织西藏地区部分司法机关的司法人员和藏汉翻译人才编写了《藏文刑法一本通》《藏汉裁判文书翻译范例》等简明培训教材。2016年到2019年年底甘肃省高级人民法组织少部分人士编译出版简易培训教材等。藏汉双语法律教材比起以前增加了很多,但是由于语言和风俗习惯差异,使各地区编纂的藏汉双语法律教材只能在本地区适用,而不能广泛用于五省藏区。为实现藏区社会稳定和谐,推进藏区法治建设与国家的法治建设相协调,藏汉双语法律专业教材的编写、翻译规范标准化的双语法学教材应成为重点,这对藏汉双语法学人才的培养和提高民族地区司法工作人员的素质有重要的意义。其次,懂藏汉双语的多半都是藏族民众,由于从小学习环境和语言环境,使藏族的汉语水平比汉族要低很多,这就导致了这些藏族学生和藏汉双语法官的国家统一法律资格考试过关率低,虽然国家规定在国家统一法律资格考试中可以用藏语答卷,但是在复习过程中因为没有统一规范的藏汉双语法律复习资料,很多人都是在复习环节用藏汉汉语复习资料,而在考试中用藏语答卷,这就可能会出现不能很好地理解有些考题内容的情况,从而影响考试成绩,导致藏区的国家统一法律资格考试通过率低。如在夏河县法院中取得法考A证的只有一人。

3. 高等院校法学院没有完善的藏汉双语法官培训和藏汉双语法律人才培养方案。无论是民族院校还是普通高等院校,高校培养藏汉双语法官机制起步晚,发展也比较缓慢。目前,民族院校中设有藏汉双语法学本科专业的有中央民族大学、西南民族大学、青海民族大学、青海师范大学、甘肃政法大学、甘肃民族学院、西北民族大学等,这些院校的培养目标是培养适合藏区基层司法机关的应用型法律人才。因此,使学生能够熟练运用法律藏语是藏汉双语法律专业培养方案最突出的特点,但是由于法学科班出身和高水平专业化的师资力量有限,这些民族院校除增加了一些普通藏语基础课程外,其他专业课程都是由汉语讲授,与普通法学教育本质上并无不同,这就使培养出来的学生缺乏藏汉双语法学理论与藏汉双语法律专业基本知识,导致无法用藏语准确地理解法律、解释法律和运用法律,违背了藏汉双语法律专业最初的设置目标,导致学生在毕业后,不能满足用人单位要求,目前我国培养的藏汉双语法学本科生就业率极其低下,2020年甘肃省高级人民法院、甘肃政法大学、甘肃民族学院等联合培养的第一批藏汉双语法学本科生46名同学,截至2020年6月18日我赶赴甘肃省甘南藏族自治州舟曲县国家法官学院舟曲民族法官培训基地讲座调研时无一人就业,这种情况令我们非常担忧和极度失望,国家花费很多人力、物力、财力后,最终无法为藏区藏汉双语法律人才培养和国家法治建设事业服务。

4. 藏汉双语法官的专业性不强、素质不高。藏汉双语法官队伍需要的是专业型的法官,专业性不强的法官不但不能起到增强司法权威的作用,甚至会起到相反的作用。在夏河县人民法院中,拥有硕士研究生学历的法官只有一位,其余的大多是本科和专科学历,而且系统学习法律专业的法官也很少。有些法官没有系统学习法律知识,这就导致了这些法官虽然懂藏汉双语,但是在审理案件过程中虽然能够懂得案件争议和事实纠纷,却对法学理论、司法实践、规范标准的法律术语的适用知之甚少。存在着法律专业知识精通的司法工作人员但却不懂藏语的情况,这样的话,即便具有超强的法律专业知识和技能但在少数民族自治地区却很难去开展工作,这些法官只能处理简单的民事、刑事案件,但遇到复杂疑难案件时,就束手无策,需要借助一些内地专业型法官来解决,这就会消耗很多经济成本和司法成本,浪费法院资源。

另外,因为民族地区本身经济就不发达,导致许多专业人才不愿到民族地区来工作,这是很多民族地区的通病,藏汉双语法官最主要的后备力量就是学习法律的藏族大学生,因为这些大学生从小生长在藏区,能熟练使用藏语,对藏族的风俗习惯和历史文化等也有较全面的了解,而后其又学习了普通话以及法律方面的专业知识,所以这些人如果被招进来,就能很好地为藏区审判工作服务。但是现实情况是,由于藏区经济发展水平低下,职业发展前景不是很好,导致很多高学历具备法律专业知识的藏族大学生不愿意回到自己家乡工作,即便是回到了家乡,也由于法院薪资待遇低、工作任务重,从而不愿意到法院工作。现实中的各种原因使民族地区的人民法院等司法机关对优秀的藏汉双语法律人才缺乏吸引力,从而缺乏专业的藏汉双语法官。

由于藏区藏汉双语法官缺乏,已经对藏区的社会稳定和发展造成了一定的影响:一是司法机关在规定时间内结案会受到影响,使诉讼效率降低,影响了藏族群众对法院工作的信任;二是由于法官缺乏,没有能力制作藏汉双语法律文书的法官,不能及时翻译法律文书,使办案时间和程序不适当,损害了司法权威;三是因为藏汉双语法官缺乏,在审理涉及藏汉双语案件时,只能由不懂藏语的法官进行审理,会出现案件审理结束,但是藏族当事人却对诉讼过程茫然无知,根本没有听懂的情况。可想而知,这样的司法效果必然不会得到当事人的接受,从而影响社会稳定。经过在四川甘孜州调研后,政协委员刘红宇在谈到双语法律人才匮乏时指出:“法律专业人才是推进依法治国的前提,而推进依法治国又却不少民族地区法治的建设,而藏汉双语法律人才的匮乏,使在藏区的普法工作难以开展,也很难发挥国家法律在少数民族地区的作用,更难以增强少数民族民众的法律意识和法律精神,诸多现实原因导致的这种现象对民族自治地区的法治建设和培养民众的法治观念有着重大的影响,从而使民族矛盾越发的突出。"[1]

(二)藏汉双语法律专业背景的法官队伍严重断层

从上述藏汉双语法官基本情况中可以知道,在少数民族地区,有丰富办案经验和掌握藏汉双语的法官普遍年龄在45周岁左右,这些法官虽然没有受过系统法学教育,但是其在多年司法实践中掌握了一定的经验,有丰富的办案经验,但是这些法官年龄普遍较高,加之以其身体状况、心理状况等问题的出现,不宜从事高强度的司法审判工作,而藏汉双语法官的新生力量还不足,这就造成了法官队伍断层严重,出现"青黄不接"的现象。我认为出现这种现象的主要原因有以下几点:

现有法官队伍中法律专业背景的较少,学历偏低。藏区现有藏汉双语法官队伍中学习法律专业的比较少,而且由于民族地区的教育资源较弱,使现有藏汉双语法官学历都偏低。以甘南藏族自治州为例,甘南藏族自治州共有8个基层法院,全州法院系统中共有351名司法工作人员,其中审判人员181名,学历为本科及以上的有159名,大专学历和中专以下学历的有192名,45岁以下的有234人,46岁以上的有117人。由此可见,藏区法院系统中缺乏高学历的法官,现有法官的年龄也普遍较高。在上述藏汉双语法官基本情况中提到的,甘南藏族自治州8个基层法院之一的夏河县法院中41名工作人员中,连一个法律专业的硕士研究生都没有,非法律专业的硕士研究生也只有1人,系藏语言文化专业,本科学历的工作人员也只有19人,而取得专科学历的有19人,还有中专及高中以下的人员。可知,在藏区,80%的法官都不是法律专业出身,这些法官没有系统学习过法律,其是在法院工作实践中才接触到法律,了解法律。对于法律,其自己就是一个"门外汉",更别提运用法律来为藏族群众解决难题。所以,各藏区的法院都普遍缺乏既是法律专业,又懂藏汉双语的法官,使藏汉双语法官队伍断层严重。

各地民族高校法学院目前开展的藏汉双语法学专业培养就业机制等一直没有达到预期效果。现有的高等院校中设有藏汉双语法律专业的培养效果不理想。青海民族大学在2009年新设了藏汉双语诉讼专业,目的是将法律和藏语紧密结合起来,致力于培养一支既懂藏汉双语又懂法律的专业型优秀人才,但是由于专业设置时间较短,缺乏专业型、理论型、实践型教师队伍,所以在实

[1] 杨树明:《刘红宇委员呼吁:加强民族混居地区法律人才建设》,载《人民法院报》2010年3月8日,第3版。

践中存在许多问题，例如在课程设置上藏汉双语专业特色不鲜明，在专业课程设计上也并没有与普通法学教育异同，以致没有达到专业培养效果。另外，由于藏汉双语专业招进来的学生生源多为各藏族聚居区的考生，部分学生汉语水平较低，理解力有限，所以会影响专业课程学习。

由于以上种种原因，导致一线办案人员相对较少。一方面是现有法官年龄偏大，另一方面却又由于目前高校没有规范教材，也没有完善的藏汉双语法官培养方案，就导致招不到符合条件的复合型人才，就导致法官队伍结构断层比较严重，没有形成较为完整的藏汉双语法官人才链，进而会导致法官队伍缺少活力，使法院工作缺乏创新力和发展力的严重后果。

（三）没有可供参考的规范性藏文法律文件

1. 五省藏区没有统一的藏汉双语法学词典。目前在司法领域还没有一部统一规范高水平的藏汉双语法学词典，仅有的一部是由青海省高院编写的《汉藏对照法学辞典》，仅依靠这一部藏汉双语词典供法官们学习，明显是不够的，但是由于语言差异，其并不能在五省藏区范围内广泛使用，如在西藏及云南等地区就无法适用这本词典。比起其他少数民族地区，如内蒙古自治区就有许多工具书及学习资料，《汉蒙法律名词术语词典》《司法文件选编》等，[1]藏区没有统一规范的工具书供藏汉双语法官学习，使在审理案件和制作法律文书时，没有统一的藏汉双语法学词典作为参考，就会出现法律术语翻译不准确、不规范的情况。

2. 没有藏语译本的规范性法律文件。在我国关于适用本民族语言进行诉讼的规定规范见表3：

表3　适用本民族语言的主要法律规定

《民事诉讼法》第11条	各民族公民都有用本民族语言、文字进行民事诉讼的权利。在少数民族聚居或者多民族共同居住的地区，人民法院应当用当地民族通用的语言、文字进行审理和发布法律文书。人民法院应当对不通晓当地民族通用的语言、文字的诉讼参与人提供翻译
《宪法》第139条	各民族公民都有用本民族语言文字进行诉讼的权利。人民法院和人民检察院对于不通晓当地通用的语言文字的诉讼参与人。应当为他们翻译。在少数民族聚居或者多民族共同居住的地区。应当用当地通用的语言进行审理；起诉书、判决书、布告和其他文书应当根据实际需要使用当地通用的一种或者几种文字

〔1〕肖建飞、任志军：《少数民族地区双语法律人才培养机制构建——基于少数民族地区法学教育、司法考试、职后培训的实践》，载《黑龙江民族丛刊》2013年第6期。

我国的宪法和三大诉讼法、民族自治法等法律法规对公民在诉讼时可以使用本民族语言进行了明确的规定,这是国家法律对公民基本权利进行的规定,但是,这一规定在藏区却没有很好的落实执行,最主要的原因还是由于没有藏语译本的规范性的法律文件,使藏汉双语法官在普法、讲法时,没有可供参考的藏语译本,使审判工作和普法工作不能很好地进行。

(四)藏汉双语法官对本民族历史文化的认识有待加强

作为一个藏汉双语法官,不仅需要懂藏汉双语和法律专业知识,还需要懂当地的历史文化和风俗习惯。如果懂当地民族通用的习惯法,则更容易服务基层和扎根基层。

1. 现有藏汉双语法官对本民族和本地区风俗习惯掌握度有待完善。在藏区,特别是在交通不便的偏远牧区,传统藏族习惯法的影响仍然很大,所以藏汉双语法官了解和知道一些藏族风俗及历史文化和习惯法,可以更好地开展审判工作和进行司法调解。在与夏河县人民法院才让旺杰法官的访谈中,他就以他亲历的一个案件讲解了民族地区法官要了解风俗习惯的重要性,据他所讲,在一个离婚案件中,藏族妇女在财产分割上只要求分割家里的那口锅,但由于承办法官是一名汉族人,对藏族的社会习俗并不是很了解,所以便同意了藏族妇女的请求。但随后,男方家便聚集了大量的亲戚朋友到法院大闹。直到藏族法官才让旺杰赶过来才让这个案件平息下去,根据才让旺杰的解释,汉族的法官才明白过来,原来在藏族的传统习俗中,家里的锅被分了或被砸了代表着家破人亡。[1] 在此案例中,藏汉双语法官在司法工作过程中,在审理具体的案件时,要适当地知晓当地少数民族的风俗习惯,并要将少数民族的传统风俗习惯进行一定的考量,在不违背国家法律的情况下,依法做出适当的判决,这样才会更容易被少数民族群众所理解、接受,有利于培养藏族群众对法院和国家法律的信任。如果藏族地区的法官不懂当地风俗习惯,就会做出像那位汉族法官一样"好心办坏事"的实例,不仅没能解决纠纷,反而还制造了更为严重的纠纷。所以民族地区的法官不仅需要懂藏汉双语,还需要懂风俗习惯,从而让国家制定法与民族习惯法良性互动,最大限度保障少数民族当事人的合法权益。但是现实的情况是,藏汉双语法官对本民族和本地区的风俗习惯还不是很了解,上述案例并不是个例,在藏区,由于法官不了解当地的风俗习惯,从而引起更复杂案件的情况经常出现,所以藏汉双语法官必须熟练掌握本地区和本民族的风俗习惯,并运用到司法实践中。

2. 国家制定法与藏族习惯法融合度不够。藏民族的风俗习惯包含着藏民

---

[1] 此案例是与夏河县人民法院的才让旺杰法官在访谈过程中了解到的。

族的信仰和禁忌、习惯法等,其中习惯法的内容涉及社会生活的方方面面,包括政治、历史、文化等,这是在藏民族传统的历史发展潮流中形成,并经过藏族人民长期的生产而生活的检验而逐渐完善的,在经过连续不断地发展、被历史和实践检验后逐渐成为藏族所遵守的规范,规范着藏族人民的日常生活和生产作业,是依照部落头人和活佛等的权威而确立的。没有系统研习法学专业的人认为,藏族习惯法并非国家制定的法律法规,是“非国家法”。在藏族习惯法中,如果一个人被开除族籍,那么在传统的自然和社会秩序中,他将无法生存,这对于他无疑是最重的惩罚方式。在藏族习惯法中,有很多优良传统,如强调尊老爱幼、团结互助、保护山林等,我们应对这些少数民族优秀的传统文化进行学习、借鉴,但藏族也存在一些被传统宗教势力所影响甚至是控制的习惯,其与国家制定法在某些方面上存在一定的矛盾,实现国家法与藏族习惯法的良性互动是藏区司法机关和藏汉双语法官的一大职责,但出现一些国家制定法无法处理的案件时,可以尝试融入习惯法,或许可以起到意想不到的效果。既节省了法院的经费,又维护了社会稳定,有很大的益处。但是藏区的大部分法院系统在解决纠纷时,很多都不再适用藏族的习惯法,有的甚至摒弃了习惯法,想只用国家制定法来解决各项纠纷,而结果通常会南辕北辙,可能会导致案件在没有解决的情况下,引来了更大的纠纷。所以这就要求藏汉双语法官在处理案件时,既要掌握藏族习惯法,还要熟练掌握国家制定法,在审理案件时,才能更快更规范地解决纠纷。

(五)藏汉双语法官培养方面的经费和相关制度有待改进

1. 藏汉双语法官的工资待遇较低。藏汉双语法官工作任务是非常繁重的,然而巨大的工作量却没有通过工资待遇体现出来,与内地法官待遇相比,藏区法官的待遇处于劣势,使藏汉双语优秀法官流失严重。并且藏区恶劣的工作环境和自然条件,再加上工资待遇保障力度不够,导致对优秀藏汉双语法律人才的吸引力降低,造成了藏汉双语法官老化现象特别严重,法官年龄结构不平衡。另外,藏汉双语法官无论在工作量上,还是在各项要求和条件上,都属于专业型、复合型、应用型的人才,但是在工资待遇上却与普通的法官没有两样,对藏汉双语法官而言缺乏公平性。

2. 藏区法院的经费保障不足。近几年国家越来越重视藏汉双语法官建设问题,无论是建设藏汉双语法官培训基地还是编纂培训教材等方面,都比以往加大了力度,但是在藏区乃至全国地区,藏汉双语司法工作人员无论是在数量上还是质量上都离全面保障少数民族群众诉讼权利的实现仍有着相当远的距离。一方面,国家对司法机关拨款的经费较少,且很难顾全到全国每个地方,而近几年由于经济发展等原因,导致涉及少数民族的案件激增,在现有经费不足,难以满足藏区司法工作需要的情况下,藏汉双语法官队伍的建设也要有各个地方的司法机关负担,这对本就处在解决大量案件中司法机关来说,无疑是雪上加霜,所以在培养双语法官的问题上就难免出现纰漏,造成有名不副实的现象发生。以新疆阿克苏为例,在市法院的少数民族司法工作人员中具有法官资格的有32人,但是每年进行法官培训的名额却只有一个。[1] 虽然有的司法机关计划培养双语法官,但却因为经费不足难以实施的情况多有发生,从而导致其只能停止计划。另一方面,因为司法机关缺乏充足的经费,法院没有专门的翻译部门和翻译人员,在处理涉及藏汉双语法律的案件纠纷时,只能聘请翻译或由法院的司法人员兼任翻译人员,如果有足够经费,司法机关就可以建立专门的翻译部门,聘请即懂藏汉双语又懂法律和翻译专业技能的专业人员。最后,经费不足,更使藏区法院引进人才困难。因为条件有限,其不能给那些高级人才提供丰富的物质条件,所以无法吸引优秀人才到藏区司法机关工作,从而导致藏汉双语法官越来越短缺。

3. 对藏汉双语法官没有完善的奖惩制度和吸引人才机制。现阶段,对藏汉双语法官奖励和惩罚制度很不完善,藏汉双语法官的工作量比普通法官要大很多,不仅要去审理案件、调解案件、充当翻译、还要去做普法宣传,工作量几乎是普通法官的几倍,但是却没有与之对应的奖励制度,无论藏汉双语法官审理的案件量是多少,其拿到的都是普通公务员的工资。如夏河县人民法院的才让旺杰法官为例,"他不仅精通藏汉双语,而且还通晓法律知识,有多年基层办案经验,在他任职的16年中,办理过无数涉及藏汉双语的疑难复杂案件,并且在2014年又被评为'全国优秀法官'",[2]但是尽管如此,他的工资还是跟原来一样。缺乏奖惩制度,对藏汉双语法官而言有失公平和公正。另外,没有完善的吸引人才机制,藏区本来经济发展水平就低,条件艰苦,再加上对藏汉双语法官没有很好的待遇和保障制度,使很多优秀的专业人才不愿意到藏区法院来工作。

三、藏汉双语法官培养的目的

(一)推动和发展藏区法院的审判工作

无论是从推进藏区法治建设的角度还是从保障藏区群众的宪法权和诉讼

[1] 才让旺秀:《影响我国藏汉双语司法人员结构因素的实证调查与改进意见》,载《西南民族大学学报》(人文社会科学版)2014年第4期。

[2] 参见袁定波:《坚守司法为民公正司法第一线》,载《法制日报》2014年6月20日,第2版,载新浪新闻网:http://news.sina.com.cn/o/2014-06-20/072030394163.shtml,最后访问日期:2019年11月9日。

权角度出发,加强藏汉双语法官培养都是非常重要和紧迫的。习近平总书记曾经在中央民族工作会议上说过,民族问题、民族工作,是维护国家统一大业和巩固我国边疆的一件大事,是维护我国各民族团结、维持社会稳定的重要一环,是实现中华民族伟大复兴、国家长治久安的重中之重。[1] 作为国家的司法机关藏区的人民法院,不但要承担着维护社会公平正义的责任,还要保障藏区群众的诉讼权利,通过法治教育来进行普法宣传,增强、提高藏区民众的法治意识,在藏区树立起司法权威,以达到维护社会稳定之职责,促进藏区和国家的法治建设。对此,藏汉双语法官的培养机制就必须建立起来,努力消除与藏区群众之间的语言隔阂,要取得“审理一案,教育一片”的效果。藏区要尽快培养一支高素质的藏汉双语法官队伍,只有这样,才能妥善解决藏区各类矛盾纠纷,才能逐步增强藏区群众法治意识和法律信仰。

国家也在大力推进藏汉双语法官培养工作,最高人民法院计划到 21 世纪 20 年代左右培养出 1500 名左右的藏汉双语司法人员,[2]这是我国迄今为止明确提出培养高素质的藏汉双语司法人员方面的目标。国家在藏汉双语培训经费方面也加大了力度,自 2013 年始,每年有 200 万元拨款用于培训藏汉双语法官。近几年,国家加大了藏汉双语法官培养力度,充分说明了藏汉双语法官培养对于藏区社会发展的重要性。我认为,藏区法院要培养藏汉双语法官,主要有以下几个目的:

1. 提高藏区群众对法院的信任度,使审判工作顺利有序进行。从上述藏汉双语法官的基本情况中可以了解到,现有的藏汉双语法官数量不能满足藏区藏汉双语诉讼案件数量,藏汉双语法官整体素质也普遍较低。藏区培养藏汉双语法官最重要目的就是充分解决这些问题。通过培养精通藏汉双语、了解藏区风俗习惯和掌握法律专业知识的人,来推动和发展藏区法院的审判工作。目前,藏区群众对法院普遍缺乏信任,在遭遇侵权纠纷时不会用法律手段来维护自己的权利。我认为,最重要的还是因为藏区法院缺乏精通藏汉双语的法官所致,因为没有足够数量的藏汉双语法官,可能会导致有些藏族群众就算诉讼至法院,有可能为其审案的是一个完全不懂藏语的汉族法官,这样就会出现法官听不懂藏族当事人的陈述,藏族当事人不懂法官审判的情况,如此一来,就会使藏族群众对法院工作失去信心,在被侵权时也只会通过传统的习惯法等手段来调解。长此以往,不利于藏区社会稳定发展。如果藏区适当的增加藏汉双语法官数量,就可以避免这种情况发生,有利于保障藏区群众的诉讼权利,有利于提高

[1] 相关观点参见习近平总书记在中央民族工作会议上的讲话。

[2] 参见钟明葆:《藏汉双语法官队伍的现状与实践——各地探索藏汉双语法官培训启示》,载《贵州民族报》2015 年 4 月 30 日,第 B01 版。

藏区群众对法院和国家法律的信任度。笔者认为,这是目前藏汉双语法官培养的首要目的。

2. 培养专业型的藏汉双语法官,能够更好地开展审判工作。藏区现有的藏汉双语法官中学习法律专业的很少,能用藏汉双语撰写法律文书的就更是寥寥无几,使法官在具体审判过程中理解和运用法律存在一些问题,特别是在面对藏族当事人的疑问时,对其进行通俗易懂的解释就存在困难。再者,由于现有法官藏汉双语能力较弱,有些法官即便是能说藏汉双语,但是其不能用藏文撰写法律文书,以甘南藏族自治州为例,精通藏汉双语并能用藏文书写法律文书的法官全州只有 7 人。因此,提高法官双语能力和专业知识,是目前藏汉双语法官培养的一个重要目的。这有利于提高藏汉双语法官理论素养和法律基础,对于日常法律文书的书写、审判过程中法律法规的解释都有很大帮助。

(二)完善藏区司法体制改革与各种纠纷解决机制

1. 完善司法体制改革。人民法院无疑是推动社会主义法治建设最重要的力量,在全面推进依法治国进程中的作用是无可替代的,习近平总书记提出“努力让人民群众在每一个案件中都感受到公平正义”,而完善藏区司法体制改革是提高司法公信力和公正司法的现实要求。司法改革是我国法治建设的重中之重,党和国家将司法改革任务作为司法工作的中心,这从党的十八届三中全会和四中全会中就可以看出,党在不断研究、调研等过程,详细的研究依法治国的推进过程,从而作出《中共中央关于全面推进依法治国若干重大问题的决定》,〔1〕为法院司法体制改革指明了方向,然而藏区法院尚未依决定的内容对司法体制推进改革,藏区司法体制仍然存在很多问题。一是藏区法院司法资源配置不均衡。近年来综观各藏区,藏汉双语案件数量明显增多,而相应的藏汉双语法官却特别少,出现案多人少的情况,资源配置极其不合理。2013 年全国法院审理的案件量为 1294.7 万件,较之 2006 年增加的比重为 51.33%,但比较之下,法官人数却没有增加。〔2〕 全国法官数量没有明显增长,可想而知,条件恶劣的藏区藏汉双语法官的增长比例。二是司法腐败问题严重。2013 年,全国各级法院共查处违法违纪人员 381 人,其中追究刑事责任的有 101 人。〔3〕腐败问题在藏区法院也不能避免,在社会上对法院的形象有严重的危害。

2. 完善纠纷解决机制。培养藏汉双语法官目的是能更好、及时地解决纠纷,维护藏区社会稳定。如果藏区的法官除了能够熟练地掌握藏汉双语外,还

---

〔1〕 相关观点参见李少平:《全面推进依法治国背景下的司法改革》,载《法律适用》2015 年第 1 期。

〔2〕 参见李少平:《全面推进依法治国背景下的司法改革》,载《法律适用》2015 年第 1 期。

〔3〕 参见李少平:《全面推进依法治国背景下的司法改革》,载《法律适用》2015 年第 1 期。

能够具有一定专业的法律知识,将能够及时有效与当事人进行沟通,能够了解当事人的诉讼请求,为及时有效解决纠纷提供保障。在调查中发现,在藏区不仅是依靠法律就能解决纠纷,除了依靠法律,还取决于法官对藏语的掌握和对藏族文化和藏族习惯法等的了解,创新纠纷解决机制,将国家制定法与习惯法紧密结合,善于利用藏区民间资源。陈瑞华教授就提出:“刑事政策机制失灵时,我们应该充分利用藏族‘赔命价’刑事习惯法等少数民族刑事习惯法来解决国家法无法介入的刑事案件,并努力争取少数民族传统纠纷解决机制充分发挥作用的足够空间和机会。”[1]

(三)推动国家法治建设

1.落实依法治国战略。法官要依法审理案件,维护法律的公平和正义,依法调解纠纷和化解矛盾,是依法治国必不可少的组成部分。培养藏汉双语法官就是为了使藏区人民群众在每一个案件中都感受到公平和正义。藏汉双语法官要落实依法治国战略,在审理案件过程中,要让藏区群众感受到公平和正义,这不仅是当前司法体制改革的总体目标,还是落实依法治国战略的重要体现。目前,各地区都在进行司法体制改革,法官终身负责制,错案责任倒插问责制等一系列制度,在给予法官权利的同时,也加大了法官责任,这是全面落实依法治国战略的必然要求。藏汉双语法官要勇于承担其职责,努力培养和树立独立人格和职业道德,培养熟练的藏汉双语能力,掌握深厚的专业知识,有丰富的实践经验,才能实现藏区藏汉双语法官培养的最终目的,使司法公信力达到一定的高度,实现国家法治建设。

2.保障公正司法。藏汉双语法官要忠实地执行法律,保障司法的公平正义,在西方,很多法院都有正义女神朱斯提亚的雕像,左手高举着天平,右手垂握宝剑,双眼都用布蒙住,背面还刻着古罗马的法谚:“为实现正义,哪怕天崩地裂!”培养藏汉双语法官的首要目的应当是维护公平正义,法官必须要审判的过程中像正义女神那样,不被权势所利用,不为金钱所动摇,摆脱各种利益的诱惑,依法审理案件,追求公平和正义,保障公平和正义。

(四)全面推动藏区民众的法治意识

群众法治意识越强烈,其权益就越能得到保障,社会秩序就越稳定。藏区由于经济发展滞后,藏区群众法治意识淡薄,使藏族群众在自身权益受到侵犯时,也很难使用法律手段进行维护。因此,必须加快培养藏区群众法治意识,依靠国家法来保障自身权利,从而消除藏区社会的不稳定因素,使社会稳定快速发展。这种局面是需要通过培养藏汉双语法官来实现的。笔者认为,一个成功

---

〔1〕 参见陈瑞华:《刑事程序失灵问题的初步研究》,载《中国法学》2006年第6期。

的诉讼过程就是一次社会主义法治理念的洗礼和一次直观的法制宣传教育过程。在审判过程中,懂得藏汉双语的法官能直接可以让藏族当事人、其他诉讼参与人和庭下的旁听群众听得懂和看得懂的语言和文字来审判。这样的话,不仅可以避免因为当事人和审判人员因为双方的语言不通而导致的各种问题,从而可能或产生不必要的隔阂,在司法诉讼进程中,法官等审判人员可以采取易于少数民族群众理解的语言与当事人沟通、对法律法规进行讲解,这样可以让当事人和旁听的观众都感受到深刻的法制教育,使他们知道什么行为是被法律支持和保护的,什么行为是违反法律的和被法律禁止的,在他们理解法律的基础上让他们在日常生活中遵守法律是更加容易的,从而用法律规范来约束个人的行为。与此同时,懂藏汉双语的法官用藏文制作和发布法律文书,不仅可以保障诉讼当事人的诉讼权利,还能增强藏族民众对司法案件结果的认可,从而提升了司法的权威,使得法治理念深入藏区,让藏区的每一位群众都能感受到司法的公信力,增强藏区群众法治意识。显而易见,藏汉双语诉讼法制宣传效果比其他法制宣传形式都更加深刻,更具有影响力。

(五)维护藏区涉案人的合法权益,实现国家司法公正

少数民族当事人的合法权益内容比较广泛,少数民族是我国公民的一部分,故其享有我国法律规定公民享有的各种权利,而且作为少数民族的公民还享有法律赋予其特殊的权利,藏汉双语法官就是保障少数民族特殊权利使用和发展的中坚力量,培养一批高素质的藏汉双语法官,就是为了维护少数民族当事人的合法权益,从而实行司法的公平和正义。

我国《宪法》第139条规定,各民族公民都有用本民族语言文字进行诉讼的权利。人民法院和人民检察院对于不通晓当地通用的语言文字的诉讼参与人,应当为他们翻译。在少数民族聚居或者多民族共同居住的地区,应当用当地通用的语言进行审理;起诉书、判决书、布告和其他文书应当根据实际需要使用当地通用的一种或者几种文字。三大诉讼法在总则中对此也作出了肯定。语言权是藏族当事人在经济社会生活的各个方面享有平等权的体现,语言权的尊重是维护藏族当事人合法权益的重要体现,藏区司法机关不仅应该尊重这种合法权益,而且还应该保障语言权的行使。藏族当事人和其他的诉讼参与人使用藏语言文字进行诉讼,而审理案件的法官又通晓藏族当事人所使用的语言文字,能够运用藏族语言文字进行审理案件,有利于诉讼参与人对案件的理解,更好地参加诉讼活动,还有利于加强同当事人和藏区群众的联系和沟通,能够保障国家宪法和法律的正确实施,从而促进藏区各项事业的发展。

四、藏汉双语法官培养的建议

好的法律程序和好的法律制度,需要有优秀的法律人才去实践,如果没有

好的法律人才,那么再好的法律制度也难以取得好的实施效果。优秀的法律人才除了具备良好的法律职业道德外,还应该具有较好的语言文字能力和精湛的业务能力。特别是作为少数民族地区的藏汉双语法律人才,除了具备以上素质外,还要懂当地民族通用的语言文字和熟悉当地民族风俗习惯等,只有这样的人才才能实践好国家法律。因此,在藏区等少数民族自治地区建立起一支专业型、应用型、高素质的复合型双语法官队伍,是党的政策、国家的法律法规在少数民族地区得以实施的重要保障,在维护民族间的平等团结、维护社会稳定等方面都具有重要的意义。《宪法》第122条规定了,在民族自治地方培养当地的各种专业人才和技术工人等人员,国家应当给予帮助。笔者认为,宪法条文中关于培养专业人才的规定,在少数民族地区的司法活动中应当包括对藏区等少数民族地区双语法官的培养。由此可见,培养藏汉双语法官是贯彻实施了我国宪法规定,保障了宪法赋予少数民族的基本权利,是一项具有重要意义的伟大工程。

然而藏区在培养藏汉双语法官的过程中遇到了以上种种问题,但为了保障少数民族地区公民平等的参与诉讼的权利,保障少数民族群众的合法权利,维护藏区等少数民族地区社会的稳定,保证经济的稳定发展,必须加大力度解决目前存在的问题,使藏汉双语法官队伍整体素质越来越高,使审判结果越来越公正。对此,建议具体完善的方面主要有:

(一)加大藏汉双语法官的培养力度

1. 完善藏汉双语法官培养机制。一名合格的藏汉双语法官不仅要精通藏汉双语,而且还要精湛的法律理论水平,还要通晓藏族风俗习惯等。为培养具备这种素质的藏汉双语法官,藏区司法机关培养一批高素质、专业型的复合型藏汉双语法官,必要时可以与民族高校进行合作,培养藏区特有的实用型、专业型、复合型人才。

2. 高等院校要完善藏汉双语法官培养方案。为了培养适应藏区需要的藏汉双语法官,在民族院校应该加强对学生语言的培养,通过对藏汉双语课程等特殊职业课程的学习,来加强学生对藏语和普通话的认知,增加学生对双语课程的兴趣,促使他们不断加强对藏汉双语的学习,同时还要注意培养学生的语言文字功底。具言之,对藏语学得好的学生加强普通话的学习,对普通话学得好的学生加强藏语的学习。当然,这些民族院校在培养藏汉双语法官时,不但培养其语言能力,还应通过开设的藏汉双语课程为媒介,培养学生们的法治观念,将法律的相关规定通过双语课程教授给学生,就是将法律的专业知识以语言作为媒介来培养合格的符合社会需要的法律人才。在藏汉双语法学教育领域,我们完全可以借鉴加拿大的经验。加拿大魁北克省有着不同于其他省的审判制度,这主要是因为加拿大关于法律的文化主要是继受于英国的法律文化传统,而魁北克的法律习惯是和法国紧密相连的。加拿大法学院为了满足魁北克地区对特殊法律人才的需求,通常根据魁北克地区的实际需要进行教学活动,其中包括进行双语教学,甚至在法学院还开设了大陆法课程,以保证魁北克地区特有的不同于加拿大其他地区的法律制度得以延续和发展。[1] 笔者认为,我们可以大胆地借鉴加拿大法学院双语培养模式。一方面,是开设法律的藏语教学课程,可以效法"法律英语"的说法,可以将其称为"法律藏语",结合藏语对一些法律方面的基础知识和原理进行学习,这样可以帮助学生提高藏汉双语语言的学习和运用能力,还有利于培养学生的法治思维和了解基本的法律知识。另一方面,为了传承藏区自身的法律文化,除了开设上述语言课程、藏汉双语法律基础课程外,民族院校法学专业还应该开设有关现行民族法制的课程,我国现行法律、法规中对少数民族地位、权利和义务等规定了特殊政策,培养适应藏区的藏汉双语法官就应该把这些规定归纳,并整合为一门法学课程,使未来"准法官"们了解国家对民族地区的法律法规,深入了解这些法规的意义和实践基础。让法官们了解最新施行的民族政策、民族法治建设的实质,明白民族地区法治建设在推进依法治国中的重要性,树立法律权威,使其自觉地遵守国家的法律,维护民族间的团结和平等,另外,还应该开设与民族法制史有关课程。藏族在其发展过程中,有过丰富的调整社会关系的各种习惯法,这些习惯法在藏区的历史中乃至现在的社会治理中发挥着至关重要的作用。藏族习惯法因没有形成统一的规范而没有被用文字记录下来,因此通常被认为是"记忆法",其主要是通过长辈们的言传身教、长老的传授以及藏族特有的谚语、格言等人民习以为常但又存在普遍真理的文学的形式传承下来的[2]如果能够将这些散落在藏族文化中珍珠单独整理为一门法制史课程,不仅有利于对藏族法律文化保护,而且还能提高学生对藏族习惯法的了解程度,使其在以后办案过程中不会出现"无知"的情况。培养学生对民族政策和藏族传统习惯法的掌握程度。

(二)拓宽渠道招收和培养藏汉双语法官

1. 拓宽藏汉双语法官的招收渠道。藏区司法机关每年招录人员都是通过公务员考试,由于公务员考试对汉语要求偏高和招录条件等限制,使很多藏汉双语人才被挡在了门外。"天下第一考"指的是我国的法律职业资格考试,也

〔1〕 相关观点参见肖晗:《从加拿大多元文化政策看我国民族地区双语法官的培养》,第九届中国世界民族学会会员代表大会暨学术讨论会,上海,2010 年 9 月。

〔2〕 相关观点参见杨士宏:《藏族部落习惯法传承方式述略与改进意见》,载《青海民族大学报》(人文社会科学版)2004 年第 1 期。

称为“法考”,法考在全国的通过率是极其低的,而藏区考生由于语言和跨专业等方面的障碍使通过法考的概率就更加的低了,就算通过法律职业资格考试,如果想进司法机关,还要再通过公务员考试,这一系列“难关”使基础本来就差的藏区考生产生了望而生畏的心理。所以面对这种情况,一是国家可以对少数民族地区司法考试进行适当改革,比如在少数民族地区单独组织法律职业资格考试,根据少数民族考生具体情况组织命题,对通过此项考试者单独授予法律职业资格,允许其可以在该民族地区使用此证。二是藏区司法机关可以考虑对那些通过了国家法律职业资格考试、可以熟练运用藏汉双语和学历较高并愿意到藏区基层司法机关工作的人员,不需要参加公务员考试,直接参加面试,考核其专业知识和藏汉双语掌握的程度,合格后直接分配到藏区基层司法机关。三是可以适当降低一些公务员招录时的要求,在充分调研的基础上可以放宽报考专业和学历,以及是否通过国家统一法律职业资格考试等硬性要求,因为藏区受教育水平普遍不高,如果在招录时对学历和专业等要求过高,则会导致没有多少人能通过最初审核的结果,最后会使司法机关招不到懂藏汉双语的人才。

2. 与本地或全国高校合作,共同培养专业化复合型的藏汉双语法官人才。甘肃省内兰州大学、西北民族大学、甘肃政法大学、西北师范大学及接近甘南藏区的甘肃民族师范学院等学校这几年在这方面花了很大成本做了些工作,但实际效果与原先预期的目标相差甚远。司法机关可以根据自己的实际需求和民族院校之间签订培养协议,通过民族院校的定向培养满足司法机关的需求,此外,民族院校在招生时可以优先选择生源地在藏区的学生,然后根据每个司法机关不同的司法资源和实践能力来培养学生,培养不仅有法律专业知识,而且还通晓藏汉双语并熟悉藏族习惯法的人才,为藏区藏汉双语法官培养后备力量。最后,应该要加大法院现有藏汉双语法官培训力度,通过挂职锻炼、定期培训、高水平进修等方式来使藏汉双语法官业务能力得到提升,增加培训名额,使年轻的藏汉双语法官吸收到新的知识,使年长的藏汉双语法官可以更新自己的知识储备,从而在审判过程中更加得心应手,使审判结果更加公正合理。

(三)统一法律文件的规范性和教材的翻译

第一,加强翻译的规范化和准确化。目前,一些基本法已经有藏族语言文字的翻译文本,但是这些基本法的司法解释却没有专业化高水平的藏语版本,许多司法解释并没有对藏文译本进行严格的规范和统一,这使藏区司法机关在司法实践过程中遭到了很多的困难和障碍,使翻译不规范,大量法律条文和专业术语难以得到准确和统一的翻译,不同法官作出不同的翻译,就会出现法律文书制作不统一等情况。这不仅在一定程度上对当事人理解法律文书形成了特别严重的困难,甚至还有损藏族地区法院的形象。法官撰写完成的各类法律文书既要规范,又要更加严谨,尤其是法律文本翻译要达到准确无误的水平。如果要达到让藏区民众信任法院和藏汉双语法官的目标,就必须要统一在用的裁判文书,尤其是在制作裁判文书时应当使用规范和统一的法律用语。

所以一要加强对法律文本的翻译,对法律文本的翻译国家应组织通晓藏汉双语且掌握一定的法律专业知识的专家学者来进行翻译工作,藏区的司法机关也可以自己组织具有实务经验、懂得藏汉双语的工作人员进行翻译,以使藏汉双语司法实践得到更好的实施,保障法律适用的准确性和提高藏汉双语司法的效率。二要应该在藏区编写统一的专业化法学词典,就如同汉语的《新华字典》一样,编写适用于全藏区的藏汉法律大词典,将专业的法律术语等翻译进行严格的规范,确定专业法律术语的翻译标准及翻译技巧,这样不仅有利于法官的审判工作,而且还能更好进行法制宣传,不会出现很多不同翻译版本的问题,方便法官编写法律文书,也方便群众了解国家的基本法律知识。

第二,编纂统一的藏汉双语专业化精品教材。利用现有法官培训基地平台,组织专家学者和有丰富审判经验,并掌握法律专业知识和藏汉双语的法官,来对适用于藏汉双语法官的培训教材进行编写和翻译。还可以聘请各高等院校中精通藏汉双语又具有法律专业知识的老师组成藏汉双语教材编写的团队。规范藏汉双语法律文本翻译和教材编写对于保障藏区社会的稳定和经济的发展,促进藏区以及国家的法治建设具有重要的意义。

(四)完善藏汉双语法官培养的投入力度和相关制度

藏区司法机关的经费制度应当加以完善。在藏汉双语法官培养上,应当加大对司法机关的经费照顾,提高对于司法机关中优秀的藏汉双语专业人才的薪资水平及物质保障待遇,鼓励和支持藏区司法机关引入懂得藏汉双语复合型人才。在此过程中,中央和藏区地方政府都应该加大投入力度。

加大对司法机关中在职的藏汉双语法官的培训。对此,最高人民法院在2013年对藏汉双语法官的培训进行了专门的立项,并通过中央财政划拨的形式对藏区司法机关培训藏汉双语法官予以支持。[1] 还积极举办藏汉双语法官培训班,积极建设藏汉双语法官培训基地。到目前为止,共建设了呼和浩特市蒙汉双语法官培训基地、甘肃舟曲少数民族法官培训基地等,藏汉双语法官也是众多双语法官培训基地的目的之一,如藏汉双语培训基地在2014年落户青海省。最高人民法院的这些措施使藏区的藏汉双语法官数量较之以往有了很大幅度的增加,我觉得在此基础上,应该在民族高校中对在职的藏汉双语法官进行必要的培训,使他们在专业知识和技能得到提高,此外对专业的法律术语

〔1〕 相关观点参见张维:《双语法官“千人计划”加速落实》,载《法制日报》2015年5月30日,第5版。

的翻译也应着重的进行培训，以提升其业务能力。对此，省人大代表曾在全国人民代表大会上提出过，藏区的基层法院案件涉及的主要是藏族民众，在案件诉讼过程中，因为当事人语言的不同往往导致诉讼的效率，从而导致法官审理案件的周期加长，这很不利于藏区法治的建设。这也表现出了，基层法院对既精通藏汉双语又精通法律的司法人才有着很大的需求。[1] 所以在现有的藏汉双语法官培训制度基础上，要加大藏汉双语法官培训力度，能够使藏区藏汉双语法官不管在数量上，还是在质量上都能满足藏区现实需求。

健全吸引藏汉双语法官人才机制，完善对于藏汉双语法官奖惩机制。藏区经济发展较为落后，环境恶劣、交通不方便，再加上藏汉双语法官很难有较高的薪资待遇，导致吸引不到有能力的人来藏区工作。针对这一现象，笔者认为，应该给予司法机关中有经验和能力的藏汉双语法官适当的物质和精神奖励。还可以以年终奖励的形式，对那些办案数量多且效果好的藏汉双语法官给予奖励和优先晋升的机会，以此来鼓励藏汉双语法官工作积极性。

对定向培养的藏汉双语法官班的学生加大投入人力物力方面的力度。司法机关与一些高校合作定向委培适应藏区需要的藏汉双语法官时，可以通过减免这些学生学费和补助生活费等方式来加大投入，使这些来自民族地区的学生无后顾之忧地学习法律专业知识和藏汉双语，以便日后为藏区发展建设贡献自己的力量。云南省就率先采取了这种措施，并取得了不错的成果，该省减免了法院系统定向招录培养的藏汉双语法官班的学生的学费，并给其发放了生活补助。省级财政来负担学生学费的70%、生源送培地同级的财政部门来负担20%、余下的费用由学生自己来负担。对于学生的生活费等其他费用的补助，其中大部分由省政府的财政进行补贴，学生生源地的同级人民政府补贴余下的费用。[2] 在完成定向培养目标，学生可以顺利毕业的，将参加全国或者是省级的公务员考试，待其考试成绩合格后可以安排其到已经确定的定向培养的单位进行工作。藏区可以大胆地效仿云南省的做法，委托一些高等院校定向培养适合藏区的藏汉双语法官，然后减免这些来自民族地区学生的学费，并为其发放资金补助，还可以对优秀学生进行奖励，为这些学生提供良好的学习和生活条件，鼓励他们好好学习，为以后进入藏区司法机关奠定良好的理论基础和专业素养。

---

[1] 相关观点参见洛桑才让、吴彬：《国家应重视藏区藏汉双语法官队伍的培养——诺尔德代表建议》，载《青海日报》2009年3月13日，第3版；载新浪新闻网：http://news. sina. com. cn/o/2009 - 03 - 13/074515303067s. shtml，最后访问日期：2019年11月6日。

[2] 参见洛桑才让、吴彬：《国家应重视藏区藏汉双语法官队伍的培养——诺尔德代表建议》，载《青海日报》2009年3月13日，第3版，载新浪新闻网：http://news. sina. com. cn/o/2009 - 03 - 13/074515303067s. shtml，最后访问日期：2019年11月6日。

五、结　语

随着以藏族为诉讼当事人的案件进入司法程序，藏汉双语法官的紧缺性和其目前较低的业务水平是目前急需解决的问题，藏区司法工作能够顺利开展，我们需要进一步加强藏汉双语法官队伍建设工作，各藏区司法机关应依据本地区司法实践的实际需求，要提高藏汉双语法官的审判能力和为藏区民众服务的综合能力。在大力加强藏汉双语法官的法学专业水平和双语审判技能的同时，切实加强关于民族政策、民族语言文字、藏汉双语翻译能力、藏汉双语庭审能力、论证和评估藏区重大复杂疑难案件纠纷能力的学习和培训，进而全面提高藏汉双语法官的综合素质，及时保障藏族群众在诉讼中能够充分行使自己的法定权利，更好地发挥审判职能作用，以便更好地实现中国司法的公平正义，最终为依法惩治犯罪、实现藏区社会和谐发展、维护中华民族的尊严和荣誉，加快建设民主、文明、富强、法治、公平、公正、和谐、繁荣的习近平新时代中国特色社会主义现代化法治国家而努力奋斗。

“卓越法律人才”培养背景下南京审计大学法学特色人才培养模式改革实践*

牛建平**

（南京审计大学法学院）

摘　要：“卓越法律人才”培养计划，为高校法律人才培养指明了方向。南京审计大学将传统法学教育与本校行业特色和优势学科专业相结合，尝试探索“卓越法律人才”背景下的法学特色人才培养模式，设立法务会计、法务金融两个特色专业方向，为培养复合型、应用型法律人才做出了有益探索。

关键词：卓越法律人才　法务会计　法务金融　人才培养

卓越法律人才这一概念来自“卓越法律人才教育培养计划”，该“计划”是中共中央政法委员会（以下简称“政法委”）、中华人民共和国教育部（以下简称“教育部”）联合实施的国家战略计划，该“计划”要求法学教育以提升法律人才的培养质量为核心，以提高法律人才的实践能力为重点，加大应用型、复合型法律人才的培养力度，培养、造就一批适应社会主义法治国家建设需要的卓越法律职业人才。2018 年，教育部、中央政法委出台《关于坚持德法兼修实施卓越法治人才教育培养计划 2.0 的意见》，对卓越法律人才的内涵有了更高层次的阐释和要求，据此，“卓越法律人才”是指系统、熟练掌握法学专业知识和实践技能，适应社会主义法治国家建设需要的应用型、复合型法律专门人才。

---

* 本文系江苏省教育科学“十二五”规划课题“卓越法律人才培养背景下法学特色人才培养模式改革研究”（B－b/2015/01/076）研究成果之一。

** 牛建平，河南林州市人，南京审计大学法学院助理研究员，主要从事法学教育、教育管理研究。

一、卓越法律人才的特点及对法学人才培养模式改革的要求

教育部、中央政法委“卓越法律人才教育培养计划”和《关于坚持德法兼修实施卓越法治人才教育培养计划2.0的意见》提出了培养德法兼修的社会主义法治人才的要求,根据上述政策文件,卓越法律人才的特点至少体现在以下几方面:

1. 专业素养与德行修养相统一。卓越法律人才首先应当具有正确的世界观和人生观,具有良好的思想道德修养,具备高尚的人格和情操,主观上具有为社会主义法治建设服务的主动性;同时还应当具备较高的专业素养,全面深入掌握法学基础理论和专业知识,掌握职业方法和技巧,客观上能够用专业知识为社会主义法治建设服务。

2. 理论知识与实践能力相统一。卓越法律人才应当理解和掌握法学基础理论知识,熟悉法律法规的具体规定,同时,掌握将法学理论知识运用于具体实践的技能,能够解决具体法律问题、法律纠纷,将知识转化为生产力。

3. 学习能力与创造能力相统一。卓越法律人才应当具有较强的学习能力,与时俱进地掌握法学理论和法律制度;同时,应当具有较强的创造性,卓越法律人才不仅是法学理论和法律制度的运用者,更应当是法学理论和法律制度创新的先驱,具有较强的前瞻性和创造能力,才能更好地为中国特色社会主义法治建设服务。

4. 能够适应经济全球化和法学人才国际化的需求。经济全球化是现代经济发展的必然趋势,卓越法律人才应当能够适应这一趋势,顺应经济发展对法律人才的需求,提升国际化视野和从业能力。

培养卓越法律人才是所有开设法学专业高校的时代使命,各高校进行了积极探索,并在培养卓越法律人才培养方面取得了较好成效。本文就南京审计大学法学专业特色人才培养实践进行总结和剖析,从而为我国高校“卓越法治人才”培养实践提供借鉴。

二、南京审计大学法学专业人才培养模式改革情况

南京审计大学主动适应社会发展对卓越法律人才的需求,将传统法学教育与本校优势学科和特色专业相结合,2008年设立法学专业(法务会计方向)、2010年设立法学专业(法务金融方向)两个特色专业方向(以下分别简称“法务会计方向”和“法务金融方向”),培养法学与会计学、审计学、金融学交叉融

合的复合型、应用性特色法学本科人才,为社会主义法治建设服务。

(一)法务会计人才培养模式

1. 法务会计人才培养模式改革背景

(1)市场经济的发展,对法务会计人才的需求增大

随着我国社会主义法治国家建设目标的提出和社会主义市场经济体制的不断完善,许多重要岗位要求既要有较强社会主义法治理念且精通法律,又要熟悉会计、审计业务。这种人才需求的结构性变化,为法务会计教育的发展拓展了巨大空间。[1] 传统的法学专业人才已无法满足企事业单位对复合型法律人才的需求。因此应用型、复合型的法务会计人才培养势在必行。

(2)学校学科资源优势为法务会计人才培养提供了有力支撑条件

南京审计大学是以审计为品牌的财经类本科院校,坚持"特色、质量、国际化"办学理念,坚定不移地走着因审而立、为审而存、依审而兴、靠审而强的特色办学之路,学校的大环境为培育法学特色人才培养提供了支持。而且审计、会计等学科资源为法务会计人才培养提供了有利的支撑条件。

2. 法务会计人才培养具体举措

我国法务会计专业化教育近十几年来开始起步。南京审计大学属于首个成功地在本科阶段设置法务会计方向的学校,在本专业方向设置以后,社会认可度越来越高,同时也对法务会计的毕业生提出了更高的要求。如何在相对较短的时间内培养出社会满意度较高的法务会计人才,这一问题贯穿本专业方向人才培养方案始终。

(1)培养目标定位

确定科学合理的法务会计人才培养目标至关重要。通过研究国外法务会计人员所从事的工作内容,结合我国相关单位对法务会计人才的需求,确立了法务会计方向人才培养目标:

培养适应社会主义法治体系和市场经济建设需要,德、智、体、美全面发展的"法学+会计学"的复合型、应用型法治人才及后备力量。学生需系统掌握法学、会计学等学科的基本理论知识,熟知经济活动中的证据规则和法定程序,熟悉国内外会计、财务相关政策、法律法规以及相应的国际惯例,并通过法律、会计以及两者结合部分的实务训练,能够综合运用法律、会计、审计的知识、方法和技能,具有较强的语言和文字表达、人际沟通、信息获取与分析以及解决法务会计问题的能力,具备会计、税务、审计、鉴证等法务会计职业技能,能适应国

[1] 程乃胜:《法务会计专业人才培养规格与课程体系建构探析》,载《南京审计学院学报》2010年第1期。

家立法、行政、司法机关、社会中介组织及企事业单位等行业和部门的需求[1]。

(2)法务会计主要课程设计

法务会计人才培养目标和培养规格的实现,需要有科学合理的课程体系做保障,为此首先必须构建科学合理的课程体系。这个课程体系应该以法务会计人才培养目标和培养规格为基准[2]。

根据法务会计人才培养目标,结合"卓越法律人才"培养背景,法务会计人才培养的课程体系的建构必须坚持三项原则;一是重视综合能力和德行修养教育;二是夯实专业素养教育,以法学为主线,兼顾法学与会计学两学科,打造切实可行的复合型人才;三是注重应用技能培养和训练,适应经济全球化对法务会计人才的需求。[3]

按照法务会计人才培养目标和课程体系设计原则,经过十多年对法务会计人才培养经验的摸索,该校制定了相对较成熟的法务会计教学课程体系。将法务会计专业的主要课程分为以下几个模块:大学通识课、学科基础课、专业核心课、专业选修课以及实践课程,课程设置上充分体现了"通、实、精、活、新"。

其一,大学通识课力求"通"。

大学通识课主要是为了提高学生的基本素养而设置,分为通识必修课和通识选修课两个模块。必修课部分包括政治理论课、计算机类课程、经济数学基础类课程、大学英语类课程、体育、心理健康等课程。通识选修课包括中国哲学简史、经典著作导读、审计学通论等课程。显而易见,通识课程具有鲜明的中国特色,不仅有利于学生树立正确的人生观、世界观和价值观,而且有利于提高学生的综合能力,为其成长为具有高尚道德素质的人才奠定坚实基础。

其二,学科基础课,夯"实"专业基础。

学科基础课是为学生有效学习专业课而开设。法学是法务会计方向的基石,法务会计方向学生首先必须是通晓法学理论技能。同时,法务会计人才的复合型特点决定了学生必须掌握会计学、审计学的基础理论和知识,会计学和审计学是法务会计方向的依托。因此,在法务会计学科基础课部分,设置了法学、会计学和审计学类课程,主要包括法理学、宪法学、民法学、刑法学、民事诉讼法、刑事诉讼法、行政法与行政诉讼法、中国法律史、法律职业伦理等法学类课程,以及会计学基础、审计学、中级财务会计、财务管理等会计学、审计学类课

[1] 南京审计大学法学院网:http://law.nau.edu.cn/2018/0526/c1092a12224/page.htm,最后访问日期:2019年11月1日。

[2] 程乃胜:《法务会计专业人才培养规格与课程体系建构探析》,载《南京审计学院学报》2010年第1期。

[3] 程乃胜:《法务会计专业人才培养规格与课程体系建构探析》,载《南京审计学院学报》2010年第1期。

程。学科基础课部分均为必修课,为学生的专业学习夯实基础。

其三,专业核心课,体现“精”炼。

一个合格的法务会计人才必须是能融会贯通地运用法学、审计学、会计学知识和技能解决实际问题的人。因此法务会计人才培养方案绝不能是法学和会计学的简单相加,为此设计了法务会计方向专业核心课程群,具体包括法务会计学、法务会计证据学、经济犯罪调查、法务会计鉴定和舞弊审计五门专业主干课程;法务会计专业的人才所从事的工作将涉及民事、刑事、行政、经济等各个领域,因此开设了行政与行政诉讼法学、经济法、合同法、知识产权法、商法等必修课程。专业核心课凝练了法务会计人才最核心的专业素养知识,也是本方向最“精”炼的课程群,为学生深入掌握专业知识奠定了基础。

其四,专业选修课设置体现“活”和“新”。

根据卓越法律人才的基本标准,深化课程体系和教学内容的改革,因增加选修课的数量、质量和学分比例;[1]法务会计方向开设了数量充足的专业选修课,总体上分法学和会计学两大系列,包括审计准则与审计法、成本会计、高级财务会计、财务会计案例等会计学类课程;还包括外国法律史、经济刑法、金融法、外国刑法、比较法律文化、国际税法、税法、法律英语、国际商法、法律实务、法学案例研究、票据法以及法学前沿等法学类课程。此外,专门为学生开设了理论法学专题研究、刑法专题研究、民法专题研究、诉讼法专题研究、商法经济法专题研究等与法律职业资格考试有关的专题研究类课程,对有志于从事司法职业的学生无疑提供了更大的选择空间。以上专业选修课程设置灵活,同时又能将学科和专业最新研究成果融入教学中,满足学生在专业兴趣上的发展要求,促进学生特色化培养。

其五,实践教学环节凸显“应用性”。

复合型法律人才不仅要掌握法律和另一专业领域的基础知识,同时还应具备相应的职业技能。[2] 法务会计是实践性很强的专业,应用性是法务会计专业的特色之一。培养学生的法务会计应用技能,须有良性的实践教学环节。法务会计方向制定了多元化、逐层推进的、凸显“学科交叉、专业交融”的实践教学课程体系,主要包括四类:

①课程内实验。课程内实验主要是在专业类课程中增设专门的实践教学环节,一般占课程的三分之一课时,如在民法学、民事诉讼法、刑事诉讼法、合同法、舞弊审计等课程中开设1学分的实践课,结合课程内容进行模拟训练,加深学生理解本门课程知识的同时,为其提供应用性练习。

---

〔1〕 夏锦文:《卓越法律人才教育培养的基本问题探讨》,载《中国大学教学》2013年第12期。

〔2〕 王艳丽:《复合型法律人才培养改革探析》,载《江苏教育研究》2019年第18期。

②开设专门的法务会计实践课程群。每门课程实验仅仅是实践能力培养的初始阶段,如何由点到面再到立体化运用专业知识解决法务会计实际问题,就需要更系统和多元化的操作训练,因此开设了法务会计模拟实训、会计核算模拟、法律诊所、模拟法庭等具有法务会计操作特色的实践课程群。通过以上实践课程使学生学习法务会计操作和鉴定技能。

③基础实践教学环节。设置了军事理论与训练、暑期社会实践、学年论文、毕业实习与毕业论文、创新实践训练、职业生涯规划和公益活动等基础实践环节,对学生的综合素质培养提出了更高的要求,培养学生综合实践能力。

④打造丰富多样的第二课堂实践活动,深化复合应用型卓越法律人才培养。充分发挥学生的主动性,依托青年法学会等学生组织,打造丰富多样的法学第二课堂活动,如模拟东京审判、高校法庭辩论赛、法学沙龙、校友论坛、模拟村委会选举、法学经典阅读小组、模拟仲裁庭大赛、法治情景剧大赛、学宪法讲宪法系列活动、法律援助、法治宣传等,不仅为同学们提供了展示法律人风采的平台,同时也为其提供了专业锻炼机会,对深化复合应用型卓越法律人才培养起到了很好的促进作用。

(二)法务金融人才培养模式

1. 法务金融人才培养模式改革背景

法务金融人才培养主要基于以下背景:一是社会对法学、金融复合型人才的需求在不断扩大。随着社会市场经济的发展,无论是金融行业还是法律服务行业,对既懂法律又懂金融的人才需求日趋增大。[1] 二是符合高等教育发展与改革的需要。《国家中长期教育改革和发展规划纲要》中指出,高等教育要优化结构办出特色,适应国家和区域经济社会发展需要,优化学科专业、类型、层次结构,促进多学科交叉和融合,重点扩大应用型、复合型、技能型人才培养规模。设置法务金融专业培养与此高度一致。[2] 三是该校学科资源优势为法务金融人才培养提供了有力支撑条件。南京审计大学金融学科是江苏省重点学科,金融学专业现为教育部高等学校特色专业建设点、教育部专业综合改革试点项目,以上办学资源为法务金融人才培养提供了优良的教学支撑条件。同时,依托学校优势学科资源,探索学科交融的特色化复合型、应用型的法务金融人才培养,也符合"特色、质量、国际化"办学理念。

2. 法务金融人才培养具体举措

南京审计大学于2010年开始进行法务金融人才试点培养,在国内尚属于首例。招生近十年来,法务金融人才培养模式逐渐被社会认可,许多用人单位

[1] 秦康美:《设置法务金融复合型专业的探索》,载《金融教学与研究》2013年第2期。

[2] 秦康美:《设置法务金融复合型专业的探索》,载《金融教学与研究》2013年第2期。

甚至希望订单培养。如何培养出社会满意度高的法务金融人才成为培养单位必须思考的问题。

（1）法务金融人才培养目标

根据对国内多个行业特别是金融行业对法务金融人才需求的调查，结合卓越法律人才培养目标，将法务金融人才培养目标定位为：培养适应社会主义法治体系和市场经济建设需要，德、智、体、美全面发展的“法学＋金融学”的复合型、应用型法治人才及后备力量。学生需要系统掌握法学、金融学等学科的基本理论知识，能够综合运用法律、金融知识的方法和技能，解决法务金融问题，为企事业单位尤其是金融行业、人大、政府机关、审计监察部门、司法机关、律师事务所以及其他社会中介组织提供专业服务[1]。

（2）法务金融主要课程设计

法务金融人才培养目标和培养规格的实现，同样也需要有科学合理的课程体系做保障。法务金融人才培养的课程体系的建构必须坚持三项原则：一是重视综合能力和德行修养教育；二是夯实专业素养教育，以法学为主线，兼顾法学与金融学两学科，打造高水平的复合型人才；三是注重应用技能培养和训练，适应经济全球化对法务金融人才的需求。

经过近十年的对法务金融人才培养经验的摸索，南京审计大学制定了相对较成熟的法务金融人才培养课程体系，也分为以下几个模块：大学通识课、学科基础课、专业核心课、专业选修课以及实践课程。课程设置上充分体现了“通、实、精、活、新”。法务金融与法务会计人才培养改革均是对传统法学人才培养的新尝试，都是将法律专业学习与另一专业学习进行深度融合，并培养复合型应用型法律人才。因此两个专业方向在课程设置上有相通之处，在通识课程、学科基础课程设计以及实践基础课程设计上基本相同，但在专业核心课程及专业选修课程上同时也各具特色。相同之处此处不再赘述，仅就不同之处进行说明。

（1）法务金融方向专业核心课，体现“精”炼

法务金融方向专业核心课程群，必须“精”炼，避免将法学和金融学课程进行简单相加。这部分课程构成了专业核心课包括以下三类：第一类是所有行业必备的法律课程，包括合同法、商法、国际私法、经济法、知识产权法、劳动与社会保障法，这些课程主要以民商法方面的法律为主。第二类是从事金融行业必备的法学课程，主要包括银行法、保险法、证券法、票据法、金融法等方面的课程。第三类是培养金融业务能力的必备课程，主要以金融业务经营和金融监管

---

〔1〕 南京审计大学法学院网：http://law.nau.edu.cn/2018/0526/c1092a12226/page.htm，最后访问日期：2019年11月1日。

两条线设置,包括商业银行业务与经营、中央银行学、投资学、金融学等课程。

(2)法务金融方向专业选修课设置体现"活"和"新"

法务金融方向开设了数量充足的选修课,总体上分法学和金融学两大系列:包括公司金融、金融风险管理、信用管理学、国际金融等金融类课程;还包括外国法律史、伦理学、经济刑法、外国刑法、比较法律文化、国际税法、税法、法律英语、国际商法、婚姻家庭继承法、法律实务、法学案例研究、英美法导论以及法学前沿等法学类课程。此外,也与法务会计方向一样,为学生开设了针对法律职业资格考试类的选修课程。专业选修课将专业教学新方法、新内容、新领域有机融入教学中,为学生特色化培养提供了有力保障。

(3)实践教学环节突显法务金融方向的专业"应用性"

与法务会计方向一样,法务金融方向专业实践性强,应用性是重要特色。这就要求在实践教学环节要培养学生法务金融综合实践能力。一是开设了法务金融业务模拟实训、银行业务模拟实训,使学生熟悉金融业务技能;二是开设模拟法庭、法律实务操作、法律文书写作、毕业论文等课程,提高学生的法律实务操作、写作、辩论等能力;三是开设诉讼类实践课程,围绕金融企业面临的民事纠纷以及刑事犯罪诉讼来设置,同时开设法务金融法律诊所,提高学生综合运用法律知识解决金融业问题的能力。实践课程的设置分为课内验、实践课程、基础类实践环节和第二课堂实践活动,除了体现法务金融实践的专业实践外,课程设置与法务会计实践环节相同,不再赘述。

(三)法学复合型人才培养改革成效显著

南京审计大学对传统法学专业人才培养模式进行的探索性改革实践,经过十多年的努力,在法学复合型应用型人才培养方面取得了一定成效。

1. 法务会计和法务金融专业方向招生就业"两旺",社会评价较好。首先,"生源旺"。自设置特色方向以来,该校法学专业本科生招生规模位于江苏省乃至全国(除政法院校外)前列,招生分数一直居于同层次招生专业的前列。其次,学生就业情况良好。法务会计和法务金融连续多年来就业率稳居97%以上,一部分毕业生就业层次较高;据第三方机构麦可思公司调查,毕业生对母校满意度、就业现状满意度较高。最后,法务会计和法务金融人才培养模式获得越来越高的社会认可度,兄弟院校先后前来交流学习本专业的办学经验;法学专业"复合创新、强化实践——特色法律人才培养模式的新突破"获得2013年江苏省教育厅高等教育教学成果一等奖。

2. 在专业建设方面取得了一定的成果。产生了一批具有较高水平的科研和教研究成果,编著并出版了《法务会计理论与实务》《法务会计证据学原理》《经济犯罪调查》《舞弊审计》等在国内具有领先地位的法务会计主干课程教材,其中《法务会计理论与实务》《经济犯罪调查》《审计法学》被评为江苏省“十三五”重点教材。同时还承担了江苏省高等教育相关教改立项研究课题,率先发表了法务会计、法务金融方面的研究论文数十篇,为促进法务会计和法务金融教学科研繁荣做出了应有贡献。

(四)目前法务会计和法务金融人才培养过程中存在的问题

在取得系列成效的同时,法务会计和法务金融复合型人才培养过程中,仍然有需要改进的地方:

1. 早期的人才培养方案存在两个方面问题。首先是专业课问题,集中体现在以下几个方面:(1)课程和学分限制,课程开设量大,课时有限,导致学习内容不够深入,教学效果欠佳;(2)有些课程内容之间存在交叉、重复;(3)不能完全满足学生个性化专业发展。其次是实践教学环节,在提高学生的实践操作能力方面仍然需要结合法务会计、法务金融实务进行改善。

2. 复合型的师资队伍建设困难。法务会计、法务金融方向本身的复合型特点,需要大量优秀的复合型师资。而真正通晓法学和会计学或金融学的教师非常难引进,师资力量仍然薄弱。

3. 社会影响力还不够。具体表现为两个方面:一是专业认可程度不够,法务会计和法务金融仅是作为法学专业下的特色方向来培养人才,并没有成为独立的专业,甚至部分司法会计行业专家对法务会计的提法曾提出质疑;而法务金融在国内的人才培养尚没有形成规模。二是被用人单位普遍认识还需要时间。虽然社会发展对法务会计和法务金融人才需求比较明确,但作为新生事物被社会全方面认识需要时间和过程,比如,公务员、事业单位报考或用人单位招聘时,仍按传统专业设置进行分类,并没有单独设置法务会计和法务金融类别,即使有法务会计和法务金融人才需求,因说法不同导致学生不知所从,甚至有的招聘单位认为法务会计或法务金融是“四不像”,使毕业生就业时有遭遇尴尬。

4. 办学层级低。法务会计复合型人才在国外大多是研究生阶段培养,专门的法务金融人才培养在国外尚没有先例。本科阶段法务会计、法务金融人才培养很难让学生全面掌握多学科的复合型知识内容和实践能力,因此,提高办学层次是刻不容缓的问题。

三、针对法务会计和法务金融人才培养问题的解决措施

(一)优化人才培养方案设计,进一步完善课程建设

首先,将专业思政建设理念和成果融入人才培养方案之中,体现中国特色

法治人才培养理念,厚德育,铸就法治人才之魂,加大“法律职业伦理”必修课的建设力度,各门课程在传授专业知识的同时注重价值引领,传递向上向善的正能量。其次,开发多种形式的课程群,满足学生对复合型应用型专业知识广度和深度学习,解决课程学分不足问题。例如,建设一批线上课程或视频公开课,使学生可以通过线上学习的方式,节省课堂学习时间;还可以借助国内现用线上课程,与专业教学融合,开展线上线下混合式课程教学,转变传统教学方式,运用翻转课堂等教学模式,使学生全方位地参与到课程学习中来。最后,优化实践教学环节,科学设置各类实践教学课程体系,注重复合型实践技能训练,建设多元化的实践教学基地,促进“产学研”协同育人机制,切实发挥政府部门、法院、检察院、律师事务所、企业等机构在法治人才培养中的协同作用,健全院校和法治实务部门双向交流机制。

(二)加强师资培养与引进

解决国内法务会计、法务金融师资薄弱的问题,可考虑以下三种方式:一是引进具有会计、审计学或金融学专业背景高水平法学专业人才;二是对现有师资进行针对性培养,比如鼓励法学专业博士修读会计学或金融学类的双学历,或参加相关专业系统培训,改善师资专业教育背景单一的问题,为复合型人才培养提供有力保障;三是聘请实务部门专家担任课堂教学或实践指导老师,或选聘高校法学骨干教师到实务部门挂职锻炼,以提高师资团队建设水平。

(三)进一步扩大法务会计、法务金融社会影响力

呼吁相关用人单位在招录过程中,深入实际,与时俱进,及时地更新招录专业目录和岗位设置。另外,高校也有责任千方百计扩大宣传和影响,有效推介复合型人才深入各行业基层,利用寒暑假的社会实践机会和招聘会及网络舆论宣传阵地,做好信息沟通工作,推进大众对法务会计、法务金融人才培养的认知度。

(四)提高办学层级问题

1. 考虑在硕士研究生阶段培养法务会计和法务金融方向专门人才

本科阶段学习的第一要务是练好“童子功”,即厚基础、宽口径、重思想、强能力,以专业素养教育为主,而培养高层次法务会计和法务金融人才有待于通过研究生阶段的学习加深学科交融的理解与运用能力。

2. 借鉴国外职业资格考试与专业教育结合培养模式

法务会计和法务金融人才培养应拓宽思路,开阔视野,转变观念,借鉴ACCA等在国内高校的办学成功经验,尝试探索学历教育与ACFE(美国注册舞弊审核师)等职业资格教育相结合模式,有针对性地解决学历专业教育与社会实践需求脱节问题,以适应市场变化上对特殊人才的需要。

3. 探索国内与国际合作办学模式

在经济全球化、市场竞争国际化的背景下，采取“走出去”与“请进来”的方式，与国外有专长的大学合作，联合培养法务会计、法务金融高层次人才。具体可以推行国际化“2 +2”“3 +1 +1”“4 +1”等培养模式以及“国(境)外高校交换生”等人才培养模式等，培养能适应经济全球化和国际化需要的法务会计和法务金融人才。

四、结　语

法务会计和法务金融人才培养模式改革，在取得一定成效的基础上，是对“卓越法律人才”的培养有效探索和尝试，同时仍然有待于根据新时代对法治人才培养的需求，进行不断摸索和完善，培养德法兼修的复合型应用型卓越法治人才，从而更好地服务于中国特色社会主义法治建设。

基于移动云平台的法学信息化教学改革初探*

——以蓝墨云班课的应用为例

牛玉兵　游文静**

（江苏大学法学院）

摘　要:以蓝墨云班课为代表的移动云教学平台在法学课程中的尝试性应用,契合了信息时代移动终端发展和媒介融合的大趋势,呈现出较为显著的正向效应,但也存在知识碎片化与体系化矛盾、显性知识与隐性知识疏离、形式评价与实质评价偏差、守成管理与创新改革抵牾等问题。以法学教育目的引领技术观念变革,因应法学特点界定移动教学云平台地位,设法推进移动云平台教学与法学传统教学的衔接,完善相关制度以提供激励与保障,是进一步化解现实问题,发挥移动云平台信息化优势的可能对策。

关键词:移动云平台　法学信息化教学　蓝墨云班课

移动互联网技术的飞速发展为包括法学在内的课程教学信息化改革提供了崭新契机。以手机终端为媒介,蓝墨云班课(升级后改称"云班课")、超星学习通等移动云平台在各种专业学习中的广泛应用,正在日益推动信息技术与教育教学的深度融合,为创造"线上＋线下"相结合的新型混合式教学模式,促进传统教学朝向信息化、数字化方向发展提供了技术基础。在法学专业教学中,我们也有意识地主动迎接信息技术的革新,通过引入蓝墨云班课等移动云教学平台,在法学专业教学信息化改革方面进行了初步探索,进行了相应的反思。这些探索与反思,或也可为互联网时代的法学教育变革提供某些有益的启示。

一、蓝墨云班课在法学教学信息化中的初步应用

我们对于蓝墨云班课的初步应用,起始于2017年笔者所在学校的教师教

* 基金项目:本文为江苏大学2019年高等教育教改研究课题"新时代高校卓越法治人才培养模式创新研究"(课题编号:2019JGYB018)的成果之一。

** 牛玉兵,江苏大学法学院副教授;游文静,江苏大学法学院讲师。

学信息化培训。在培训过程中,蓝墨云班课的技术开发人员就移动云平台的应用进行了讲解和试演,给我们开展法学专业的信息化教学提供了有益的启发。在培训之后,我们即开始在法学及相关专业课程中尝试引入蓝墨云班课等移动云平台。主要做法是:

第一,积极利用移动平台开设云班课,构建师生一体的教学共融模式。蓝墨云班课开设简便。教师可以在手机上安装 App 应用程序注册登录,或者也可在电脑网络端登录。注册后教师可根据需要创建班课课程,自动生成班课号。学生使用时,也可同样在手机端注册登录,然后根据教师提供的班课号加入班级,即可完成班级创建,形成以云平台为基础的虚拟班课组织。由于基于移动平台的虚拟组织永久在线,教师与学生之间的关系也就从有限的现实(课堂)接触转变为持续的虚拟(线上)接触,教学在时间与空间双重维度得以延展,教与学获得进一步共生共融的崭新生态。截至目前,我们已经在法学专业 2017 级、2018 级"法律社会学""法理学""法学导论""劳动与社会保障法"以及经管专业的"经济法概论"等开设云班课,参加云班课学习的人数达 529 人次(法律社会学 61 人,法学导论 28 人,劳动与社会保障法 112 人,经济法概论 328 人,法理学利用了超星学习通,参加人数 84 人)。

第二,根据专业性质和课程特点,有针对性地创建教学资源。目前,通过云班课进行学习的学生,在专业上以法学为主,同时也有经管专业的通识性"经济法概论"课程。由于专业和课程性质不同,在教学资源的创建也有一定区别。概括而言,法学专业的云平台,更为突出法学专业的学科属性,专业性网页链接、案例数据库等,对于法学专业的学习更为重要;而对于非法学专业的尤其是通识性的课程,则更注重资源的趣味性,以求引导学生能够进入网络云平台,强化学生碎片化时间的利用效果。当然,资源创建和运用的差别,也和教师对移动云平台的个人运用特色有关。有的教师可能倾向于将移动云平台作为课后知识拓展的数据库使用,有的教师则可能着眼于教学过程中学生与教师的沟通互动,有的教师可能注重于学生自我学习能力的提升,还有的教师则有意识地允许和鼓励学生上传资源,使其不仅成为教学资源的使用者,而且成为教学资源提供者。这些不同的定位,对于课程资源的创建无疑有着一定影响,但这也从另一侧面反映出移动教学平台的丰富功能。值得注意的是,蓝墨云等平台还具有一定的调研功能。教师可以在简要介绍课程结构后、教学正式开始前,与学生展开沟通,了解学生对课程学习目标的期待(见图 1),并根据不同教育对象的学情,将教学体系和学生期待目标相结合,更为精准的界定教学重点,明确资源创建的方向,回应学生需求,激发学生学习热情,形成师生一体的教学主体。

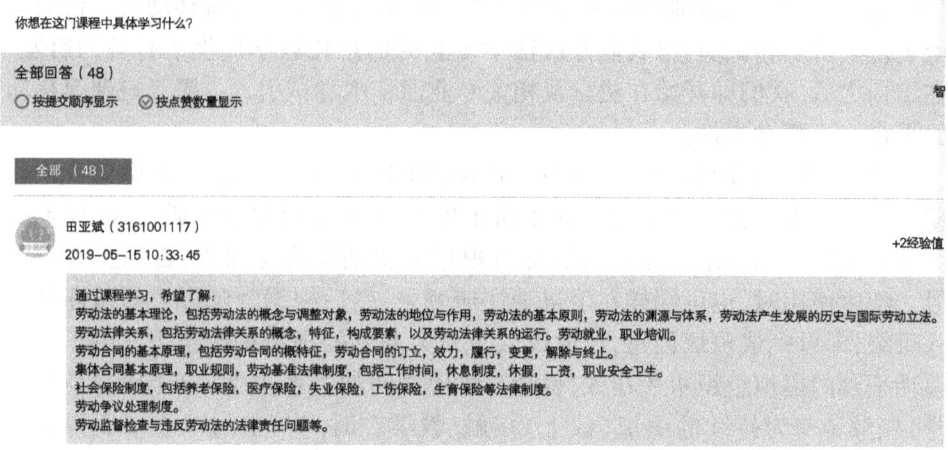

图1 利用云平台展开的"劳动与社会保障法"的课程调研

第三,利用移动云平台开展教学互动,增加学习趣味,引导学生参与。蓝墨云班课等移动教学平台提供了课上课下活动的诸多丰富功能。例如,在蓝墨云班课中,即有"投票问卷""头脑风暴""答疑讨论""测试活动""作业/小组任务""课堂表现(抢答、随即选人、签到)"等不同活动类型。这些活动类型,可在课前、课中、课后等不同环节根据需要展开。通过这些丰富多样的活动,不仅可以引导学生实现课程的预习,而且可以提高课堂教学的参与度,建构紧张活泼的课堂氛围,还可以引导学生课后学习的展开。例如,在法理学"法律职业思维"部分,为激发学生参与,我们在播放了一段庭审视频之后,设计"头脑风暴"活动,要求学生根据自己观察的庭审场景,列举自己认为的法律职业思维的关键特征。蓝墨云提供了即时投屏功能,学生在手机上输入的想法,可以通过投屏在课堂上现场展现。而通过对学生投屏的各个想法进行进一步的总结、评价,往往可以水到渠成地归纳出法律职业思维的特征来(见图2)。于是,学生不仅参与到课程中,而且通过活动确证了自己的思考能力。这对学生学习热情和自信心的提升都是极为有益的。

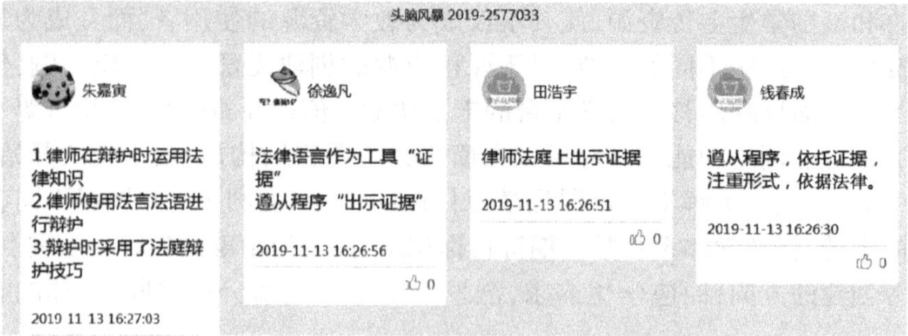

图2 针对"法律职业思维"的"头脑风暴"

第四,运用云平台的评价功能,对学生学习进行过程性、形成性评价。传统法学教学通常习惯于终结性评价,以期末考试成绩作为学生课程学习的最终结果。此种做法由于不能反映学生学习过程的情况,因而为人诟病,将期末终结性评价和形成性评价予以结合的评价模式逐步得到人们的重视。形成性评价注重对学生日常学习过程中的表现、成绩以及所反映出的情感、态度、策略等方面的评价,是通过信息反馈,调控活动,完善方案,调整计划目标,改进活动方法,以不断提高教育效果的一个动态过程。[1] 由于形成性评价依赖于对学生学习情况的观察,其主观性强,因而其实施也就不免有难度。而云班课的应用恰可以一定程度上应对这一问题。云班课的学习对于每一学习资源、活动、作业等均设置了相应的经验值,学生在课前课中课后的学习参与,都会以经验值的方式记录在平台中。如图3所示,某班同学的经验值排名以及某同学的经验值构成。这为将主观的过程性评价转化为相对客观的评价奠定了基础。

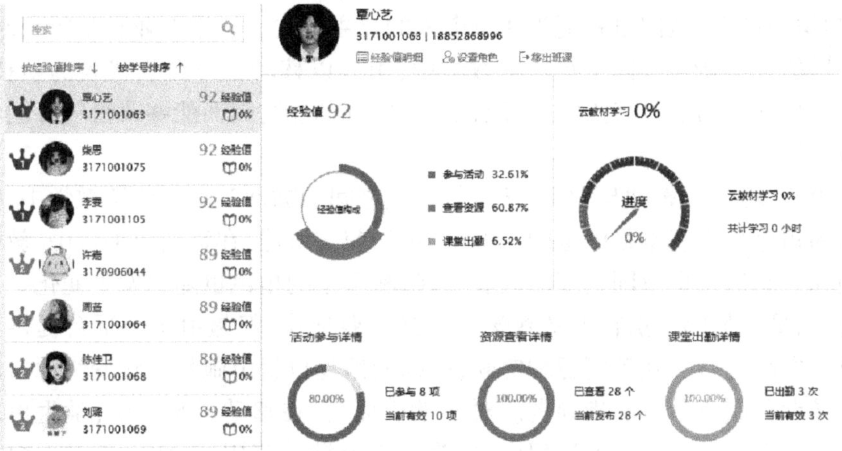

图3　利用云班课的形成性评价

二、应用移动云平台开展法学信息化教学的优势与问题

应用移动云平台开展法学信息化教学,是我们的初步尝试。经过在不同年级、不同课程中的应用,我们认为,通过移动云平台开展法学信息化教学,既有明显的优势,也有尚需处理的问题。

(一)应用移动云平台开展法学信息化教学的优势

第一,契合了信息时代移动终端发展和媒介融合的大趋势。21世纪是互

---

〔1〕 林崇德、姜璐、王德胜主编:《中国成人教育百科全书》,南海出版公司1994年版,第349页。

联网和信息化的世纪。在信息技术的推动下,葛洛庞帝所谓的“数字化生存”在今天已不再是未来学的预测,而是真实呈现于我们面前的鲜活事实。借助于网络,通过手机移动终端等工具,多种媒介不断融合,当代人类社会已经彻底地陷入数字化的世界之中。在这样的情境中,“一场基于互联网及移动互联网的教育大变革”已然来临,“它如暴风骤雨般席卷全球,并将深刻地影响全世界的每一个人”。[1] 对于法学教育而言,移动云平台的应用,恰可契合于信息技术发展的大趋势,是信息媒介融合时代的必然选择。

第二,迎合了新生代学生的学习特点和心理需求。2018 年,大学校园迎来了“千禧年”新学生。这或许是一个标志性的事件,它意味着今日的大学生已然是全新的一代人。这一代人,从小就浸染于互联网的环境中,进入大学后,他们几乎人手一部智能手机,习惯于被网络技术分割的碎片化时间,对网络技术应用娴熟,对新生事物充满了好奇;更为重要的是,这一代人因为信息接触丰富,知识面广泛,他们也就更为注重个人的自主独立。法学专业教学所面对,正是这样的一类新生群体。在法学教学中,引入以移动云平台为代表的新技术,与这一代学生的学习特点和心理需求是较为适应的,因而能够获得较好的学习参与度。

第三,增强了教师与学生、学生与学生之间的黏性互动。传统教学中,师生之间的角色身份基本是固定的。但是,正如前文所述,在移动云平台中,教学的时间和空间都获得不同程度的延展,教师和学生的角色也随之发生变化。在云平台中,虽然教师仍然在课堂教学中占据主要地位,但是由于云平台提供了课堂教学之前之后的互动资源和空间,教师的角色也就由施教者转变为课堂教学的引导者和课后学习的指导者。对于学生而言,在移动云平台中,学生可以积极参与到教学资源的学习过程中,成为教学资源的使用者;而由于云平台中允许学生上传资料,学生也就转而可以变身为教学资源的创建者,成为教学效果的共同实现者,成为教学小组活动的组织者、参加者、实施者。我们在劳动与社会保障法课程教学中即主要采用了学生自主开展专题性教学内容小研究的教学方式。学生们上传他们收集到的案例资源,分组展开协作性学习。上述种种角色的分别加上丰富的教学活动形式,形成了师生之间、学生与学生之间相互交织的网状结构,其相互之间的教学黏性随之上升。

第四,丰富了法学课程的内容与教学组织方式。借助于移动云平台,法学课程的内容和组织形式也随之扩展,法学课程的内容不再局限于指定教材,而是朝向无限趋势扩展。凡是与课程相关的内容,从案例到数据,从电子图书到

---

〔1〕 汤敏:《慕课革命:互联网如何变革教育?》,中信出版社 2015 年版,第 1 页。

电子期刊，从图表资料到视频材料，无数的相关资源可以归集到移动云平台之中，学生可以了解和学习的知识范围大大拓展。如在法律社会学"历史与方法"一节，即上传了"崔英杰案""药家鑫案"判决书以及苏力、陈柏峰、邱兴隆等教授的评论性文章，力争使学生借助于这些鲜活事例和专家的深入分析，把握法律社会学的分析方法。在教学组织方面，借助移动云平台可以方便地实现学生分组，展开网上答疑、讨论、研究，这无疑极大地丰富了教学的组织形式。

（二）应用移动云平台开展法学信息化教学的问题

移动云平台在法学中的应用虽然具有上述优势，但其中也存在需要加以化解的问题，主要有：

第一，知识结构：知识碎片化与体系化的矛盾。如前所述，基于云平台的法学课程教学适应了互联时代技术发展的趋势，知识传播更为迅速快捷，但由此衍生的一个问题则是知识碎片化的趋向。今天，数字化阅读的流行已经使人们"对合理的文本长度的期待缩水了。短小文本格式（如消息、短信、推特、手机的新闻 App，甚至手机小说等）的激增，给人这样一种印象，似乎我们已无闲暇时间来用于较长时段的阅读"。[1] 这种现象既导致了网络学习专注性的削弱，也使原本就已经碎片化的知识更为分散。对于法学的信息化教学而言，如何在知识的碎片化与法学的体系化之间恰当平衡，同样变得日益突出。这种情况在应用了移动云平台展开法学信息化教学的情境下更是如此。

第二，能力培养：显性知识与隐性知识的疏离。法学教育中存在两类知识：显性知识与隐性知识。前者是可以以文字、符号、图表、公式等加以表述的，后者则以高度个人化的形式隐藏在人的头脑之中的知识，这种知识同样构成了学生综合能力不可缺少的组成部分。那些有关法律学习与实践的信仰、观点、思维模式等，那些存在于法律学习与实践中的非正式的"诀窍"性的方法和技能，对于法学专业学生的未来职业发展至关重要。[2] 然而，"电脑化和网络化的发

〔1〕 根据美国语言学者贝伦等人的研究，数字化电子阅读的主要特征之一，是由数字装备便捷功能而导致的分心以及专注性的丧失。南京大学周宪教授也谈到，在数字化阅读中，大学教师也越来越倾向于布置短小的在线读物（某些章节或文章），而不是整本书的阅读。而有关文献引用的国外研究也证实，即使是学术阅读，也缺少持续聚焦的沉浸式阅读。"读者往往只阅读一个文献的前三页，不再有耐心和需要通读全文。这项研究的统计学结果令人震惊：46% 的引用只限于文献的第一页，23% 的引用限于文献的第二页，77% 的引用来自文献的前三页。"参见周宪：《喧嚣的数字时代，人类仍离不开孤独的深度阅读》，载壹学者：http://www.1xuezhe.com/academic/detail? nid = 283969&tabtype = 2，最后访问日期：2019 年 10 月 15 日。

〔2〕 牛玉兵：《认真对待隐性知识——互联网 + 时代的法学教育省思》，载夏锦文：《法学教育评论》，法律出版社 2017 年版，第 57 ~ 68 页。

展是以传播显性知识为主要特征的”。[1] 在应用移动云平台展开的法学信息化教学中,进入移动平台之中的,基本上是已经被编码的、较为系统的法学“显性知识”。于是,法学课程教学中如何通过隐性知识的传承,培养学生的综合性能力,就成为必须面对的问题。这一点对于法学这样一个强实践性学科更是重要。

第三,学情评价:形式评价与实质评价的偏差。如前所述,通过移动云平台的法学信息化教学有利于进行形成性评价,但是,这其中也存在评价形式化、个体化与实质化、整体化的矛盾问题。如在蓝墨云中,学生的形成性评价依赖于学生点击资源、参与互动的“经验值”,这通常只需要轻点鼠标就可以完成,至于学生究竟是否真正“浸透”在学习之中,则无法通过移动云平台的经验值来加以反映。而在以网络小组形式展开的法学研究性学习中,平台只能反映整体的学习情况,学生是否存在“搭便车”的状况,也无法从平台本身得到呈现。这意味着,仅仅依赖于移动云平台的评价必然也就是有限的。

第四,管理机制:守成管理与创新改革的抵牾。开展法学信息化教学不仅需要网络技术的支撑,同时也需要具体制度的支撑。对教学的管理者而言,遵从传统模式而展开教学管理,其成本低风险小,而假如引入创新,则不仅需要投入更多精力,涉及多方面关系的处理,而且更需要制度修废调整,其事务必然繁杂。在简与繁、成本与风险之间如何选择,无疑要费人思量。比如,在学生成绩评定问题上,学校是否承认基于移动云平台的经验值而确定的成绩[是否愿意在已有网络在线平台(如 sakai)再创建新的平台],就是一个值得管理者考虑的问题;基于蓝墨云平台的学习,可否折算学分,也值得在制度层面加以考量。凡此种种,对于类似于蓝墨云班课这样的移动教学平台的运用无疑有着直接的影响。

三、应用移动云平台开展法学信息化教学的反思性构建

在技术与教育跨界融合、“互联网 + 教育”蔚然成风的今天,法学教育参加者——无论是教师、管理者还是法学学生——都再也无法以旁观者身份置身事外。就移动云平台的法学信息化教学而言,如何进一步发挥其优势,化解其困境,仍值得认真加以思考。在我们看来,以移动云平台展开法学信息化教学未来的可能进路在于以下几个方面:

第一,以法学教育目的引领技术观念变革。

在当今时代,法学教育已经无可避免地嵌入互联网技术之中。“‘互联网 + ’时代为法学教育的各个环节都准备了丰富的资源。法律法规随时可以

---

〔1〕 方明主编:《缄默知识论》,安徽教育出版社2004年版,第195页。

通过'度娘'寻找。法学教育课程建设也因应了这个时代,开启了大量的各个层次的网络精品视频资源课程。我们不但能看到自己的任课老师上传的视频,也能通过点击分享国内各个高校优质的教学资源。电子期刊的建设和电子书库的存在,能让每个学生轻而易举地获得目不暇接的理论资源。各个案例检索平台的开启,不但能让学生获得大量的以往的案例,也能通过最新的裁判文书网获得最权威的和最新的案例。"[1]借助于包括移动云平台等在内的网络技术,类似于此的多样化和便捷化的教学场景在今天已经为人熟悉。但是,要习惯于这样的场景,并且主动地拥抱技术的变革,仍需要人们观念上予以跟进。在今天的大学中,虽然视网络为洪水猛兽的思想已经少见了,但将手机的应用视为畏途,禁止在课堂中使用手机,却仍在很多学校中较为普遍地存在。其实,网络是一种工具,手机这种移动终端又何尝不是?重要的不是对这种工具的禁止,而是如何恰当地发挥这种工具的长处。因此,在应用移动终端开展法学信息化教学的过程中,观念的改变或许是首要的。对于高校的管理者而言,要改变对移动终端应用于课程教学的负面评价,恰当考量围绕着手机移动终端的信息化发展趋势;对于高校教师而言,则应切实关注教育技术的新发展,适时改进教育技术的课堂应用;对于学生而言,则应意识到互联网技术对学习的积极作用,将技术创新的效应应用于专业学习之中。

当然,在观念变革过程中,也不应过度放大移动终端等网络技术的作用。正如人们已经意识到的那样,技术本身既可能为人们带来好处,也可能导致异化。在利用移动云平台等技术开展法学信息化教学过程中,理应牢记法学教育的目的。"法律教育的目的,是为国家培植法律人才。""因为法律是社会组织的纤维,所以法律的事业,是公益的事业,是社会的事业。"[2]无论是应用何种技术开展法学教育,其最终的目标指向应在于此。而反过来,对技术应用的方向选择,法学教育的目的恰也构成最终标准。

第二,因应法学特点界定移动教学云平台地位。

相较于其他教育,法学教育有着自身显著的特点。法学"是一种社会化的实践,一种职业性的知识,在很大程度上排斥独出心裁和异想天开。它有时甚至不要求理论,而只要求人们懂得如何做"。[3] 在这一意义上,法学教育主要是一种应用性的职业教育,强实践性成为法学专业的主要特点。如此一来,法学教育对于学生的要求必然是全面性的、体系性的。法学专业学生不仅要懂得基本的理论,而且要努力学习像那些真正的法律工作者那样去思考问题和展开

---

〔1〕 曹伟:《"互联网+"时代的互动式法学教育》,载《光明日报》2015年10月13日,第14版。

〔2〕 孙晓楼等:《法律教育》,中国政法大学出版社1997年版,第11页。

〔3〕 苏力:《反思法学的特点》,载《读书》1998年第1期。

论证分析。这也就是说,法学专业学生既要掌握那些书本上的显性知识,同时更应掌握那些“诀窍”性的隐性知识。

然而,正如前文分析的那样,在基于移动云平台展开的法学信息化教学中,依托技术展开的知识传播,主要是法学的显性知识,那些对于学生能力发展至关重要的隐性知识的分享与传承,在移动云平台中并不适合展开。由于这种能力的培养还需依赖于课堂教学、实践教学的展开,基于移动云平台展开的法学信息化教学也就理应被置于辅助性地位。“蓝墨云班课本质上只是一种辅助教育的手段”,〔1〕基于移动云平台的法学信息化以技术形态存在,而“技术根本不是一种预先确定的事物,而是一种环境,是一个教师必须栖居于其中并使其活跃动起来的空洞的空间。教师与技术有一种职业关系,而不是与一种发展战略有职业关系。教师们努力去感受技术,领会到如何激活技术,将他们的‘声音’在技术上表现出来。教师们在这样做时,他们就实施了一种古老的教育传统,即将教育定位在人类关系中而不是设施上”。〔2〕这一这对技术的批判理论,对于我们把握移动云平台的法学信息化教学当可以提供足够的警醒。

第三,移动云平台教学与法学传统教学的衔接。

由上述分析进一步出发,基于移动云平台的教学与传统教学的衔接问题就进一步凸显出来。传统的法学教学,在显性知识方面通常采用讲授式展开,而在隐性知识传承方面,师徒式的教学方法更为合适。就前者而言,“不能否认的是,在当前以及今后很长一段时间内,传统课堂教学仍会是主要的教学方法”,〔3〕在法学课程教学中对法学知识进行系统的、体系化分析与建构,对学生知识获取与技能训练同样重要。对此,只要我们去观察一下在慕课微课等网络平台上的法学课程教学视频,对此就不难明白传统教学方法的地位。对于后者,师徒制作为一种适合隐性知识传承的教学方法在英美法律早期教育中已经得到证明。虽然师徒制的教学方法具有强人身依附性以及知识传授的随机性等缺陷,但对于法学专业的学生成长而言,却是不可或缺的。当法学专业学生步入律师职业,法律规定的实习期间以及实践存在的师徒式训练,一定程度正是对学校教育隐性知识教育不足的补充。这种“言传身教”的传统教育观念对于法学教育仍旧值得尊重和保存。这样来看,在应用移动云平台展开法学信息化教学过程中,应注意将蓝墨云班课等新的方法与传统教学的予以有机结合。具体而言,应将蓝墨云等移动终端的应用,作为配合传统教学的手段,资源的提

〔1〕 张宝成、黄丽平、朱正华:《蓝墨云班课:使用与反思》,载《安康学院学报》2019年第2期。

〔2〕 [美]安德鲁·芬伯格主编:《技术批判理论》,韩连庆、曹观法译,北京大学出版社2005年版,第162页。

〔3〕 张宝成、黄丽平、朱正华:《蓝墨云班课:使用与反思》,载《安康学院学报》2019年第2期。

供不能过于追求数量之庞大,而是要根据课程需要择其精华,为课程教学目的所用,同时也应明确教师在教学设计和技术运用中的关键性地位,以期最大程度地将技术的效用与传统教学结合在一起。

第四,相关制度的激励与保障。

除了前述几方面外,基于移动云平台展开的法学信息化教学,还有赖于其他制度的激励与保障。举其要者,大概有以下几方面:

(1)提倡法学小班化教学制度。之所以主张提倡小班化教学,原因主要在于教师精力的有限性与学生需求的增长性之间的矛盾。一方面,采用移动云平台的法学信息化教学,教学活动的时间和空间延展必然带来教师工作量的增加。教师要事先收集、制作、发布、调整课程资源,要在课前对学生加以指导,在课中组织课堂教学,在课后进行答疑讨论,这些是传统教学中通常没有的新的工作。另一方面,当学生依托云平台展开学习,其在平台上的留言、讨论,也总是期望或者需要得到教师的及时回应。因而,假若班级人数过多,教师精力难以顾及,势必影响平台的利用效果。而假若仅仅将移动云平台当作课程的资源库,又未免是对移动云平台丰富功能的浪费。小班化的教学,或许是化解这一矛盾的可行措施,但要推行,则需要有具体制度的支撑。

(2)教师教学发展的制度化建设。在技术飞速发展的时代,教师如若不能保持与时俱进,则必然落伍于教学技术的发展。为此,一个制度化的教师发展制度,尤其是明确有效的激励制度,对于鼓励教师投身于技术发展,将类似于移动云平台的互联网新技术运用于法学教学,无疑具有重要作用。其如何予以有效设计,还需各级教学管理机构细加考虑。

(3)教学评价与考试制度的革新。如前所述,以移动云平台为基础,法学教学的过程性、形成性评价得以可能。虽然这种评价仍存在可待完善之处,但其无疑足以对传统法学教育所采取的那种以期末或期中数次考试确定学生学习成效的做法提供富有价值的启示。在教学评价与考试制度方面,是否可以依托移动云平台进一步创新线上考试的方式方法,并且在学校的考试制度中的得到承认,也需要继续加以思考。

四、结　语

移动云平台在法学教学中的应用,为法学教育信息化发展提供了新的工具。恰当认识这一工具的优势和困境,根据法学教育的目的与需要加以不断的革新,是“互联网+教育”时代仍需认真考虑的问题,其积极效用的扩展与放大,对于当今正在展开的卓越法治人才培养,也可产生富有价值的启示,值得予以认真对待!

新时代高校师生交往的软法规范研究*

苏海雨**

（南京审计大学法学院）

摘　要：当前应重新对高校师生关系进行定位，改变工具主义思维，建构主体间理性交往，将教师与学生置身于教育共同体内。教育共同体内的师生关系应当是以“立德树人”的公共道德为价值取向，形成教师与学生之间的交往理性，构建教育共同体的基本准则。高校章程规范应当以软法形式规范，适时进行立、改、废、释。

关键词：师生交往　立德树人　依法治教

一、当前我国高校师生交往秩序的现状

近几年来，我国发生数起高校研究生学生自杀事件，牵涉导师对其私生活的过分干预，这些事件表明我们应当重视高校师生之间交往的范围与边界。新时代师生交往关系应当通过软法对师生之间的公共道德予以规范，形成教育共同体的基本软法准则。教育共同体内如何实现教师与学生的交往理性是新时代立德树人育人思想的核心命题。习近平总书记在2018年举行的全国教育大会上强调，要坚持立德树人，加强学校思想政治工作，推进教育改革，加快补齐教育短板，教育事业中国特色更加鲜明，教育现代化加速推进。

高校师生交往是指高等学校的教师与学生之间的交往活动，尤其是硕士生、博士生与硕士生导师、博士生导师之间的师生交往。根据德国哲学家哈贝马斯的交往行为理论，教育实质上是一种社会交往活动，师生关系在本质上是一种社会交往关系，并且社会交往包括了私人性交往与公共性交往。一方面，教师讲授知识，学习讨论知识是如何创造、如何应用的，培育学生的独立思维和创新精神，这是公共性师生交往；另一方面，师生之间还存在一种人与人之间的

---

* 本文系江苏省教育科学“十三五”规划2020年度重点资助项目“新时代高校师生交往的软法规范研究”（项目编号：C－a/2020/01/06）的阶段性研究成果。

** 苏海雨，法学博士，南京审计大学法学院讲师，研究方向：法学教育、行政法学。

基本人际交流,这是私人性师生交往。当下,高校教师成为交往过程中控制者和掌管者,而学生只是交往过程中的被动接受者和被灌输者,导致师生交往可能产生异化现象。高校师生交往流于单一化、功利化、管教化,必致师生关系疏远、淡膜,乃至隔阂、紧张。

因此,当前高校师生关系面临的困境需要在交往视域中予以考察,借助德国哲学家哈贝马斯所倡导的交往理性力量让高校学生教育回归生活世界,使高校师生之间的交往走出“对立”状态。实际上,师生在信息上的不对称性也会造成差异性的师生交往观念。师生交往方式的抽象性导致“失语”的师生交流,交往目的手段化造成功利化的师生关系,教师认为学生应当自我发展,而学生认为教师不愿意与自己进行交流,浪费教师的工作生活时间。在学校日常生活中,应当构建高校师生交往的公共共同体,实现在真实交往生活中的教育目标与使命。因此,我们认为高校师生交往应当是以教育主体间的互动交往实现,主要通过对话和交流达成对教育理性目标的一致行动,这其中需要突出教育主体的道德自主性,达到“与他者共在”的道德集体性。

二、高校师生交往构成的教育共同体

“治理理论强调的合作性,公共性理论强调的公共性,共同构成了共建共治共享社会治理格局深厚的理论基础。”[1]无论是社会治理,还是教育治理,都应当遵循共同体的原理。教育共同体是以教育价值共识为基础,借助于信息技术支持的交流、交往、传播功能,建设多主体、多渠道、多层次的对话平台,所以相互支持为准则的教育共同体是解决教育问题的实践路径。[2] 当前,有的学者认为教育共同体主要有三种类型,即国家教育共同体、学校教育共同体和班级教育共同体。[3] 也有学者认为从成员之间思想信念的统一程度看,教师教育共同体首先是一种精神共同体;从利益共享和文化融合的视角看,教师教育共同体又是一种合作共同体;从问题解决的指向和过程看,教师教育共同体更是一种实践共同体。[4] 因此,正如有学者认为的,教育共同体是以共同的精神信仰、一致的教育目标为支撑,是本质意志的结合体。因此,学校是一种教育教学载体,学校作为一个相对独立的教育机构,教师与学生作为成员构成一个集合体,并遵守一定的规则与规范,完成共同的教育任务,即是一个教育共同

---

〔1〕 夏锦文:《共建共治共享的社会治理格局:理论构建与实践探索》,载《江苏社会科学》2018年第3期。

〔2〕 参见马和民、周益斌:《走向对话与支持的教育共同体》,载《南京社会科学》2010年第3期。

〔3〕 参见翟楠:《教育共同体的类型及其道德意蕴》,载《教育理论与实践》2012年第31期。

〔4〕 参见张增田、彭寿清:《论教师教育共同体的三重意蕴》,载《教育研究》2012年第11期。

体。[1] 教育共同体内的所有成员都应拥有着共同目标。学生与教师通过互动交流、真诚商谈以及真诚合作,讨论和解决当前教育中面临的难题与重点。教育共同体既具有共性,也存在个性,正如每个学校的校训、校风都具有各自特色。

三、立德树人是教育共同体的公共道德

将立德树人育人思想作为在教育共同体内的公共道德导引,把立德树人作为教育工作的主线,融入思想道德教育、文化知识教育、社会实践教育、人格情操教育等环节中。"立德"就是将"德"深入人心、根植人心的过程,促使人人成为有道德有德行的人。高校师生关系维系着知识传授路径,是学生走向社会前所接触到社会人际交往的重要组成部分。我们认为在师生交往活动中本质上是公共性社会活动。因此,教育任务中既要融入德性,更要在师生交往活动遵循公共道德的准则与操守。2018 年教育部正式印发《新时代高校教师职业行为十项准则》,规范职业行为,明确师德底线,引导广大教师努力成为有理想信念、有道德情操、有扎实学识、有仁爱之心的好老师。相应地,北京大学、同济大学、暨南大学等高校也出台了教师行为规范,有的还规定了违规行为。

高校教师职业道德教育应从教师所承担的"树人"角色入手,将"立德"融入教学课堂与社会实践活动中,应立足于职业价值观、教师职责、教师使命和社会责任的逻辑起点,正确把握高校教师职业道德建设的科学规律。[2] 一方面高校应当开展教师学术规范方面的职业道德教育,树立高校科研教学的教育责任观;另一方面也应当满足高校教师的个体性发展,以"以人为本"的理念出发完善教师薪酬待遇、聘任评价等职业保障制度。[3] 当代高校教师应遵循"热爱学生""严而有格要求学生""成为学生合格的引路人""尊重学生的主体地位""准确、客观、公正地评价学生"等伦理规范。当代高校学生应遵循"尊敬教师""感恩教师的付出""与教师交往要自尊自爱自信""客观公正地评价教师"等伦理规范。[4] 因此,相对于私人道德而言师生之间的公共道德可以理解为公共生活领域中应该追求与遵守的道德价值和行为规范。

四、软法视域下的高校师生交往规范

在遵循教育教学与人才培养的基本规律前提下,注重依法治教,探索建构

---

〔1〕 参见刘阳:《论教育共同体的内涵与构建原则》,载《当代教育论坛》2014 年第 4 期。

〔2〕 参见赵骏:《高校教师职业道德建设探析》,载《中国成人教育》2014 年第 22 期。

〔3〕 参见徐岚、卢乃桂:《研究型大学师德建设的途径》,载《教育研究》2010 年第 7 期。

〔4〕 参见张福如、黄林桢:《构建当代高校师生关系新特点的伦理规范》,载《嘉应学院学报》2018 年第 12 期。

新时代下教师与学生之间的良性关系。我国高校的大学章程制定工作已经全面开展并取得了阶段性成效。软法规范应当可以为我国大学章程的法律性质研究提供全新的视角。2016年7月,北京大学印发《北京大学教师行为规范》。2017年2月,教育部印发《普通高等学校学生管理规定》。2018年1月,教育部《关于全面落实研究生导师立德树人职责的意见》明确规定了研究生导师在提升研究生思想政治素质、培养研究生学术创新能力等七个方面的职责,进一步强化了导师指导责任。2018年11月,教育部印发《新时代高校教师职业行为十项准则》《关于高校教师师德失范行为处理的指导意见》,明确新时代教师职业规范,划定基本底线,深化师德师风建设。正如北京大学法学院湛中乐教授认为的,《普通高等学校学生管理规定》反映了我国在高等教育法治事业上的巨大进步,而程序性权利需求的背后则是学生权利意识的觉醒。[1] 高校教师与学生是应当在学校这个共同体内构建主体间性的交往理性,制定达成共同体的软法规范与共识,并得到全体成员的遵守。因此,师生交往的软法规范与治理理论是对依法治教理论的新发展、新探索、新思路。

"社会管理创新的路径不仅体现为国家制定的政策或法律,也体现为各类社会组织内部的章程、规定、制度等。"[2] 所以,软法作为各类社会组织内部的规范予以明确下来,有利于国家治理体系现代化在各方面的展开。这意味着不仅是国家治理的现代化,而且是社会治理的现代化。因此,软法实际上是一种社会治理现代化视域下的一种法规范。通俗地讲,软法规范是长期存在而且行之有效,但又没有以硬法规范的方式体现出来。软法是指那些不能运用国家强制力保证实施的法规范,是相对于"硬的法律"而言。软法规范在矫正"硬法"失灵方面发挥着重要作用,比如通过填补"硬法"空白、弥补"硬法"不足以及丰富"硬法"细节等方面大大拓展法治化疆域。[3] 依法治教离不开软法治理,尤其在教育共同体内建构良性师生交往秩序更是需要软法规范,以一种自律、自治、自洽的内化形式完成高校教育的任务与目的。通过软法形式对师生交往予以明确规范,并借助交往行为理论对师生交往关系予以内化剖解,力图建立一种平等、理解、双向交流的高校师生交往关系。以软法化的法治形式规范师生交往,制定教育共同体共同遵循的基本准则,指导教育实践,以教师与学生之间的权利义务为内容,实现师生之间的公共理性交往,而非失序的高校师生交往。新时代下围绕立德树人思想,应当建构高校教师与学生之间的正当交往原理与原则,制定与修订当前教育共同体的交往软法规范。

---

〔1〕 参见湛中乐:《保障学生正当权利规范高校管理行为》,载《中国高等教育》2017年第9期。

〔2〕 杨春福:《善治视野下的社会管理创新》,载《法学》2011年第10期。

〔3〕 参见姜明安:《软法的兴起与软法之治》,载《中国法学》2006年第2期。

五、新时代高校师生交往的软法之治

以新时代师生关系为突破点,以立德树人思想为指导,对高校教师与学生之间的权利义务以软法形式予以规范调整,形成教育共同体的统一规范,达到师生良性交往的理性状态。以公共道德为价值指引,完善师生交往奖惩机制措施,将教师行为规范与学生行为规范进行有效的结合,形成合法合理的软法治理,并适时对师生交往规范进行"立、改、废、释"。

一是以立德树人为指导思想制定师生交往基本规范。如何以权利义务的形式加以规范,形成明文规范,促进师生理性交往,更有利于教学相长的教育目的。以当前高校法律政策为依据,结合当前高校出台的内部规范性文件,加以梳理与分析,制定出师生交往基本规范。师生交往规范应当是符合教育学习规律、身心健康特征以及互动交流特性,在教育实践中寻求恰当的交流模式。新时代高校师生关系是民主、平等、合作的新型师生关系,师生之间应当建立师生和谐、亦师亦友的亲密关系,实现教学相长、以人为本的教育理念。

二是高校软法之治的合法性意蕴。软法规范在我国高校管理中存在已久,作为一个教育共同体,其本身蕴含着自我管理的规范,包括了大学章程、教学常规管理制度、教职工奖惩制度、学生管理制度等在内的成文规范。实际上,软法是共同体内所有成员自愿达成的契约与协议,虽然不具有国家强制力的保障,但在共同体内应当得到自觉遵守。因为如果违反,也会遭到舆论的道德谴责,学校纪律的内部制裁,甚至被开除,这无形当中成为一种的柔性强制力。

三是高校教师与学生之间交往行为的奖惩机制研究。高校教师应当严格遵守师德规范,做到严以律己、为人师表,把教书育人和自我修养结合起来,不得强迫学生从事与教学、科研、社会服务无关的事宜。一方面是惩戒机制,对师生交往失范行为的处理,应坚持公平公正、教育与惩处相结合的原则,对高校教师失德失范行为实行"一票否决"。另一方面是奖励机制,高校应当积极地调动教师从事教学工作的主动性和创造性,奖励优秀教学工作者,保障教师的合法权益。因此,要利用好奖励与惩戒两个措施,既要正面倡导,也要负面禁止。

四是依法治教视野下软法规范的"立、改、废、释"的研究。当前高校大都制定了大学章程,还有很多具体的高校管理方面的规范,也包括规范学生和教师行为的文件规范。但是,这些具有软法规范性质的规范性文件,应当定期进行清理,修改不合时宜的规定,废除过时的规定,建立软法的监督机制,形成"立、改、废、释"的修订程序。

现代信息技术在高校法学教育中的运用

王春林*
（江苏大学法学院）

摘　要：随着现代信息技术手段的普及，现代信息技术逐步在高校法学教育中得到运用和推广。现代信息技术使法科学生学习方式更为灵活，可以有效促进师生、同学间的交流，有助于提高学生学习兴趣性。为使现代信息技术在高校法学教育中发挥最大效能，高校法学院系要制定现代信息技术教育发展战略，教师要不断更新教育教学观念，学生要不断适应现代信息技术方式。

关键词：现代信息技术　高校　法学教育　运用

法学是现代大学的标志性学科之一，没有法学不可称其为真正意义上的大学。自20世纪90年代以来，随着计算机、手机等现代电子产品的逐步普及，加之互联网技术的迅猛发展，现代信息技术在教育中的应用日益广泛和深入人心，这冲击了传统的教学方法，现代信息技术在高校法学教育中贯彻运用已成为我国法学教育改革与发展的一个重要组成部分。现代信息技术教学是指的是在网络或无线通信环境下，以现代性的教育思想和学习理论为指导，充分借助于互联网和无线通信的诸多教育功能，向受教育者提供网络教和学的环境，是教师与学生分离而直接通过互联网平台或借助于无线通信所从事的与教学有关的活动。

一、现代信息技术在高校法学教育中运用价值

（一）法学专业学生学习方式更为灵活

现代信息技术能提供公平、广泛和廉价的教育方式，使教育效率大大提高。现代信息技术教学方式让学习无处不在，法科学生学习不再受到地理位置和上课时间等因素的制约，不需要固定时间去上课，在任何时间、任何地点、随意选

---

* 王春林，江苏大学法学院副教授，主要从事刑法学、犯罪学研究。基金项目：江苏大学2019年高等教育教改研究课题“基于移动互联网络环境的教学模式研究（2019JGYB066）”。

择学习任何内容。即使学生可能因为某种原因暂时无法完成必要的课程,现代信息技术甚至可以延长学习时间。学习时间、学习空间具有更大的灵活性,使学生能够根据自己的工作和生活自由地安排学习,充分利用网络平台的各种教学资源,根据自身的实际情况,自主选择学习时间和学习内容。通过机动灵活的调整,只要拥有电脑、手机,具备了上网或通信条件,所有学生都可以根据自己的兴趣爱好和需求学习任何知识,向老师提出任何疑问,为学生提供更多的学习机会,在学习模式上最直接体现了主动学习的特点,充分满足了现代教育的需求。

(二)现代信息技术可以促进师生、同学间的交流

现代信息技术教学方式使教师与学生、学生与学生之间,通过现代信息技术进行全方位的交流,拉近了教师与学生、学生与学生之间的心理距离,增加了教师与学生、学生与学生的交流机会。教学是一种双边活动,学生在学习过程中提出问题,仅仅是双边活动的一方面,同时要求教师解答学生的问题。教师根据学生在线的提问情况可以使教师更加全面了解学生在学习中遇到的疑点、难点和主要问题,从而更加有针对性地指导学生。教师通过在线教学,可以让电脑或手机等系统对每个学生的个性资料、学习过程和阶段情况等完整的跟踪记录,针对不同学生提出个性化学习建议。现代信息技术提供了交互性的学习环境,如学生可以通过计算机网络、手机短信等向老师提出问题、交换看法;同学之间也可以探讨问题、协作学习。电子公告栏和 BBS 可以公布或询问课程相关问题,给学生张贴帖子;聊天室以老师为主导,老师可以与学生相约在特定的时间上网对学习过程中存在的问题进行意见交流等。学生通过网络可以结识更多的学习者,可以相互之间交流学习心得,探讨学习方法。如在学习中遇到问题,随时可以通过网络与同学方便地进行交流,或向老师进行咨询,由老师做个别辅导。老师可以根据每个参加在线学习学生的具体情况给予详细解答,还可以将他们提出的典型问题在网上向同学通告,以供参考。

(三)有助于提高法科学生学习兴趣性

兴趣是学习的最好的老师,是提高学习质量的原动力。任何人在学习过程中离不开各种感觉器官帮助,这其中视觉和听觉显得更为重要。[1] 现代信息技术在很大程度上改变了传统的教学方式、学习过程以及学生学习效果。现代信息技术教学可以通过视觉、听觉等多媒体手段进行学习,现代信息技术教学中使用多媒体技术正是结合并充分发挥了学生的视觉和听觉器官的作用,通过声音和图像的合理结合,在教学中给学生带来视觉和听觉上的刺激,以此来调

〔1〕 王春林:《现代信息技术手段在农民工教育培训中的运用》,载《高等农业教育》2013 年第 10 期。

动学生积极性,提高学习效率。而且网络的多媒体技术,将文字、图形、图像、声音等信息有机地结合起来,调动了人的所有感官功能,促进了思维的发展。学生在想象力的推动下,思维高度活跃,容易产生创新意识。图文结合、声情并茂的教学培训方式,使平淡枯燥的学习内容变得更加丰富多彩,这样可以充分调动学习者的学习主动性和积极性。教学方式强调师生之间的合作与互动,老师和学生可以使用社交工具来共享学习信息,通过现代信息技术交流和讨论问题等达到最佳学习效果。现代信息技术教学可以让法科学生在实时、逼真的虚拟空间中模拟情景,体验教学实践,从而更好地增加对专业知识的感性认识,了解自身所学专业的就业状况,为将来走上社会顺利从事相关工作打下较为坚实的基础。这种交互式的教学方式,有利于激发学生的学习兴趣和动力,能够大大提高学生的学习效率。

二、现代信息技术在高校法学教育中的具体运用

(一)高校法学院系要制定现代信息技术教育发展战略

高校法学院系应站在提高办学质量、服务全体学生的高度,结合自身特色以及优势,制定适合本学校的现代信息技术教学发展战略,明确现代信息技术教学发展路径,在资源配置和人员的设置上提高投入力度。有条件的高校可以研发相关平台技术,努力打造现代信息技术教学平台。高校要加强对老师和学生的教育培训,帮助教师和学生理解现代信息技术学习方法,教师在熟练运用现代信息技术的基础上发展个性化的教学和学习手段。

(二)法科教师要接受现代信息技术教学观念

法科教师运用现代信息技术教学方式,师生间应该选择适合彼此的在线教学方式,这样才能发挥在线教学的特长,提升教学效果与效益。[1] 现代信息技术教学教学方式要求教师不仅有较丰富的学科知识和较强的教学能力,还要有熟练的计算机操作技能。如果教师没有经过适当的现代信息技术教学技能和方法的培训,现代信息技术教学的质量和优势就会大打折扣。因此,教师要具备能够针对不同群体进行有效现代信息技术教学的能力。在这种教学方式下,教师工作要注意与学生的交流互动,注重教学过程中问题的解决和方法的指导。

(三)法科学生要适应现代信息技术教学方式

在线的异步交流能让学生自己控制学习过程,这就赋予学生更多的责任。要实现在线教学,师生间电脑、手机的拥有率要非常高,互联网、移动通信要足

---

〔1〕 杨家兴:《在线教学的理论基础与教学制度选择》,载《中国远程教育》2006 年第 7 期。

够普及。目前,大学生是我国网民的主力军,法科大学生手机、电脑拥有率也非常高,这些为我国高校法科师生间实现现代信息技术教学提供了条件。现代信息技术教学,学生被真正置于学习的主体性地位,提高学习自觉性和主动性,有助于选择最好的、最适合自己的课程资源。要培养高素质的法科学生,必须要有高素质的法科师资队伍。只有一流的教师才能带出一流的学生。[1] 我国法学教育一直沿袭大陆法系的法学教育传统,注重讲授法律原理、法律概念、法律制度和法律规则,在教学过程中,基本上以教师、课堂、书本为中心,采用单一传递、讲授、灌输的方式,忽视交流、合作、主动参与、探究等学习方式。运用现代信息技术,可以方便掌握来自知名院校的法学专家的学术观点。适应现代信息技术教学方式,利用现代的计算机技术和网络设施,按照整体化、现代化、资源共享的原则建设好基于网络的全文传递的服务系统,开展文献传递服务。有计划地联合在法学学科发展方面具有优势地位的高校建设一批法学教学和研究资料数据库,进行馆与馆之间的合作,实现取长补短,资源共享。

〔1〕 王艳芳:《论工科院校法学人才培养中的若干问题》,载《教育与职业》2007年第23期。

知识产权专业法律实务方向课程群建设研究*

郇小丽　周德军**

（三江学院法商学院）

摘　要：随着国际竞争的加剧，世界各国愈加重视知识产权对经济发展的积极作用。知识产权专业法律实务人才是国家知识产权战略有效推进的重要人力资源要素供给，是知识产权价值功能有效实现的重要保障。我国高校目前在知识产权法律实务人才培养方面还存在诸多不足，严重影响了我国知识产权战略的推进。十八届四中全会以来，随着我国北京、上海、广州知识产权法院的先后建立，知识产权法律实务人才的培养愈加受到人们的重视和关注。知识产权专业法律实务人才培养是新时代法治人才队伍建设的重要内容，以强化学生知识产权专业理论基础，拓展学生知识产权实务能力为目标，为社会培养优秀的知识产权法律实务人才。将知识产权法律实务方向课程群建设作为知识产权法律实务人才培养的抓手，开展知识产权专业课程教学改革，是培养知识产权法律实务人才的重要路径。

关键词：知识产权专业　法律实务　课程群建设　特征阐释

党的十九大报告指出，"倡导创新文化，强化知识产权创造、保护、运用"。进入新时代，随着中国经济发展尤其是对外贸易的发展，知识产权法律实务人才的需求急剧上升，知识产权诉讼能力已经成为评价知识产权实务型人才关键能力的重要因素。[1] 知识产权专业法律实务人才培养是新时代法治人才队伍建设的重要内容，以强化学生知识产权专业理论基础，拓展学生知识产权实务能力为目标，为社会培养优秀的知识产权法律实务人才。当前知识产权本科人

---

* 基金项目：三江学院优秀专业（职业）方向课程群建设项目"知识产权专业法律实务方向课程群建设"（项目立项编号：J18024）研究成果。

** 郇小丽，三江学院法商学院副教授，知识产权系主任，从事法学教育研究。周德军，江苏大学法学实践教学协同创新中心副教授，硕士研究生导师，从事法学教育研究。

〔1〕 李荔、孙建强、周晓辉、朱艳：《知识产权实务型人才关键能力评价指标权重研究》，载《工业工程》2013年第4期。

才培养存在的主要问题集中在人才培养目标不够清晰,实践教学内容不够创新,课程体系设置不够合理,专业教材教辅资料严重不足,复合型师资力量极度匮乏,网络学习资源平台建设不足等方面。[1] 针对目前高校知识产权专业法律实务人才培养的现实问题,提出针对性的对策措施,具有积极的现实意义。

一、知识产权专业法律实务方向课程群建设的目标及内涵界定

(一)知识产权专业法律实务方向课程群项目建设目标

课程建设的目标定位是课程目标实现的重要指引,为专业人才培养提供了目标和方向。知识产权专业法律实务方向课程群项目建设选择典型实务型课程建设为主要内容,具体到本项目,则是以本课程群确立的三门课程为抓手,加强课程的内涵建设,提高我院复合型、应用型人才培养质量,发挥本课程群在知识产权专业方向课程教学质量上的引领作用。

(二)知识产权专业法律实务方向课程群项目内涵界定

知识产权专业法律实务方向课程群项目是涵盖知识产权专业所有法律实务课程的综合性的课程教学体系改革,包括不仅课程设置本身,而且还包括理论课程与实践课程的设置与协调,课堂教学与教材建设融合,教学手段与考核手段的综合等多层次全方位的项目建设。本课程群建设的主要内容包涵但不限于下列各项:论证课程群与课程及行业(产业)关系归属、课程群内各课程教学内容改革与教学大纲修订、实践教学内容与教学方法改革、教材建设和教学参考资料建设、教学方法与教学手段改革、课程考核办法改革、师资队伍建设、网络课程建设等。

二、当前知识产权专业法律实务方向课程群建设存在的问题分析

(一)实践教学内容方法不足制约能力提升

知识产权专业法律实务人才培养以应用型人才培养为目标,因此,实践教学环节在人才培养过程中必须得以有效贯彻落实。调研显示,目前高校对专业实践教学普遍比较重视,在认知上不存在问题;但是,在具体实践教学活动的开展层面,却很难有效组织实施。由于高校自身的职能和资源限制,尽管专业系部非常希望开展各项实践教学活动,增加学生对专业课程的感性认知,但是受制于现有的实践资源的限制,实践教学内容和方法严重不足,专业实践课程开

---

〔1〕 卢喆:《新时代高校知识产权本科人才培养模式探究》,载《教育现代化》2019年第40期。

设实效较差,制约了学生知识产权法律实务能力的而有效提升。由于在校学生的专业培养都是依托于书本的传统培养,没有实务经验,很难在实习中对实习单位的专业领域工作发挥积极作用,只能从事一些基础的文档归档收集整理工作,实践能力不能得到切实有效的提升。

(二)专业教材教参建设缺乏影响课程教学

知识产权专业是目前国内较新的实践应用型专业人才培养专业,现有的知识产权教材教参主要集中表现为一般的知识产权法总论或者概论性质的教材形式,如吴汉东教授主编的《知识产权法》(法律出版社黄皮书系列之一)是知识产权教学中的经典教材,但是具体到知识产权法律实务课程群中的每一门课程,尤其是知识产权方向课程,则明显缺乏针对性的专业教材教参。比如,《知识产权损害赔偿》《知识产权审判实务》等课程,现在相关图书资料资源都是学术型的著作,主要侧重于相关学说理论的介绍,尤其是偏向于理论阐释,甚少涉及知识产权的法律实务应用,不适合作为专业课程教材教学使用,对于教师的课堂教学和学生的专业学习都产生了严重的影响。

(三)课程教学方法手段单一影响教学效果

尽管信息化手段融入教育领域已经多年,但是目前一般的高校课程教学所谓教学改革或者课堂教学方法手段的运用仍然表现为 PPT 的适用,教师制作 PPT,上课使用 PPT、学生抄写 PPT 或者拍摄 PPT 已经成为最为常见的教学手段和课堂教学形式。诚然,课堂教学是专业理论知识讲授和学习的必不可少的重要环节,但是就知识产权专业法律实务人才培养来说,显然已经不能满足学生学习的期望和专业人才培养的现实需求。学生对课程的认知体现在不断重复的 PPT 翻页,而对教学内容的掌握则明显缺乏感性认知,在目前基层法院审判在线,云平台建设都已如火如荼开展运用的现实背景下,课程群教学缺乏明显的实践应用指引,学生如果在课堂上没有得到现实审判与理论知识的有效衔接引导,接触工作实务后难免手忙脚乱,难以应对。

(四)课程考核办法传统守旧制约考核实效

目前的高校教学考核基本仍然延续传统的课程考核方法,一门课程一份试卷,主要包括名词解释、简答、论述等题型,这也是一般的课程专业评估的基本要求。传统的考核模式便于专家进行检查和评估,但是分数本身却很难说就能反映学生学习的实际情况。传统的卷面考核,注重知识的背诵与记忆,在实际动手能力的体现方面无从反馈,已经成为目前专业课程教学考核,尤其是实践课程考核中的难点。缺少有效考核的课程,对学生的肯定和认知就缺少必要的真实反馈,无法判断学生的知识掌握的实际应用能力的真实情况,不能有效的发现问题,也不利于因材施教,及时肯定激励学生。但是在各级教育主管部门经常进行各种教学评估检查的现实背景下,任课教师如果想进行考核模式的改革,则面临很大的挑战和风险,院系主管领导为了规避风险,一般也不敢轻易批准考核改革,教师担心教学事故则宁愿放弃考核方式改革,最终停滞不前。

(五)专业师资力量供给不足制约课程改革

知识产权专业法律实务教师是具有双重专业领域要求的师资,这类人员本身在社会上就是颇受欢迎的高端法律人才。一方面要掌握扎实的知识产权专业知识,另一方面应具有丰富的法律实务经验。目前的课程群教学中,满足条件的师资力量非常稀缺。教师要么是专业的法学教师,对知识产权实务了解甚少,要么是只知道知识产权实务的人员,只知道专利、商标申请流程和实务操作,而对于知识产权法律实务整体缺乏应有的认知和知识结构,在课堂教学活动中对整体的知识把握不足,不利于课程改革的有效推进和教学质量的稳步提升。

(六)专业信息资源供给有限制约自主学习

目前高校的本科生已经是以"00"后为全部成员的新生代力量。作为伴随着信息网络成长的年轻一代,他们是互联网空间的"原住民"。高校教师在面对"00"后的教学对象时,专业课程的信息网络资源供给显得尤为重要。伴随着手机电脑长大的一代人,更加便捷熟练地运用信息网络平台,网络学习方式已经成为当下学生自主学习的首要选择。但是就具体地方院校和整个网络平台的有效资源供给来看,知识产权专业法律实务课程群的网络学习资源显然非常匮乏,课程群中的一些课程专业属性非常强,基本的教材都没有,辅助课程也难寻踪迹。受制于知识产权专业课程群网络信息资源,教师只能自己开发建设相关的课件资料,而课程资源开发和平台建设,需要大量的经费投入作为保障,很显然这一问题并非教师个人或者单一学院系部能够解决的。

三、新时代知识产权专业法律实务方向课程群建设的对策与思路

(一)创新实践教学内容方法,提升学生实践应用能力

创新实践教学方法,提升学生实践能力,是当前高等教育知识产权法律实务人才培养的现实需求,系在教学大纲的基础上,根据课程建设的实际情况,选取典型实务课程如以"仲裁法"课程为试点,在课程中尝试运用案例分析教学法、法律诊所教学法、讨论教学法进行课程教学改革,及时总结教学法,并逐步将成熟经验向"知识产权损害赔偿""企业知识产权保护"两门课程中推广。具体措施包括:其一,以"仲裁法"课程为依托,利用模拟法庭和法律服务中心等

校内实训基地围绕企业知识产权保护和知识损害赔偿的相关内容，开展模拟仲裁庭实践教学，并鼓励优秀学生参加校外模拟仲裁庭大赛。其二，深化与知识产权局（版权局）、知识产权法院、知识产权法庭、专利事务所、商标事务所、律师事务所、企业知识产权部门的合作。在探索合作模式、提升合作层次的同时，加大实践教学比重。

（二）重视专业教材教参建设，保障课程教学有序进行

针对当前知识产权课程群专业教材缺少的情况，必须重视专业教材教参的编写与运用。学院和专业系部应积极行动起来，对本课程群内每门课程即将投入使用的教材（含实验、实习指导教材等）进行论证，加强本课程群各门课程选用教材的管理，促动各课程任课教师精心编写课程教案、讲义等教学材料。就当前的短期建设目标来看，课程群负责人应在深入研讨的基础上，在本课程群内选择一门能体现鲜明专业特色的课程，力争在任课教师自编讲义、教案的基础上形成校内精品课程教案或特色自编教材；促动优秀自编教材和讲义的出版工作，为申报各级各类优秀教材评先和教学成果奖奠定相应基础。

（三）改革教学方法手段，提升课堂教学活力活动

积极开展各项教学方法手段改革，提升课堂教学的活力，是知识产权专业法律实务人才培养的重要环节。首先，在课程群内各课程教学大纲、教案逐步成熟的前提下，促动任课教师积极运用多媒体教学等现代教育手段，精心设计与制作多媒体课件，促进学生对本课程群各门课程基本理论、基本制度等基础知识的理解和掌握；其次，尝试在各课程中推广应用案例教学法、问题教学法、法律诊所教育法、讨论教学法、写作训练法等，并使其与传统教学方法相互结合、优势互补；最后，在课堂教学中引入校外资源，把司法实践第一线的优秀法官、检察官、律师、专利代理人和其他知识产权专家等请进课堂，通过直接授课、开设讲座等方式，引导学生理论与实践相结合，为知识产权专业人才成长打开广阔的视野和空间。

（四）调整课程考核方式手段，激发学生专业学习热情

专业人才培养过程中的专业素养考核是非常重要的环节。知识产权专业课程教学考核的有效推进，能够激发学生对知识产权专业的学习热情，提升学生的学习兴趣。在知识产权课程群的课堂教学中引入校外资源，把司法实践第一线的优秀法官、检察官、律师、专利代理人和其他知识产权专家等请进课堂，通过直接授课、开设讲座等方式，引导学生理论与实践相结合，考核过程中既包括理论知识的考核，同时包括知识的实践应用，能有效地解决课堂教学与实际脱离的现实困惑；考核过程中要以学生理论和实践能力考核为目标，针对课程群内课程的考核方式、命题内容、命题题型、题目的范围与难度、题量的多寡进

行研讨和课程考核方式论证,探索适合课程的考核办法和考核模式。此外,基于信息网络发展的现状,在考核办法逐步稳定的前提下,在课程群内选取一门课程尝试建设网上考试平台,与构架法律职业资格考试考核方式接轨,有效提升学生的应对能力。

(五)加快专业师资队伍建设,有效保障专业人才培养

专业教师师资队伍的建设是专业人才培养的重要因素。加强知识产权课程群教师队伍建设是保障知识产权人才培养的前提和基础,刻不容缓。基于知识产权专业法律方向专业人才培养的特殊性以及对师资专业水平和教学能力的整体要求,立足本校的知识产权教师的实际,一方面,可以采取整合我校公共管理学院等理工科院系的学科优势师资,开展跨学科的教学实践活动,充实课程教学内容,提升学生分析和解决问题的综合能力的积极举措;另一方面,基于知识产权法律实务人才紧缺的现实困境,发挥学院协同培养机制的优势,积极建设知识产权法律实务人才培养实践基地,积极促成院局(知识产权局)、院院(知识产权法院)、院庭(知识产权法庭)、院所(律师事务所以及专利事务所和商标事务所)、院企(企业知识产权部门)等各级、各单位之间广泛而灵活的良性互动,为知识产权法律实务专业课程教学提供优质的师资力量供给。

(六)加强课程网络平台建设,开发专业网络教学资源

在"互联网+"时代背景下,知识产权专业法律方向人才的培养已经不可能脱离网络,必须加强专业课程群的信息网络平台建设,为学生自主学习提供更多的网络信息化学习资源。具体到院系实际,拟采取的具体措施包括:其一,逐步将本课程群类已经成熟课程的教学大纲、教案、多媒体课件资源发布到学校网络平台,为学生全面了解课程提供便利条件,通过完整的课程资源的优质供给和有效供给,方便学生开展自主学习,激发学生学习热情,形成自主学习的良性循环。其二,每门课程力争在试题库、试卷库、研究专题库等,条件成熟时建立网上师生答疑及教学信息互动共享平台,为师生即时互动提供充分的硬件设施保障,从而最大可能发挥互联网时代的技术便利,有利于师生线上的即时沟通。其三,在本课程群中选择一门相对成熟的课程着手开展"幕课"(MOOC)教学,制作该课程中若干教学重点和难点的视频,充分发挥师生共同力量,积累丰富的课程教学资源,为后期全课程网络授课奠定基础。

四、结　　语

在日趋激烈的国际竞争中,知识经济时代拉开帷幕,在国家知识产权战略的背景下,实务型知识产权专业人才的短缺日益成为国家知识产权战略实施的

“瓶颈”。[1] 加强知识产权专业法律人才培养,是全面推进知识产权国家战略的重要举措,在知识产权法律人才培养过程中,厘清知识产权专业法律实务方向课程群与课程及行业(产业)关系归属、积极推进知识产权专业法律实务方向课程群内各课程教学内容改革与教学大纲修订、创新知识产权专业法律实务方向课程群实践教学内容与教学方法改革、教材建设和教学参考资料建设、教学方法与教学手段改革、课程考核办法改革、师资队伍建设、网络课程建设,为知识产权法律实务人才成长提供重要的教育资源保障,将为新时代我国知识产权战略的积极推进提供有力的知识产权专业法律实务人才要素保障。

[1] 田军强:《实务型知识产权专业人才培养模式研究》,中国政法大学法学系 2011 年硕士学位论文,第 1 页。

《中国少数民族法律史》特色教材编写内容及构想

徐晓光　张明新　隆英强*
（江苏师范大学法学院）

摘　要：中国自古以来就是一个统一的多民族国家，但是目前法律史学界过于偏重中原地区，而忽视了少数民族法律史的研究。在中国和中华法律文化诞生和发展的全过程中，少数民族与主体民族一道做出了不可磨灭的贡献：纵观历史，历朝历代都出现了少数民族法制与主体民族法制互相融合的现象，最终共同形成了完整的中华法律文化。少数民族法制具有民族政权法制发展呈现“飞跃性”、法制实现以武力镇压为前提、公开宣布各民族人民法律地位不平等、少数民族法律上的权利在斗争中取得等四大特点，这些特点在经过扬弃后，被我国现行少数民族制度所吸收。研究少数民族法制史不仅是对历史的研究，更是为进一步发展我国现在和将来的少数民族制度做铺垫。教材将在充分借鉴和收集资料的基础上，以五大原则为前提进行研究和编写。

关键词：中华法律文化　少数民族法制史　教材编写

中华民族是中国各民族共同的称谓，中国法制史也是中国各民族法制发展的历史。

我国自古以来就是统一的多民族国家，少数民族法制和汉民族法制一道走过几千年发展的历程，这与各民族长期融合及各民族在历史上的地位是分不开的。少数民族的法律文化曾在中华法律文化产生和发展过程中起过重大作用。可以说，中华法律文化是中国各民族共同创造的，“中华法系”是以汉民族为主体的各民族法律意识和法律原则、法律制度长期融合的产物。我国各民族多元一体法律发展的格局，就决定了少数民族法制史是中国法制史中不可忽略的组成部分，不研究它，就无法揭示中国法律发展的全貌。

但长期以来，中国法律史学界重视中原地区“正统”法律的研究，对不同时

* 徐晓光，江苏师范大学法学院特聘教授。张明新，江苏师范大学法学院教授。隆英强，江苏师范大学法学院教授。

期、不同范围、不同形式的少数民族法律研究不够,甚至有人认为少数民族法律简单、零散、落后、边缘,不能作为中国法律史研究的内容,致使历史上民族政权和地域组织的法律制度被遮盖,没有及时地挖掘、整理和体现出来,这样中国法律史成了中央王朝的法律史。在大力加强我国民族立法,全面建设社会主义法治社会的今天,借助近些年来中国法律史和民族史研究的成果,少数民族法律史的研究已成为可能和必要的,这对于深入挖掘民族法律遗产,丰富民族法律文化,繁荣我国民族法学,加强民族法治建设都有非常重要的意义。

一

早在这个国家和法律孕育和诞生时期,一些古老民族就与夏族法的发展有着密的联系,如古羌部落、古苗部落等。苗族是有悠久历史和文化的民族,载于史册的"九黎"部落与古老的夏族部落、羌炎部落一起共同敲开了中国文明的大门。据载蚩尤时期苗人先民所制"五刑",是中国奴隶制刑罚的原型。到了尧舜时期,苗族先民在长江下游一带又建立过"三苗国",这是中国最早部落国家的萌芽,在其管辖范围内使用由早期国家强制力保证实施的"五刑",对中国早期法律的萌生与形成中做出过很大的贡献。《尚书·吕刑》是反映早期民族法的珍贵资料,说三苗族统治者曾使用五种肉刑,这五种肉刑,到底是苗族统治者最早发明后被夏族利用,还不能确切断定,但无论怎样,可以肯定远在早期奴隶制时代,苗族和夏族的奴隶主统治政权都应用肉刑。肉刑作为中国法制历史上的一种有效镇压手段,是"三苗"族和夏族法制领域里共同具有的内容。这就给我们提供了一个重要提示:在国家和法律诞生的初期,我国一些少数民族法的因素就与中国法制的发展具有密切的关系。[1]

《吕刑》记载,西周以前的我国奴隶时期的法制,有两项重要原则。即"刑新国、用轻典;刑平国、用中典;刑乱国、用重典";"轻重诸罚有权,刑罚世轻世重",这是处理不同地区、不同民族问题的一般法律原则。更为重要的是早在西周时期就产生了"因其教不易其俗,从其政不易其宜"[2]的原则,不仅在当时民族法制中具有重要的意义,而且对后世影响颇深,以后任何一个朝代都无一例外地使用这一原则。

秦朝是我国统一的封建国家的开始,在此前统一中国的过程中,就根据本国的实际,建立统治多民族国家的法制,实行"因俗而治"的策略,成功地处理了与巴、蜀的关系。《睡虎地秦墓竹简》的《属邦律》是最早调整民族关系的法律,秦代《里耶秦简》发现在今天的湘西苗族地区。汉代以典属国常管少数民

〔1〕 张晋藩主编:《中国法制史》,群众出版社1982年版,前言。

〔2〕《礼记·王制》。

族事务,在匈奴地区,置五个属国都民族钦之,因其俗而治。三国时,诸葛亮对西南少数民族采取"攻心为上,攻城为下"的方针,成都武溪祠清赵唐对联,所谓"能攻心则反侧自消,不审事即宽严皆误"。这里的宽严是指法律,就是说要审时度势,从俗从易,否则就会进退失距,乱而多制。诸葛亮征服云南后,同时,把一些著名的少数民族首领调到成都,参加中央政权,同时任用当地土官管理本地方的民族事务。使西南少数民族地区"纲纪粗定"。

战国末期发展起来的匈奴族,南北朝时期的鲜卑族,6~8世纪兴盛的突厥族、回鹘族、吐蕃族、秣褐族和乌蛮、白蛮等民族,都曾在本民族所在地方或中原地区建立过政权,这些政权都根据自己统治需要,结合民族习惯,制定适用范围不同的法律,丰富了中华法文化的内容。作为国家政权鲜卑族建立的北魏、北齐政权的法典《北魏律》和《北齐律》在中国法制史上的地位很重要;作为地方政权,吐蕃突厥、南诏的法律非常丰富。

隋唐是结束了南北割据局面,进一步巩固和发展了统一的多民族国家。唐朝对边疆少数民族实行"恩惠抚和"的措施,使众多的少数民族相继内附,在少数民族地区广设"羁縻府、州、县"竟达856个,中央政府统一册封少数民族首领为世袭的都督、刺史等官职,成为唐朝的一级地方政府。

在民族法律形式上,唐朝开创了在统一多民族国家中,不同民族适用不同法律的先河,民族法律以"令""式"的形式加以规定。《唐律疏议·名例》规定:"诸化外人,同类自相犯者,各依本俗法,异类相犯者,以法律论。"就是说,不在州县管辖之内的"诸藩",本族人相犯,依本族固有习惯法处理,若不同民族或蕃国之间相犯,按《唐律》处理。这为宋辽以后形成二元法律体制奠定基础。

宋朝是面临民族问题最多朝代,在处理与西北蕃族的关系中,注重法律手段的运用,对蕃族订立《蕃官法》《蕃兵法》《蕃丁法》《茶马法》等法规。一些较为灵活法律措施在调整蕃汉民族的关系中起到了很好的作用,其中有些内容被元、明、清各朝民族立法所吸收。[1]

10~12世纪,契丹族、党项族、女真族先后崛起,建立了辽、西夏、金等国,其法律内容既吸收中原地区传统法律要素,又具有各民族的特色,给中国法律发展带来生机。其中西夏国的天盛年间的《改旧定新律令》,是体系完备、内容丰富的法典,足可以和唐宋律相媲美。

元朝和清朝是由蒙古族和满族在全国建立的统一政权,由元经明到清,这一时期,基本形成了我国现在多民族格局,中国多民族统一国家逐渐进入鼎盛

〔1〕 徐晓光:《藏族法制史研究》,法律出版社2001年版,第8页。

时期。两朝法律制度是中国法制史中的重要部分。元朝设置宣政院，直接管辖西藏事务和宗教事务；清朝设置理藩院，作为专管民族事务的机关，是中央政府的重要行政部门之一，为民族管理的法制化、规范化提供了组织保证。清朝民族立法进一步完善，除了《理藩院则例》之外，还制定了适用于少数民族的单行法规，如《回疆则例》《蒙古律例》《番律条款》《西宁番夷治罪成例》等。在《大清律例》里也汇编有关适用于南方"苗疆"各少数民族的诉讼、审判、定罪、量刑等方面律例30余条，历朝《大清会典》。这些都标志着民族立法的成熟，体现了民族法制建设的成就，这是两千余年民族统治和民族立法经验的总结，是清代法制建设成功之处。明清之际，西藏地方政府制定的《十六法》《十三法》；蒙古地方政权所订《阿勒坦汗法典》《蒙古卫拉特法典》等，不仅在调整本民族各种法律关系中起重要作用，而且以后又成为清朝政府对蒙古族、藏族立法的基础。

元朝以后，特别是明清时期，南方各少数民族地区形成中央、土司、寨老三元管理体制，在地方法中，土司法非常丰富，各民族传统习惯法因民族、地域不同异彩纷呈，如四川、贵州、云南彝族的"家支制度"、云南傣族封建社会的《芒莱法典》及以后的"封建社会刑民法规"和"封建社会礼仪规程"、侗族的"款约款规"、苗族地区中央认可的"苗例"及地方组织"榔规榔约"、瑶族的"石牌律"等，这些在各民族社会生活中实际施行的法律，其共同特点是：重视对贼盗犯罪的惩治，以罚牲畜作为刑罚的主要手段，在审判上运用多种形式的神明裁判。由于国家对一些物品的需要和民间物质交流，南方一些地区商品贸易比较发达，在一些民族中形成很多贸易习惯法规则，比如贵州黔东南《清水江文书》诸多记载了民间法的内容。以上所述很多习惯法规范也是中国民族法制史研究的重要内容。

二

中国古代民族法律制度，是指我国奴隶制社会与封建社会时期，统治者出于阶级统治和民族管理的需要而制定和形成的一种调整民族关系的法律规范的总称。古代的民族法是随着我国多民族国家的形成而产生的，因为，民族关系是发生于多民族国家共同体中的族际关系。我国从秦汉开始就是统一的多民族国家，历史上各个民族大小不同、强弱不同、语言不同、居地不同、经济类型不同、经济文化和社会发展水平不同，必然在各族际关系中反映出一些特点。历代王朝都是在考虑当时的民族构成和特点的基础上，制定和形成一套既有共性又有时代特点的调整民族关系的法规和制度，这对我国长期以来，统一多民族国家的形成、巩固和发展起到一定的作用。所以历代王朝调整管辖下的各少数民族关系的法律规范是民族法律制度研究的重要内容。在我国领土范围内,有时存在不同民族建立的不同国家和政权,也存在他们之间的民族关系。一个国家和政权处理这种关系的法律规范,也是中国历代民族法律制度的内容之一;同时在某一地域内,具有一定权威性的组织与机构处理本民族人与人之间的关系以及调整统治民族与被统治民族关系习惯法规范,是古代民族法律制度的重要内容。

应该看到,一些少数民族政权的发展道路是飞跃性的,从奴隶制社会,甚至是从带有原始公社性质的游牧部族社会,跃进到了封建社会。就法律制度而言,则往往是从习惯法状况一跃而建立起君主集权的封建专制法律制度。而飞跃的根本原因是在于学习、吸收汉族文化。先后登上中国政治舞台的少数民族以主动的姿态去吸收中原先进法律文化,极大地促进了少数民族社会政治、经济、法律、文化跨越式的发展;同时,不同历史时期建立王朝的少数民族政权又以前所未有的主人意识、主动姿态与极大的灵活性给中原法律文化注入新的活力,使中国法律制度文化增添了新的光彩。在少数民族政权的统治下,千百年来内地传统法律模式被成功地植入少数民族政权法制的肌体中,从中央到地方一整套以维护皇权为核心的法律制度建立起来,其完备程度丝毫不亚于不同时期以汉族为主题建立的封建王朝。特别是在民族法制的建设方面,由于少数民族的境遇认同和进取精神所致,远比各汉族王朝开明而做的更有成就。这是中华法系文化得以存续和发展的重要原因。

在历史上,"大一统"思想是封建社会正统意识形态的重要内容,在中国政治结构问题上,历代统治者一方面主张要保持一个统一的政治中心,所谓"天下有道,礼乐征伐自天子出",逐渐演变为"大一统"的政治观念。由于历史上我国少数民族政治、经济、文化的差异性及与内地的发展水平差距较大,历代中原王朝对少数民族地区采取一定的自治方式。如强调"修其教不易其俗,齐其政不易其宜","以其故俗治",〔1〕"各依本俗治",〔2〕"天子之于夷狄,其义羁縻勿绝而已",〔3〕"荡佚简易,宽小过,总大纲",〔4〕以上虽提法各异,但都是说给少数民族一定的自治权,这不仅对民族地区的社会稳定和各民族的自身发展起到积极的作用,而且对我们今天民族关系的法律调整都有历史的借鉴意义。比如,我国在少数民族地区实行的民族区域自治制度,既保留了单一制国家的特点,又吸收了联邦制国家的特点,不但丰富了马克思、列宁主义关于国家的理

〔1〕《汉书》卷四二。

〔2〕《唐律疏议·刑名》。

〔3〕《史记》卷一一七。

〔4〕《资治通鉴》卷四八。

论,而且在世界宪法史上都是一个独创,这与中国过去长期实行的少数民族自治的历史传统有很大的关系。[1]

儒家经典《周礼》有这样的记载:“夫先王之制邦外侯服,诸卫宾服,蛮夷要服,戎狄荒服”,“服者,服事天子也”。[2] 侯、卫、蛮、夷、戎狄都是服事天子的地方政权,其中侯是天子的同宗同族,卫是前朝时的统治民族,蛮、夷、戎、狄则是当时的少数民族,侯服、宾服、要服、荒服的区分,表明他们与天子政治上的隶属关系的轻重不同,天子对他们的臣服要求也有高低之分。即所谓,大国治理少数民族应“临时制宜,略依其俗,防其大故,忍其小过”。[3]

秦朝是我国第一个统一的中央集权的封建王朝,在全国大部分地区推行郡县制,但在四川、西南、云贵泛称“西南夷”的少数民族地区则由其首领治理地方事务,中央一般不作干预,仅是派员监督而已。道是秦王朝境内郡县制以外的一个特殊区域。这种管理方式,可以说是开历代封建王朝在少数民族地区实行“自治”的先河。汉代,在“西南夷”少数民族地区虽然增设了郡县,但采取“因其固俗而治之”的方针,选任少数民族首领为地区长官,实际上保持着一定的“自治”方式。对于北方内迁的少数民族,朝廷设“属国都郡”予以管辖,但各族内部的事务还要由部族、部落的首领自己办理,都尉更多的只是行使征发、戍边等军事上的职能。南北朝时为统治北方外来少数民族,政府承认他们的自治状态,利用少数民族首领进行自主管理,建立了“萨保府”,管理几个“萨保府”的中央派出机构称“检校萨保府”,这一官职也由粟特等外来民族人士担任。如山西虞弘墓的主人虞弘在北齐、北周、隋曾长期担任这一官职。[4]

唐朝产生了羁縻府、州、县的地方建置,这是专门管辖边疆少数民族的带有一定自治性的地方行政单位,其行政长官均由朝廷委派当地少数民族首领充任,中央仅派员监督。到了元朝,在少数民族地区实行土司制度,朝廷按少数民族首领所辖地区的大小、人口的多少,分别设置大小土司和土官,由少数民族首领担任。明朝继承了土司、土官的管理方式,同时对土司的承袭、等级、考核、纳贡、征发等都有一定的规章,并趋于制度化。清朝在1840年以前国家空前统一,中央设理藩院管理外藩蒙古、新疆、青藏等少数民族事务,地方上有省级行政区和相当于省级的少数民族地区。此外,云南、四川、贵州、广西境内还保留部分土司。除设有札萨克的旗和土司的地区外,其他少数民

---

[1] 参见郝铁川:《中华法系研究》,复旦大学出版社1997年版,第236页。

[2] 《周礼·职方氏》郑注。

[3] 《资治通鉴》卷四八。

[4] 中央电视台“探索与发现”栏目:虞弘墓探秘。

族地区的官员都由朝廷委派,其中大多数官员来自少数民族上层人士,中央仅仅是派员监督而已。

我国封建王朝对少数民族法律调整有两个特点:一是比较注意采取自治的方式,即所谓"以夷制夷","以土官治土民",基本上坚持的是"因其俗而治之"的方针;二是尽量保证国家对少数民族地区的行政和法律管辖,在可能的情况下由国家对少数民族地区进行直接立法。这是以历代封建朝廷保证对民族地区军事上的监领和守护的地位,维护国家的统一为前提的。因此可见,历代封建王朝在保证中央"大一统"的集权地位的前提下,对少数民族常常采用一定的自治方式,并逐渐形成中国统一多民族国家族统治和法律调整的文化传统。新中国成立后从这一历史传统出发,依据马克思主义关于民族平等的理论,结合中国多民族的实际情况,在宪法中确立了独具中国特色的民族区域自治制度。

三

中国少数民族法律的发展主要特征有:

(一)民族政权法制发展呈现"飞跃性"

一些民族从奴隶制社会,甚至是从带有原始公社性质的游牧部族社会,一越进入了封建社会。就法制领域说,则往往是从简单、落后的习惯法的状况跃进到建立君主集权封建专制的法律制度。而飞跃的根本原因则在于吸收内地汉族文化。历史上各地方政权的统治过程中,无不把在中原地区实行的"礼乐典章"和法律技巧运用于自己的统治之中,各少数民族政权对中原法文化的学习是民族法制发展的主流,同时不同民族间法律文化的交流一刻也没有中断过。在这一交流过程中少数民族创造性发挥对丰富和发展中华法律文化起到了重大作用。

(二)法制实现以武力镇压为前提

每当使用政策和达不到维护统一的目的时,就首选武力征服。历史上我国的统一是指居于中国领域内的各个民族受一个政权的管辖而言,这样的统一或基本统一是从秦汉开始的,国家的民族法制是以国家的统一为前提的。如秦始皇用武力统一六国。汉朝对民族地区使用武力达 50 年之久,北破匈奴,南灭南越,西域征服 36 个城邦国家,西南战败滇国和夜郎,建立地域辽阔、人口众多的前所未有的大帝国同时,也形成了汉代以国家强制力保障实现的民族法制。但要想对少数民族进行长期、有效的统治,必须依靠法律手段。而且在立法中要注意少数民族利益,尊重少数民族习惯。这就是封建统治者历来奉行的"宽猛相济",怀柔与镇压结合的政策,只有这样才能保证社会的稳定和统治的长久。

历朝对少数民族的立法就说明了这一点。

（三）公开宣布各民族人民法律地位不平等

如辽朝前期实行蕃汉异治，蕃汉相犯时，轻处蕃人，重罚汉人。凡契丹人与汉人相互殴斗，汉人被殴致死，契丹人只需"以牛、马偿之，弗诛也"；反之，则斩汉人，并将他们的家属没为奴婢。[1] 欧阳修《论契丹侵地界状》载："往时虏（指契丹）杀汉人则罪、汉人杀虏则死"。治"诸夷"汉人亦多类此。这种规定到圣宗、道宗时，仍然没有得到彻底纠正，特别是在庶民间刑事案件的审理中"宽契丹虐燕人……小民争斗杀伤之狱则有此弊，至于燕人强宗高族，似不至如此"。[2] 金朝则将其统治范围内的各民族分为五等：第一等是女真人，第二等是渤海人，第三等是契丹人和奚人，第四等是汉儿（是指原辽朝统治下的燕云与辽东地区汉人），第五等是南人（是指原宋朝统治区的汉人）。汉儿和南人虽都是汉族，而金朝却有意分为两等，便于分而治之。金朝"偏私族类，疏外汉人，其机密谋谟，虽汉相不得预"。科举考试女真人与汉人分科进行，女真录取人数多，入仕进身也较容易。在刑事方面，女真人打伤与杀死汉人、契丹人无罪，而汉人对女真人稍有触犯，便处死刑。[3] 元朝把全国各民族人民的身份地位分为蒙古人、色目人、汉人、南人四等，不同身份地位的民族在权利义务方面不平等，目的是维护蒙古族贵族的特权。清朝给满族人的种种特权和对汉族人的猜忌与提防都是民族歧视政策的体现。

（四）少数民族法律上的权利是在斗争中取得

据《清高宗实录》卷139载："若苗与苗非聚众而自相杀伤、偷盗，苗人愿照苗例完结者，免其相验解审。""一切（苗人）自相诉讼之事，俱照苗例完结，不治以官法。"乾隆《大清律例》卷37"条例"载："苗人与苗人相争讼之事，俱照苗例归结，不必绳之以官法，以滋扰累。"又，《大清会典》卷53规定："苗夷犯死罪，按律定拟题结，不准以牛马银两抵偿，其自相争讼之事，照苗例断结，不必绳之以官法"。清朝在国家的重要法典，特别是国家基本法律《大清律例》中直接规定认可苗疆[4]习惯法"苗例"（清朝政府确认的在当地具有法律效力的苗、瑶、壮、彝等少数民族习惯法）在该地的效力，这是清朝政府对少数民族立法中绝无仅有的。那么，为什么只有"苗疆"各族人民会有如此的法律待遇呢？因为苗疆的各族人民是具有斗争精神的，为反抗历代统治者的压迫，曾多次进行过

---

〔1〕 晁补之：《鸡肋集》"上皇帝论北事"。

〔2〕 苏澈：《栾城集》二，论北朝政事大略。

〔3〕 江应梁主编：《中国民族史》（中卷），民族出版社1990年版，第448页。

〔4〕 清代"苗疆"有广义、狭义之分，狭义指今黔东南、黔南的"新疆六厅"，广义指西南腹地各少数民族。

大规模的武装起义,仅清代就有乾隆、嘉庆年间湘西和黔西北地区反对兼并土地的起义;咸丰、同治年间,黔东南等地爆发的张秀眉领导的起义等,斗争的结果一定会在国家民族立法上有所反映。[1]

四

《中国少数民族法律史》是笔者在原有研究成果的基础上,又吸收了学界同人近些年来有关民族法律史研究的新成果,经过多年的增补工作才完成的。本书是江苏师范大学法学院特色教材编写的一次尝试,也只有在中国法律史和民族史的研究逐步深入及各地民族法律资料的发掘、整理、翻译到一定的基础上才能做到的尝试。著名法律史学家、中国政法大学张晋藩终身教授从21世纪初开始积极组织编写《中国少数民族法史通览》(10卷本),500万字,该书就中国现有较大的民族,有的一个民族编写一卷,有的几个民族合编一卷,徐晓光主编了《苗族法制史》(与瑶族合卷)和《侗族法制史》(与土家族、海南黎族合卷);隆英强编写《藏族法制史》(单卷),《中国少数民族法史通览》全书2017年在陕西人民出版社出版。这是中国法律史研究宏大而艰巨的工程,无疑推动中国少数民族法律史研究的深入,此多卷本不仅提供了新的研究路径,其中丰富的资料是《中国少数民族法律史》编写的重要参考。

研究民族法制史的目的是丰富中国法律史的内容,扩展中国法律史、中国民族史的研究领域,复原中国多民族国家各民族法制发展历史的全貌,使民族法制的内容从历史的暗淡中凸显出来。所以中国民族法制史的研究应该遵守以下原则:

1. 注意国家和地方法制两方面的兼容互补,既介绍国家民族法和民族政权法,也介绍民族习惯法。但由于各民族习惯法不尽相同,同时历史的线索不够清晰,近现代的多,而古代的少,所以在写作过程中做了认真的处理。

2. 每个时期以某个或几个民族的典型性法制为代表,因为历史上每个时期都有占主导地位的民族法律关系,比如,汉朝的匈奴族、清代的蒙古和藏族问题。

3. 突出法的特点,以有别于民族政治史、民族行政制度史、民族关系史,更不能写成中央王朝对少数民族的统治史;因为法律调整民族关系有自身的规律和特点。

4. 强调制度史与思想史的结合,将少数民族历史上的著名人物和有识之士的法律思想尽量挖掘出来,因为这些少数民族领袖人物既集中体现少数民族法

---

[1] 徐晓光、吴大华、李廷贵、韦宗林:《苗族习惯法研究》(前言),华夏文化艺术出版社2001年版,第45页。

律观点,又反映多民族国家少数民族统治者的法律策略。

5. 以新的视角审视中国历史上的法律如何调整民族关系及对少数民族特异的一些法律现象,并进行深入的文化解读,诸如“赔命价”“神判”“收继婚”“抢婚”“罚服”“口承法律文本”等问题,这些都是研究少数民族法律史不能不涉及的问题。人类学对过程的关注胜于对特征的兴趣,这样可使问题的研究更加细微和具体。

我国自古就是统一的多民族国家,地域广阔、历史悠久、民族众多,有着复杂的多种社会结构和色彩各异的民族法律文化,从研究方法看,中国在漫长的历史岁月中积累了浩如烟海的文献资料,这是历史上很多国家和民族所没有的文化遗产。在少数民族法律史的研究中,运用人类学的理论和方法对历史资料重新审视、重新鉴别,做出新的理解和分析,从中概括出新的论题,升华出新的理论。所以除文化的阐释方法外,民族志、考古学、语言学中的方法的使用都是不可缺少的,甚至还有运用社会历史调查和田野调查的方法。如此,各种研究方法的综合运用来研究中国少数民族法律史,才能使少数民族的法律制度和法律思想的研究进一步深入。

基于路径依赖理论的线上线下混合式课堂方式在法学教育中运用之思考*

许鼎鼎**
（江苏大学法学院）

摘　要：在当前信息科学技术和现代媒体技术迅速发展的背景下，我国法学教育中传统的脱离线上教育的课堂模式与时代的发展有所脱节。随着西方高校对线上课程的广泛运用。我国也逐步引入线上网络课程的教学模式，当下“互联网＋”的理念也逐渐与法学教育相结合，线上线下混合式课堂在法学课堂中的运用占比也逐渐增多。本文基于路径依赖理论的思想，在中西方高校的法学教学中运用混合式课堂的方式进行比较，就当下混合式课堂法学教育方式的优势和不足进行探讨。

关键词：混合式课堂　法学教育　信息化教育　路径依赖

随着经济的增长、信息科学技术的迭代和现代媒体技术的发展，“互联网＋”的理念和大数据技术开始逐渐在各个领域中广泛传播和运用，在高等教育这一领域则尤为明显。当下最具有教学优势性的不外乎为线上线下混合式课堂教学这一模式，与传统的教学模式不同，线上线下混合式课堂教学模式突破了传统的以教师为核心的单一教学模式，将主体地位突出在学生群体上，符合现代教育信息化的发展趋势，具有传统课堂教学模式所缺乏的优势。线上线下混合式课堂的教学方法运用于法学专业的教育中对于实现学生的自主研究、自主合作和教师在信息科学技术和教学之间的整合作用的提升具有“革命性的影响”。

＊　基金项目：2019年江苏省研究生教育教学改革课题“新时代高校研究生教育内涵式发展的机制构建与模式创新”（JGLX19_177）；江苏大学2019年高等教育教改研究课题立项建设重中之重课题“基于卓越法治人才教育培养计划2.0的法学专业线上线下混合式‘金课’建设理论与实践研究”（课题编号：2019JGZZ009）阶段性成果。

＊＊　许鼎鼎，江苏大学法学院2019级法律硕士。

一、混合式课堂概述

信息化教学的本质是利用以多媒体计算机和网络通信技术为核心的信息技术,来优化教学过程,从而达到提高教育教学的效果、效率与效益的目标[1]。线上线下混合式课堂模式的教学方式也是信息化教学方式的一种,相较于以往仅依靠网络在线课程的课堂教学方式,增加了线下对于课程中出现的疑难问题讨论和学生合作、报告等环节,在法学专业的课堂中则主要表现为对案例的研究和学术前沿的探讨。

(一)教学课堂形式的变迁

综观我国课堂教学形式的变迁,笔者认为可以大体分为三个阶段:传统课堂的教学阶段、线上授课线下考核的教学阶段以及线上线下混合式课堂的教学阶段。从其各自的特点为出发点可以作出如下分析:首先,在传统课堂的教学阶段中,教学模式的核心在于授课教师,教师能够利用的教学工具仅为课本和板书,在此种模式下,"填鸭式"的教学模式是一种常态;其次,在线上授课线下考核的教学阶段中,教师利用 MOOC 等网络教学平台上传教学视频课件,学生通过在线上观看课件的模式进行学习,在线下统一进行纸笔考试进行课程考核,教师对于教学质量的把握和学生学习情况的了解只能通过最后一次考核进行了解,此时信息媒体技术仅仅能算得上是便利教师的教学工具;最后,线上线下混合式课堂的教学模式,亦称翻转课堂,教学模式的核心在于学生,学生通过自主学习法学专业基本概念和知识,授课教师的作用主要体现在两方面:其一,将信息科学技术与教学内容进行整合;其二,引导学生对学术前沿问题进行思考并解答相关问题和疑惑。

(二)混合式课堂的界定

线上线下混合式课堂是集合了授课教师和学生线上教学的便利性和授课教师在线下课堂讨论的主导性优势的一种教学方式。线上线下混合式课堂的特点在于:在线上,授课教师能够通过电子信息技术将视频课件和相关阅读材料直接上传至网络授课平台,学生可以自行安排时间对基础知识进行学习,并搭建相关部门法基础知识框架;在线下课堂中,授课教师能够避免对较为浅显的法律基础概念进行反复的赘述,直接与学生就较为疑难的问题和教学中的重大部分进行深层次的讲授,是一种"教师主导、学生主体"的信息化教学课堂。

(三)国内外课堂教学模式之比较

从国外课堂教学模式来看,根据英国开放大学近几年发布的《创新教学法

---

〔1〕 何克抗:《教育信息化发展新阶段的观念更新与理论思考》,载《中国教育科学》2016 年第 2 期。

报告》,过去几年英国创新教学主要在于教学目标、教学材料、课程形式、个性化教学和教学时空的创新。英国开放大学同时也制定了极具前瞻性的《2025学习与教学规划愿景:现在的学习面向未来》(Learning and Teaching Vision and Plan 2025:Learning Now for the Future),这一文件明确对教育目标进行了规定,即面向未来,倡导从不可预知的未来社会发展的角度在学习和社会生活两方面对学生进行帮助。其主要依赖交互式电子书、线上 MOOCs 平台和远程实验室等工具对学生进行信息化教育,并且推出个性化学习分析以实现因材施教的针对性教育。

从目前我国国内法学专业的课堂教学模式来看,大多数院校的专业课程大多采用传统课堂模式进行教学,即采用以授课教师为教学核心的方式。虽然与20 世纪之前仅凭粉笔在黑板上写板书的形式有所不同:现多采取利用多媒体技术投影代替黑板板书,但这一技术的应用仅仅只是作为一种单纯的节省板书时间的工具,在对于激发学生学习兴趣、促进教学质量等方面的提升并不明显。在有些院校中,虽然已经采用了线上线下混合式课堂的教学形式,但是这一教学模式仅仅在小部分课程中适用,并没有进行大范围的推广,这可能是经费或者人力资源不足所导致的。由此可见,在我国国内法学专业的信息化教学的程度相较于国外高校的水平是有所不足的。

从路径依赖的角度来看,这种差距存在的原因主要有以下两点:其一,是由于我国传统教学课堂漫长的历史渊源;其二,是在于过去我国物质基础有所不足。第一,我国自封建时期开始,迫于当时低下的生产力水平和匮乏的科学技术,教学只能采取“席地而谈”的谈话式教学。从路径依赖的思想来说,这一教学模式被沿用数千年后,很难因为刚刚出现的应用于课堂的信息化技术而发生颠覆式的变化。第二,根据马克思主义哲学,一个国家现行的制度是由其物质基础和经济发展水平所决定的,因此,现行教学模式的产生也离不开我国当时的物质条件和信息化水平。从我国信息化技术的发展来看,我国近 2000 年才开始推广个人电脑,而在高等教育领域中推广信息化教学则是在 2010 年左右,至今仅就十年左右的时间。且我国开始实行线上课程教学模式的推广计划时间是在 2015 年左右,而当时所普及的信息技术并不能够完美满足线上课程的制作,因此,线上课程领域在开始之初并没有得到足够的重视,其制作的质量也没有达到线下课程的寻常水准。因此,我国信息化教学进程与国外高校的信息化教学课堂的建设存在一定的差距。

二、线上线下混合式课堂教学的典型特征

线上线下混合式课堂的推广是当下我国信息化教学建设的关键部署,对于

法学专业而言，这一教学模式也具有相应的优势。笔者基于当前线上线下混合式课堂在院校中运用的实际情况，结合路径依赖的相关思想，对于其中的优势和不足进行分析。

（一）能够有效提高课堂利用效率

信息化教学这一概念的提出之原因就在于信息技术能够在课堂中提高课堂时间的利用效率。在信息化教学开始运用于教育领域之前，我国法学专业的教学课堂上主要依赖的是授课教师自身对于学生的注意力的吸引，授课方式仅有单一的板书可以选择。在仅有四十五分钟课时的一堂课中，专业知识的板书书写往往占据很大一部分时间，在除却板书书写时间之后，还要对一些基础概念和知识进行阐述，对于一些学术前沿问题的探讨时间所剩无几。此外，由于学生的基础水平参差不齐，很难对于相应的教学进度和教学质量做到准确把控，因此，对于一些较为基础的知识点讲授往往需要进行多次重复，这一方面所消耗的时间无疑也大大降低了课堂时间的利用效率。

从当下线上线下混合式课堂在院校中的运用情况来看，这一教学模式能够有效解决课堂利用效率较低这一“痛点”。授课教师通过在线上发布有关该部门法的基础知识的教学视频和相关阅读材料，对于教师来说，能够有效避免在课堂中对于基础知识点的反复赘述，从而把课堂时间留给学生，对于学生提出的疑问作出高质量的答疑，并且可以根据学科学习中的重点问题做出重点讲授。就课堂时间的利用效率而言，线上线下混合式课堂的教学模式相教于传统课堂的教学模式有着极大的提升。

（二）能够有效提高学生学习积极性

根据爱因斯坦“兴趣是最好的老师”这一观点，我国法学专业中学生的学习也应当注重对于学科兴趣的培养，而法学学科兴趣培养的重要方法之一就是对案例进行研习。在以往传统课堂的教学模式中，对于法学案例研习讨论的阶段往往处于一堂课程的末端。一开始，授课教师通过口述对案例的经过进行描述，之后随着信息技术的发展，授课教师开始使用多媒体技术代替口述的方式对案件进行阐述。但迫于时间的限制，课堂上往往出现学生刚刚了解案件经过、尚未进行深入思考时，授课教师就已经开始对案例进行法律剖析，这一现象使学生对于案例研习的效果大打折扣。对于授课教师而言，也存在学生急于思考而缺乏配合以至于课程节奏中断的局面。

在线上线下混合式课堂的教学模式运用过程中，学生的积极性有着极大的提升。首先，在线上教学的过程中，由于授课教师已经将相关基础性知识的文件上传，学生只需在线下课程之前完成相关的学习任务即可，学生对于自己的弹性学习时间具有较大的把控程度，这一“自我掌控力”对于学生学习的积极性有着不可置疑的助力作用。其次,由于学生在线下授课开始之前已经将相关的基础性知识进行了学习,因此线下课程的大部分时间可以用来进行类似苏格拉底课堂方式的对于案例的讨论,学生通过对案例的讨论将部门法知识进一步融会贯通。学生通过自我参与的过程将会大大提升对于法学学习的热情和兴趣,这些是传统课堂教学模式所无法相提并论的。

(三)能够与目前信息化办公接轨

当前经济水平和信息技术飞速提高,各职业对于员工电子信息技术的掌握程度都提出了一定要求,在此背景之下,传统课堂的教学模式对于培养学生信息技术水平这一方面有所不足。在传统课堂教学模式中,授课教师往往要求学生提交纸质版作业,这与今后学生所走向的工作岗位要求相违背,也不能与今后电子化办公趋势相适应。

在线上线下混合式课堂的教学模式中,授课讲师往往会要求学生提交需要合作完成的电子版作业。学生在完成该作业时,需要相互协作才能达到完成课程作业的要求。在合作完成作业的过程中,学生对于电子软件、法律条文检索、法律案例检索等相关技能可以得到有效的训练。并且,由于课程作业是以学生团队的方式进行完成,因此,学生间的团队协调能力也因此而能够得到训练。

(四)混合式课堂在法学教学适用中的不足

尽管线上线下混合式课堂的教学模式相较于传统课堂的教学模式有上述种种优点,但是一切事物都有其自身的缺陷,混合式课堂也有所不足。笔者主要从教学课件、制作成本和内容时效性这三个方面为起点对线上线下混合式课堂教学模式的不足进行分析。

首先,同一部门法的线上教学课件不能在所有高校之间完全适用,这意味着各个院校需要根据自身的教学情况自习联系校外机构制作线上教学课件。在线上线下混合式课堂的教学模式中出现这一缺陷的原因主要是以下几点:第一,各个院校之间的教学侧重点不同,有的院校侧重于法学理论的学习,有的院校侧重于与法律实务相衔接的学习,由于教学侧重点的差异导致线上教学课件普适性的缺失。此外,倘若每个院校的线上课件趋同化,则授课教师自身也缺乏了将专业知识与信息技术整合这一过程的训练,整个线上教学若是缺乏差异性,则全体院校的法学教育则与一条工整的流水线无异。第二,各个院校之间学生的水平不同。由于授课对象的差异性,导致授课手段和授课内容不能够同一化,否则“因材施教”这一理念将会不复存在。由于学生对于知识的接受水平和学习能力不同,各个学校对于授课方式也因此而存在差异,学生在不符合自身学习节奏的课程获取法律知识的效率较低。第三,由于各个学院所处的地域不同,基于地方性法规的差异,线上课程的同一化也会因此而难以实现。综上所述,线上线下混合式课堂的教学模式的教学课件不具有普适性。

其次,优良的线上课件制作需要较高的成本。第一,由于线上线下混合式课堂的教学模式的线上课件不具有普适性,所以每个院校都必须自行制作所有的线上专业课课程课件;第二,由于每一门专业课的课时安排不同、教学内容不同,所以不能够达到“一件多用”的效果以减少总体制作成本,也不能因此产生规模效应,从而导致院校在全校范围内法学专业课一律推出线上线下混合式课堂成本较为高昂。因此,线上线下混合式课堂的教学模式所需的成本较高。

有一戏言“法律一变动,整座图书馆便成了废纸”。虽然这句话有所夸张,但也同样反映出法律条文时效的重要性。由于法律的适用时间存在差异,学生学习的法学专业知识也存在差异,因此对于法律条文修改过的部门法的教学课件内容就必须作出修改,从而导致线上课程的课件不能长期持续性使用,必须随着法律的修改进行变动。同时,由法律变动引发的课件的修改甚至重新制作又进一步增加了教学的成本。

三、线上线下混合式课堂之完善与发展

基于就线上线下混合式课堂的教学模式提出的不足,笔者将从如何完善课堂内容、培养学生素质和提高授课教师能力三方面提出建议。

(一)课堂内容之完善

完善线上线下混合式课堂的教学模式必须坚持完善课堂内容。首先,线上线下混合式课堂的建设必须符合学院建设的实际情况、符合学科进展的要求,不能够过于追求教学进度,也不能过于注重教学内容的广度和深度而忽视学生学习过程中存在的问题。同时,授课教师对于线下课程中的学生讨论环节必须进行重视,对于其中的疑难问题在学生进行思考、讨论后进行解答,从而促使课堂时间的利用最优化、课堂流程最优化。其次,线上线下混合式课堂的本质还是在于授课的内容,教学模式仅仅是教学的手段,授课教师应当在重视课程内容质量的基础之上对于线上线下混合式课堂的模式进行优化,而不可本末倒置,片面追究教学的信息化,忽视教学的实际质量。

(二)学生素质之培养

教育的目的在于培养,因此,线上线下混合式课堂的教学模式必须以培养学生法学素养为基础,在此基础上提高学生法律知识和综合能力。笔者认为,培养学生素质可以从以下三个方面进行着手。首先,在制作线上课程时将相关法学学术阅读材料列出,并依据此材料进行设问,以此增加学生的文献阅读量。由于线上课程多采取按章划分,因此阅读材料可以按照相关度分别设置于课程之中。长此以往,随着课程的学习,学生的学术功底也可以由此提升。其次,除

却文献相关的设问之外,授课教师也可以设置一些开放性案例的问题,如公司法中“对赌协议的效力”等,从而提高学生的逻辑思考能力。最后,从与法律实务相连接的角度出发,也可以在课程中设置一些法律文书写作的任务,以提高未来的竞争能力。

(三)教师能力之提高

在当前阶段,教学水平与授课教师的能力仍然成正比,线上线下混合式课堂的教学模式更是对授课教师的能力提出了更高的要求。首先,线上课程的安排需要教师有着丰富的教学经验,否则难以对学科知识进行详略得当的讲解;其次,课程的制作需要教师对于信息技术有所了解,从而能够将线上线下的课程相连接;最后,线下课程的讨论环节要求授课教师对讲授课程的前沿性问题具有一定的敏感性,并且具有自己独立的观点。因此,授课教师必须在将学科教学与信息技术相整合的基础上提高自身教学经验、信息技术水平和学术敏感性这三项能力。

四、结　语

线上线下混合式课堂的教学模式,作为信息化教学最新成果,在法学专业教育的适用中所展露出来的优势,是传统教学课堂难以比肩的。在中国特色社会主义进入新时代之际,广泛推广线上线下混合式课堂的教学模式,对于法治社会、法治国家、法治政府的建设具有相当的助力作用,是中国特色社会主义新时代高校培养优秀法律人才的重要途径之一。

领域法学视域下复合型法治人才的培养路径

闫夏秋*
（河海大学法学院）

摘　要：《关于坚持德法兼修实施卓越法治人才教育培养计划2.0的意见》提出“找准人才培养和行业需求的结合点”。领域法学是以特定经济社会领域中与法律有关的现象为研究对象，回应并解决经济社会发展中出现的新兴问题的新型法学。复合传统法治人才培养应当以领域法学为切入点，将法治型人才与行业型人才需求结合起来，解决人才培养的单一性与市场需求多元性的矛盾，构建领域法学视野下复合型法治人才培养模式。

关键词：领域法学　复合型法治人才　培养路径

国家治理能力现代化的是一场深刻变革，法治国家、法治政府、法治社会是国家治理能力现代化的法治具象。国家治理能力现代化，当然需要现代化的法治工作队伍。2017年习近平总书记在中国政法大学考察时强调要坚持中国特色社会主义法治道路，培养高素质法治人才。2018年10月，教育部、中央政法委发布《关于坚持德法兼修实施卓越法治人才教育培养计划2.0的意见》中提出“主动适应法治国家、法治政府、法治社会建设新任务新要求，找准人才培养和行业需求的结合点”。卓越法治人才是法学教育培养的方向，如何培养卓越法治人才是关键性问题。复合型法治人才培养应当从领域法学视域下重新定位认识其必要性，并制定出有针对性的法治人才培养机制方案。

一、领域法学的兴起与发展

（一）领域法学的兴起

党的十八届四中全会《中共中央关于全面推进依法治国若干重大问题的

---

* 闫夏秋，河海大学法学院讲师，法学博士，研究方向：民商法学、法学教育。基金项目：江苏省教育科学“十三五”规划2020年度课题“‘法学+C’行业复合型法学人才培养机制研究”（项目编号：B-b/2020/01/34）。

决定》中提出“加强重点领域立法”。“领域立法”与“部门立法”不同,且不局限于“部门立法”,这意味着以问题为导向的领域法学正在兴起。传统部门法学实际是以静态学科为划分依据,是以传统法治类型的产物,也可以说是司法活动对法学学科的反映。频繁的立法活动、行政活动以及社会活动对法学的需求量是成倍增长的,原有的法学学科对于新兴领域以及交叉领域的研究存在隔阂,“隔行如隔山”。实际上,领域法学并不是当前才出现的新事物,反观我国法学发展,具有中国特色的经济法学是领域法学的代表理论成果。尤其是20世纪90年代初,经济法学与民法学、行政法学之间为部门法地位的争论,实际上承认了经济法学以领域法学的地位赢得了部门法学的地位。经济法学是将我国经济学与法学结合较为紧密的领域法学,随后环境法、文化法、卫生法、网络法、金融法、财税法、教育法、体育法、航空法、水利法、工程法、交通法、农村法、审计法等如雨后春笋,在完善中国特色社会主义法律体系起着重要的有益补充作用。

(二)领域法学的界定

领域法学的概念最早是由财税法学界提出的,刘剑文教授在2002年指出税法“不是按传统的调整对象的标准而划分出的单独部门法,而是一个综合领域”,“是一个相对独立的法律领域”。[1] 目前,领域法学的概念已不再局限于财税法学领域,这成为法学领域内的现象学。领域法学是以问题为导向,结合相关学科研究方法解决财税领域问题。领域法学融合各部门法学研究方法以及其他学科领域研究方法,突出体现以问题意识为中心的鲜明特征,融合前沿实践问题和财税法学分析方法,与部门法学同构而又互补。

传统法学教育强调的法教义学,但引入法领域学有助于在实践中将法学理论得以现实应用,解决当前经济社会发展转型升级中面临的难题,规范调整新出现的社会关系,防止出现法律真空状态。领域法学不是对部门法学的抗衡,是对部门法体系的延伸与发展,是对现有法学研究方法与领域的反思,两者之间的关系是相互有益与补充。领域法学并非要取代部门法学的地位,而是综合应用现有各部门法的知识体系,以问题意识为导向的应用逻辑,回应并解决经济社会发展中出现的新兴问题。部门法学研究是自成体系的封闭系统,是主客体的研究方式。领域法学则是主体间性的商谈对话研究方式,结论并不是唯一的,注重的是多学科之间的交叉对话以实现对问题的全方位法律解析,并以此预判与引导发展趋势。领域法学内部门法与部门法之间的鸿沟得以修复,互相协作整合并发生质的变化。

---

〔1〕 刘剑文、熊伟:《二十年来中国税法学研究的回顾与前瞻》,载《财税法论丛》(第1卷),法律出版社2002年版,第2~3页。

（三）领域法学的时代意义

良法方能善治。领域法学已经成为一种客观存在，实务界与理论界已经认可此范式的理念与价值。将某一特定领域社会关系的法律规范统称为某种“领域法学”，环境法学、财税法学、互联网法学等新兴学科、交叉学科便应运而生。这些学科研究对象不再以传统的民法、刑法等进行部门划分，而是以行业领域为划分依据。[1] 互联网金融、区块链、“一带一路”、食品安全等新兴领域已经不再限于被单一部门法作为研究对象，其涉及的民法、刑法、行政法等法学领域交叉融合。解决实际问题应打破学科划分的禁锢。

领域法学研究范式的提出，为新兴领域的交叉学科研究提供了理论基石、立足之地，丰富了中国特色社会主义法律体系的内容，有助于消除当前法学研究方法与学科壁垒，强化部门法之间的交叉研究与协作研究，为重点领域立法提供重要的法学理论支撑。领域法学能够融合民法、刑法、经济法等研究方法，为新兴法律领域提供研究载体。法学研究如果仅以部门法为研究载体，划分学科类别，势必导致研究者思维的遮蔽，研究立场的孤立。因此，当前研究不能局限在从理论到理论、从法条到法条、从学科到学科的主客体思维方式，应当以领域法学为载体，建构主体间性的交往理性，完成事实内的法律逻辑的建构，而不是法学内的事实逻辑的剥离。从社会问题到法学理论，再从法学理论到社会问题，这是法学研究的新态度，也是国家治理能力现代化提出的法治化要求。领域法学方法可以不限学科、不限专业地吸收相关学科领域的专业知识，弥补部门法学基础之上的法教义学方法存在的缺陷，比如环境科学、信息通信技术、科技知识、计算机编程、算法等，为法学研究和人才培养注入源头活水，提供新的视野和境界。

二、领域法学对传统法治人才培养的影响

以部门法学为依托的法治人才培养机制已经无法满足各领域法治对法治人才的需求。既具有扎实法律基础，又能够掌握专业领域实务技能的复合型法治人才少之又少。我国法治建设更应以现实存在的问题为导向[2]。领域法学的产生应当是解决社会发展和时代演进变迁的必然产物[3]。

（一）传统法治人才培养的时代局限

我国传统法律体系以法理、民商法、刑法、经济法、行政法、诉讼法等为划分

〔1〕 参见刘剑文：《论领域法学：一种立足新兴交叉领域的法学研究范式》，载《政法论丛》2016年第5期。

〔2〕 参见季卫东：《问题导向的法治中国构思》，载《法制与社会发展》2014年第5期。

〔3〕 王桦宇：《领域法学研究的三个核心问题》，载《法学论坛》2018年第4期。

依据,相应的法治人才培养亦以此为基础。但传统法治人才培养则是以部门法为对象,与经济社会领域的问题存在一定矛盾。一是法学学子就业率低与法学就业需求缺口大之间的矛盾。根据麦可思研究院发布的《2018 年中国大学生就业报告(就业蓝皮书)》,2017 届本科生半年后就业率最低的专业为法学专业,就业率为 85.3%。法学专业更是作为 2017 年与 2018 年本科就业红牌专业,就业形势严峻。随着依法治国方略的推动,法律服务行业市场需求逐步增长,对法治人才的需求量很大。为何出现如何的矛盾呢?

一个重要原因在于传统法治人才培养与社会各行各业对法治人才需求之间的脱节、脱轨,这是值得我们深刻反思的。二是法学教育偏理论与法律职业考试偏实务之间的矛盾。与美国判例法的法律体系不同,我国以成文法作为司法审判的依据,同时也作为本科课程的教学内容。法律职业考试却主要以案例作为主要考察内容。不少学生表示,大学四年的法学核心课程学习没有法律职业资格考试辅导班的授课内容更为实用有效。实际上这两种偏向都不符合法治人才的培养规律,应用型人才并不是应试型人才,考试并不能形成解决问题的法学思维。三是法治人才培养的单一性与市场需求多元性的矛盾。2018 年教育部发布首个教学质量国家标准,即《普通高等学校法学类专业教学质量国家标准》,对于法学专业核心课程设置为“10 + X”模式,涵盖了传统法学核心课程及其他专业必修课。然而社会运行需要多种多样的行业类型共同参与运作。根据教育部标准统一开设法学专业核心课程,必然带来法学专业的人才知识结构的单一性,难以满足前沿性、专业性领域法治人才的需求。

(二)领域法学与复合型法治人才培养的契合

如何提高法学专业高等教育质量一直受到教育界和学界的持续关注和激烈讨论。就法学教育是更注重法律职业培养还是通识教育,存在相反的两种观点。一种观点认为,法学本科教育的培养目标应注重构筑学生的法律思维。基于对法学培养是否应注重法律职业资格证的训练进行反思,法学教育应确保学生掌握法律基础,以专业的法律思维来分析问题。[1] 法学教育不是通识教育,而是专业教育。[2] 另一种观点认为,法学教育不应主要依赖课堂讲授,忽视实践教学。法学教育应培养合乎本国法律服务市场需求的应用型人才。[3] 法学

---

〔1〕 参见程雪阳:《社会功能分化视角下的法学本科教育改革与人才标准完善》,载《甘肃行政学院学报》2018 年第 5 期。

〔2〕 参见黄进:《培养德法兼修的高素质法治人才 引领中国法学教育进入新时代》,载《中国高等教育》2018 年第 9 期。

〔3〕 参见李响:《美国法学教育的人才培养机制及其借鉴》,载《学位与研究生教育》2019 年第 5 期。

教育应当着重进行以“问题”为导向的知识整合的跨学科教育与研究。[1] 可见,对于法治人才培养众说纷纭。

单纯的通识教育或法律职业培养都无法满足日新月异、丰富多样的社会需求。通识教育容易忽视法律实践能力培养,而法律职业培养仍旧具有明显的同质性和单一性。与社会需求相匹配的领域法治人才培养方能够缓解传统法治人才培养的弊端。随着新科技的快速发展升级,经济社会都面临着新问题、新现象。固有的部分法学划分以及在此基础上进行的法治人才培养已经不能满足社会经济发展的需要。从法律服务的需求方向来看,地质、医药、农业、林业、水利、财经、交通、旅游、环境保护、工程等领域对于领域法治人才的需求很大。从目前的领域法来看,卫生法、[2]体育法、[3]互联网法、[4]生态法[5]等可以指向传统的民法、行政法以及经济法等部门法,但又具有自身的特殊性和专业性。社会分工细化背景下,法治人才的需求更趋专业化,法治人才的培养应处理好法学主科与复合科目的关系。[6] 因此,法学教育培养不仅需要进行通识教育,还需要在此基础上培养出符合社会需要的复合型法治人才。已有学者结合自身土木工程专业特色,指出培养土木法学复合型人才的重要性和急迫性。[7] 多学科型大学的法学人才培养应定位于复合型法律人才,对各行业领域的特色法律事务进行实训,进行多元化法学实训模式。[8] 法学专业应该具有“多元、高质”的人才培养新理念,法学专业人才培养应具有针对性,地方应用型本科高校应注重培养应用型、复合型法律职业人才。[9] 法治人才培养不应故步自封,而应与时俱进,着重培养前沿领域复合型法治人才。

---

〔1〕 参见韩大元、杜焕芳等:《跨学科教育与研究:新时代法学学科建设的实现路径》,载《中国大学教学》2018 年第 4 期。

〔2〕 参见刘莘、覃慧:《卫生法理论体系建构的前提》,载《行政法学研究》2015 年第 4 期。

〔3〕 参见肖永平:《体育法学:一个正在形成中的法学部门》,载《武汉大学学报》(哲学社会科学版)2008 年第 4 期。

〔4〕 参见周汉华:《论互联网法》,载《中国法学》2015 年第 3 期。

〔5〕 参见魏胜强:《为生态法学正名——兼论社会主义法治理论创新》,载《学术交流》2015 年第 9 期。

〔6〕 参见杨春福:《新时代复合型法治人才及其培养路径探究》,载《法制与社会发展》2018 年第 5 期。

〔7〕 参见刘一村、冉凌霄、许佳楠:《土木法学复合型人才的需求及前景》,载《教育教学论坛》2017 年第 8 期。

〔8〕 参见刘莉:《多科型大学复合型法律人才培养的多元化实训模式探究》,载《西安建筑科技大学学报》(社会科学版)2013 年第 5 期。

〔9〕 参见刘鑫:《地方应用型本科高校法学专业人才培养模式新探索》,载《中国大学教学》2018 年第 2 期。

(三)倡导培养领域复合型法治人才培养

新时代也在呼唤复合型法治人才,解决紧扣全球与中国法治重大前沿问题,系统开展前沿科技与法律的交叉研究,解决当下互联网、大数据、人工智能、区块链等新技术带来的法律问题。因此,应当积极倡导各高校法学院培养领域性复合型法治人才,注重对法学学科的细分,扩展特色行业知识获取途径及开设相关课程,实现法学知识与行业领域知识的融合,培养符合社会需要的领域复合型法治人才,切实推动法学教育纵向和横向耦合发展。当前,我国具有领域特色型高校法学培养除强化法学专业课程外,还应适应国家建设需要,紧密结合自身特色,实现优势学科与法学学科的结合,着重培养复合型法治人才。

三、领域复合型法治人才的基本内涵

遵循法治人才培养与社会发展需要的基本规律和内在关联,在新时代背景下积极探索领域复合型法治人才培养之路。领域复合型法治人才培养除具有法学理论、法律实践能力和法律职业伦理之外,还应当注重法律知识和其他学科知识之间的交叉、融合与渗透,使学生在学习法律知识的同时掌握某一行业领域的专业知识以及与该行业相关的法律知识,从而擅于解决特定行业领域的法律问题,更好地服务社会。

(一)领域复合型法治人才的内涵

领域复合型法治人才是指除具备法学基础知识外,结合所在高校特色专业,具有特色行业(Characteristic Industry)基础知识的学科知识("10 + X + C"),能够解决特定领域法律问题的专业性人才。传统的法学教育是指以法教义学为依托的法学核心知识、特色法学课程授课,以及法律素质培养的学科培养模式。根据《普通高等学校法学类本科教学质量国家标准》对法学核心课程的界定("10 + X"),除传统法学核心课程("10")外,增设特色专业法学("X")。传统法学教学以概念、特征、构成要件为思维导入,未能直击社会实际问题;传统法学教育以课堂知识讲授为主,未能引导学生形成法律人的思维方法和分析方法,导致学生熟背法条却无法解决现实问题,知识教育与法学实践存在脱节。在法学培养应在内部纵向深入发展,学习更加细化的特色专业法律知识;在外部横向延伸发展,掌握所在高校的特色行业基础知识。随着社会分工细化,每一领域都在衍生其自身的法律体系,可以成为特色专业法学的课程设置。比如水利法、工程法、金融法、审计法、教育法、医事法、新闻与传媒法、体育法等。

"如何复合"以及"与谁复合"是复合型法治人才培养的难题。领域法学成为复合型法治人才培养的载体,也是解决复合型法治人才培养难题的重要途径。领域复合型法治人才培养结合特定领域法学和专业知识,在法学知识培养的基础上进行特色行业知识授课学习的培养机制,致力于培养既具备法律基本素养,又能掌握行业知识的复合型人才。学生在学习法学基础知识的基础上学习相关专业知识,掌握基本操作技能,从而将特定行业学科与法学应用结合起来,形成领域复合型法治人才。故此,领域复合型法治人才培养离不开经济、科技、工程、环境等领域发展需求。培养领域复合型法治人才既能够实现法治人才的对口就业,也有利于吸收行业学科精髓,整合教学资源,实现教学效益最大化。

(二)领域复合型法治人才的培养土壤

法学教育的人才培养方向不能简单地讨论是否应该注重法学基础理论教育或者职业能力培养,而应首先以需求为导向,对不同院校法学教育进行准确定位。不同类型的高校对法治人才的培养环境、培养方法和培养目标必然有所不同,区分不同类型的高校并因地适宜地设定法治人才培养方案是法治人才培养最优效率的选择。当前社会需求从单一的法治人才向多元法治人才转变,法学教育需要培养出熟悉行业知识并能够解决各式各样社会实际问题的复合型法治人才。目前法治人才培养的高校主要分为三类:政法类院校、综合类院校以及行业特色类院校。从院校主流学科安排来看,政法类院校以法学学科为重,更为注重培养法学基础素养的法治人才,为法学深入科学研究提供人才供给;综合类院校和行业特色型高校更为注重特定行业领域专业(如水利、工程、医药、林业、邮电等)人才培养。如综合类院校和行业特色型高校法学学科人才培养能够最大限度地结合本校特色领域专业培养领域复合型法治人才,则能够为领域行业法治发展提供深入支持。

可见,政法类院校与行业特色型高校(理科、工科、医科等)之间在法学教育目标和教育土壤上存在区别。领域复合型法治人才的培养不能凭空产生,最有效益的方式便是依托法学专业所在高校的特色行业及优势学科,培养出兼具行业知识与法律知识的法治人才。政法院校可以选择性地展开领域复合型法治人才培养,而具有特色领域的工科、理科、农科、医科等综合类高校和行业特色高校应着重以自身特色领域培养领域复合型法治人才。与之相适应的是,我国行业特色型高等教育院校具有显著的行业性办学特色与突出的学科群优势,包括地质、医药、农业、林业、水利、财经、交通等领域。如复旦大学法学院改变单一的“诉讼专门型”法治人才培养模式,围绕法治政府与法治社会建设主题,围绕“行业依法治理”的精神,开展行业法治的研究。在医事法、环境法、人权法等方向协同复旦大学上海医学院、校外相关研究机构、政府与行业部门开展协同创新研究。同济大学土木工程学院联合法学院培养“工程(土木)——法学复合人才”。法学基础素养教育和法学实践能力培养并不是排斥的关系,领域复合型法治人才培养应根据不同的学校、学院(系)属性进行,打造社会高度满意认可的学术命运共同体[1]。

四、领域复合型法治人才的培养路径

领域复合型法治人才是符合社会发展需要的新型法治人才培养模式。综合类高校和行业特色高校经济开展领域复合型法治人才培养,既可以缓解法治人才同质化的劣势,又可以为特定领域的法治发展提供法律智慧支持。高等院校应组建跨专业、跨学科、跨学院教学团队,整合教学资源,积极探索新型教学模式,实现法学专业和领域专业的师资交叉、资源共享、协同创新。高等院校探索开展领域复合型法治人才培养的途径,丰富学生跨专业知识,培养学生跨领域知识融通能力和实践能力,推进法学学科体系、学术体系、话语体系创新。

(一)加强“法学专业主修+领域专业辅修”的课程融合

在掌握法学基本知识的基础上,开设相关课程,增加学生对行业特色高校优势专业中法律问题的关注。以人工智能领域复合型法治人才培养的课程设置为例,在教学体系上应将法学与人工智能学科知识的教学相融合,具体的课程体系构建如下:一是设置法律主修课程。我国法学专业课程设置以传统法律部门法为依据,以概念、特征、构成要件、法律后果为主要授课内容。在法律专业的法学课程中,除了开设教育部规定的16门法学核心课程外,还应开设特色领域或新兴领域法律课程作为选修课程,比如“互联网法”“人工智能法”等课程,以使学生在理解法学的基础上进一步加深对学习方向和研究领域的理解,提升在某一特定领域内的法律知识储备。二是设置辅修相关学科的课程。人工智能领域法治人才的培养要求学生清楚人工智能的本质,掌握人工智能程序开展的设计程序,对智能成像、人脸识别、智能信息、智能感知等有初步了解,拓宽学生在人工智能领域的知识面。法学课程与领域课程的融合帮助学生能够独立判断人工智能带来的伦理问题与法律问题的界限、知识产权保护,民事、刑事以及刑民交叉法律纠纷的正确处理方法,以期适应人工智能行业的专业化需求,培养独具特色的人工智能领域复合型法治人才。

(二)深化“校内理论+校外实践”的联合培养

领域复合型法治人才对于现实问题的关注应远高于传统的法学学子,故对于领域复合型法治人才的培养除在校内进行课程设置以外,需借助校外机构实习基地进行强化训练。领域复合型法治人才培养应针对不同领域制定不同的

---

〔1〕 参见王锋、王运来、刘志江:《“双一流”内涵建设的最大困境及突围探究》,载《江苏高教》2020年第1期。

培养方案并选择不同类型的校外实习基地，选派学生到实习基地实习。引导学生发现特定领域的实际问题，将校内的法学基础理论应用于实践。实践中的实际问题比教科书上的内容更为前沿和有感知力。[1] 校内法学基础理论的学习和专业知识的学习需要能够解决社会中各行业的实际问题。比如无人驾驶汽车的责任构成尚处于不确定状态，学生可以通过在无人驾驶汽车研发公司、测试公司以及监管机构的实习，参与无人驾驶汽车的设计、测试和监管规则的制定。这样一方面能够帮助学生从应用角度把握领域法学基础理论和专业知识；另一方面有利于解决无人驾驶汽车中可能存在的法律问题和法律责任归属。

（三）引入“领域导师 + 实务导师”的多元指导

培养领域复合型法治人才在更为深入的学习领域知识，更为直接地接触校外实践的同时，还需要为本科生配套设置领域导师和实务导师，为学生学习领域知识和探索实践问题提供领路人和指导者。[2] 一是在校内引进领域导师，帮助学生获得特定领域的专业知识，而不再简单地学习传统法学基础知识。二是在校外指定实务导师，帮助学生在校外实习基地迅速进入专业领域，及时获得有价值的现实问题，帮助学生提升适应社会能力和法律应用能力。

法学是应用学科，法学知识应源于实践、服务实践，接受实践检验，并在实践中不断丰富和发展。在社会与科技飞速发展的时代，“纸上谈兵”已经不能满足社会对于法治人才的需求，能够立足于实际，解决特定领域的实际问题才是法治人才培养的目标。领域复合型法治人才的培养对于解决特定领域，尤其是前沿领域的现实法律问题具有重要意义。

---

[1] 参见谢芳：《基于高校视角的产学研协同创新机制建设研究》，载《江苏高教》2018 年第 8 期。

[2] 参见李炳烁、刘同君：《教授治学的实践过程：基于卓越法律人才培养视角》，载《江苏高教》2016 年第 6 期。

法律硕士专业学位顶岗实习模式探析*

张 波 余明明**

（江苏师范大学 法学院 江苏徐州 221116）

摘 要：法律硕士专业学位顶岗实习模式是在国家司法体制改革、现有实践教学效果不佳的背景下，为满足法律硕士自身专业需求而提出的，有着理论学习与专业实践结合的嵌入式人才培养和权利义务对等的带薪顶岗实习特色。法律硕士顶岗实习模式的运转机制以长期战略合作协议为依托，集中实习严格管理为保障，合理安排实习时间。该模式已在促进法律硕士理论与实践结合、提高实习单位科研水平、明确法律硕士职业方向选择上取得一定实效，但仍在岗位间缺少轮换、实践中问题意识不强、顶岗实习模式的维系上存在问题，需要增强岗位间的轮换、强化双导师的对接、建构稳定的运行机制。

关键词：法律硕士顶岗实习 嵌入式实习 带薪实习 双导师制 实践教学

法律硕士专业学位是为了培养应用型法律人才而设立的，这一点与法学硕士的培养目标不同，因此，对法律硕士的培养方式上不仅应传授法学基本理论知识，更应重视实践教学，提高法律硕士实践能力。但现有的法律硕士实践教学模式存在诸多不足，在此基础上提出的法律硕士专业学位顶岗实习模式，是对法律硕士实践教学的创新性探索。

一、法律硕士专业学位顶岗实习模式背景

（一）法律硕士自身专业需求

1. 法律硕士培养目标上的需求。

1995 年，法律硕士专业学位经国务院学位委员会第十三次会议同意开始设立，1996 年，国务院学位委员会第十四次会议审议通过的《专业学位设置审批暂行办法》，规范了法律硕士专业学位在试办中的具体要求。[1] 法律硕士专

* 基金项目：江苏省教育厅项目“法律硕士‘U’＋工作站实习模式创建研究”（JGLX19_117）。

** 张波，江苏师范大学法学院教授。余明明，江苏师范大学法学院硕士研究生。

〔1〕 参见王敏：《全日制专业学位研究生发展与培养机制研究》，载《边疆经济与文化》2017 年第 1 期。

业学位自设立以来，一直以致用、实务为培养目标，主要培养的是面向“立法、司法、行政执法、法律服务与法律监督以及经济管理、社会管理等方面需要的高层次法律专业人才和管理人才”。[1] 因此，以顶岗实习模式安排法律硕士的专业实习，符合法律硕士的培养目标。

2. 法律硕士实践教学上的需求。

2017 年 7 月 20 日，国务院学位委员会办公室全国法律专业学位研究生教育指导委员会修订了《法律硕士专业学位研究生指导性培养方案》（学位办〔2017〕19 号）。要求法律硕士（法学专业毕业生）培养的总学分为 54 学分，法律硕士（非法学专业毕业生）培养的总学分为 73 学分，其中实践教学与训练均不低于 15 学分，专业实习 6 学分，且实习期不少于 6 个月。[2] 这一要求突出了实践教学的重要性，对专业实习的重视程度也有所加深。

2018 年 9 月 17 日，教育部、中央政法委发布了《关于坚持德法兼修实施卓越法治人才教育培养计划 2.0 的意见》，在改革任务与重点举措的第四点指出，要“切实发挥政府部门、法院、检察院、律师事务所、企业等在法治人才培养中的作用，健全法学院校和法治实务部门双向交流机制，选聘法治实务部门专家到高校任教，选聘高校法学骨干教师到法治实务部门挂职锻炼”。[3] 这对于如何进行实践教学以及如何创新教学方式上，给出了具体的建议，明确了培养的路径，各大高校的法学教育也有据可循。法律硕士顶岗实习模式是在国家越来越重视实践教学的基础上提出的，也是在各大高校急需创新实践教学方式的情况下提出的，满足了法律硕士实践教学上的需求，对于提高法律硕士实践能力有着重要意义。

（二）国家司法体制改革

1. 司法机关员额制改革

司法员额制，是指“有关司法机关包括法院和检察院在编制内根据办案工作量、辖区人口、经济发展等因素确定的司法官包括法官和检察官的职数限额制度”。[4] 2014 年 6 月原中央全面深化改革领导小组通过的《关于司法体制改革试点若干问题的框架意见》第一次明确提出“建立法官、检察官员额制”。

---

〔1〕 国务院学位委员会办公室：《关于设置法律专业硕士学位的报告》（第 13 次会议通过），1995 年 4 月 11 日，第 2 条。

〔2〕 国务院学位委员会办公室：《法律硕士专业学位研究生指导性培养方案》（学位办〔2017〕19 号），2017 年 7 月 20 日。

〔3〕 教育部、中央政法委：《关于坚持德法兼修实施卓越法治人才教育培养计划 2.0 的意见》（教高〔2018〕6 号），2018 年 9 月 17 日。

〔4〕 谢鹏程：《员额制有利于实现司法专业化职业化精英化》，载《检察日报》2015 年 12 月 7 日，第 3 版。

法检系统的员额制是司法员额制改革的重点,通过吸纳优秀的司法人员、整合有限的司法资源到一线的业务部门,在"能办案的入额,入额的必须办案"[1]原则指导下,实现办案的专业化、职业化,提高司法公信力。

员额制的改革意味着司法人员需要形成办案团队来处理案件。在一个办案团队中,真正能够办案的只有入额的法官、检察官,没有入额的则是以法官助理、检察官助理身份参与到办案过程中。但法官助理、检察官助理在司法系统的分类管理中,地位在不断下降,没有人愿意一直做法官助理、检察官助理等司法辅助人员,如果长期不能入额,则会导致司法系统人才流失。在员额制改革影响下,能够入额的法官、检察官数量有限,司法系统普遍出现案件数量与办案人员数量之间的不当配比,引起"人案矛盾"。即使有些法院尝试组建"法官—法官助理—书记员"的审判团队,[2]提高审判效率,但在人员总数不变的情况下,也很难缓解人案矛盾。司法系统急缺司法辅助人员,法律硕士到法院、检察院顶岗实习,担任法官助理、检察官助理角色,帮助法官、检察官审理案件,能够缓解司法系统缺少办案辅助人员的情况。

2. 立案登记制改革

根据《中共中央关于全面推进依法治国若干重大问题的决定》提出的要求,"改革案件受理制度,变立案审查制为立案登记制,对人民法院依法应该受理的案件,做到有案必立、有诉必理,保障当事人诉权"。[3] 法院系统在2015年5月1日对案件受理改革,全面实行立案登记制。据最高人民法院2019年工作报告中显示"2018年,最高人民法院受理案件34794件,审结31883件,同比分别上升22.1%和23.5%。地方各级人民法院受理案件2800万件,审结、执结2516.8万件,结案标的额5.5万亿元,同比分别上升8.8%、10.6%和7.6%"。[4] 由此可见,自实行立案登记制以来,法院受理案件数量激增。同时,报告中显示"2016年、2017年和2018年,全国法官人均办案数分别是104件、187件和201件,逐年大幅度增长;三年来全国法院庭长人均办案数分别是66件、87件和114件,也是逐年大幅度增长"。[5] 由于人案数量的不匹配,导

---

〔1〕 谢鹏程:《员额制有利于实现司法专业化职业化精英化》,载《检察日报》2015年12月7日,第3版。

〔2〕 参见上海市闵行区人民法院课题组、席建林:《员额制背景下审判资源有效配置研究》,载《上海法学研究》集刊(2019年第12卷总第12卷·闵行区法院卷),第19~31页。

〔3〕 《中共中央关于全面推进依法治国若干重大问题的决定》(中国共产党第十八届中央委员会第四次全体会议通过),2014年10月23日。

〔4〕 2019年3月12日,最高人民法院院长周强,在中华人民共和国第十三届全国人民代表大会第二次会议上作《最高人民法院工作报告》。

〔5〕 2019年3月12日,最高人民法院院长周强,在中华人民共和国第十三届全国人民代表大会第二次会议上作《最高人民法院工作报告》。

致一线法官的办案压力非常大,“人案矛盾”进一步激化。

法律硕士专业学位顶岗实习模式中,法律硕士作为法院、检察院的工作人员参与到日常工作中,可以将法官助理、检察官助理从复印、打印、整理案卷材料等一些重复性工作中解放出来,将更多精力放在帮助员额制法官处理案件的争议焦点、法律适用等核心内容上,有利于缓解“人案矛盾”,减轻法官、检察官办案压力。

(三)现有实践教学效果不佳

法律硕士的培养应该注重实践教学,全国各大高校在这一方面都已经取得共识。如何让法律硕士的实践能力有所提高,各大高校采取的实践教学形式不一,但大致上可以归纳为模拟法庭训练、法律诊所教育、实践基地见习三种。这三种实践能力培养模式在一定程度上对法律硕士的实践能力均有所提高,促使其主动接触真实案例,了解实务工作,不局限于法学理论学习。但在实际运行中,往往不能达到预期的效果,反而暴露了其中存在的问题。

模拟法庭训练缺少真实庭审效果。模拟法庭训练,可以激发学生积极性和主动性,通过扮演法官、检察官、律师等角色,了解各类职业特点,但往往庭审形式大于实质。模拟法庭最后的展示经常是提前排练好的,这失去了模拟法庭训练预期中,让学生展现真实庭审现场的目的。在案件内容上,案情也过于简单,忽视了现实可能出现的各类复杂情况。

法律诊所教育方向不具有针对性。法律诊所教育,让学生接触各种类型的实际案件,像医生给病人看病那样,由学生自己或者小组合作,诊断案情,提高学生对真实案件的认知,训练学生分析案件的能力,强化其法律思维。但法律诊所中接触的案件过于庞杂,从民事到刑事,甚至国际法均有所涉及,学生对案件的梳理能力并不能够有所提高。

实践基地见习浮于表面。学生到法院、检察院、律所等法律实务部门学习,接触实务案件,将法学理论知识运用到真实案件中,提高学生实践能力。但在真正的实习过程中,学生往往只能做一些诸如打印、复印材料,装订、整理卷宗等辅助性工作,无法接触办案的核心内容,学生的实践能力也不能在实习中得到锻炼。同时,由于高校一般将实习安排在临近毕业的最后一学年的第二学期,与学生的毕业论文、找工作等相关事项产生时间冲突,加之学校对于学生实习期间的管理并不严格,屡屡出现学生根本没有去过实习单位,最后直接在实习报告上盖一个公章的现象。[1] 这种情况也使学校安排学生去实践基地见习,以提高其实践能力的目的不能实现。

---

〔1〕 参见沈跃东:《论全日制法学法律硕士研究生实务实习的完善》,载《中国矿业大学学报》(社会科学版)2014 年第 1 期。

在这种情况下,法律硕士专业学位顶岗实习模式的提出,是对实践教学的一种有益创新。顶岗实习模式是源于高职的一种培养方式,要求学生到企业实习时,履行其岗位的全部职责。[1] 法律硕士顶岗实习模式中,法律硕士在实习期间履行其岗位的全部职责,以实习单位工作人员身份,参与到具体工作中,不再仅仅是以旁观者身份进行实习,而是以真正的办案人员身份,主动参与到案件办理中,这种心理上的转变,能够增强法律硕士在实习中的参与感,实践能力也能得到锻炼。

二、法律硕士专业学位顶岗实习模式的特色

(一)嵌入式人才培养

嵌入式人才培养是基于当前法律硕士存在理论与实际脱节的问题,而提出的对法律硕士培养时注重"理论和实践密切结合,对知识和能力进行有效集成,对理论课程和实践课程进行一体化课程建设,对校内资源和校外资源进行有机整合的过程"。[2] 其本质是要求理论学习和专业实践相互嵌入,相互配合,以此培养"嵌入式人才"。

法律硕士专业学位顶岗实习模式的一个特色就是"嵌入式人才培养"。在顶岗实习中的"嵌入式人才培养"有两方面含义,一方面是指法律硕士以实习单位工作人员身份,嵌入实习单位日常工作中;另一方面则是指法律硕士将实务中发现的问题,嵌入毕业论文以及相关课题研究中。

法律硕士作为实习单位工作人员嵌入到实习单位中,要求做到两点,第一点是遵守工作单位规章制度管理,第二点是参与到实习单位办案工作中。顶岗实习模式下,法律硕士在为其6个月至1年的实习期中,要严格遵守实习单位的规章制度,按时上下班,服从管理安排。在具体的实习工作中,除了帮助法官助理、检察官助理处理材料复印、整理等琐碎的工作外,也要参与到案件讨论、质证、调查等办案的核心环节。

法律硕士将实务中发现的问题嵌入到毕业论文以及相关课题研究中,则是要求法律硕士理论与实践相结合。法律硕士在实习期间,由实习单位指派业务能力较好的校外老师负责其工作安排,与实习生进行充分的交流。在校外老师的指导下,进行实务工作的操作,能够提升法律硕士的实践能力,在具体实践中法律硕士也会发现可供研究的典型案例以及具有实际应用价值的课题。此时,

---

[1] 参见陈仕玫:《高职学生顶岗实习期间权益的法律保障》,湖南师范大学法学系2012年硕士学位论文,第6页。

[2] 孙仁峰:《"嵌入式"人才培养模式探索与实践——以人力资源管理专业为例》,载《浙江工贸职业技术学院学报》2010年第1期。

法律硕士可以利用实习的便利条件,进行相应的资料收集、案例整理工作,以便后期开展深入的应用法学研究。同时,在实习单位参与到实务工作后,法律硕士能够发现自己理论知识上的不足,可以通过及时查阅资料、请教校内老师,弥补知识上的漏洞,增强自身的理论功底,反过来促进理论运用于实践,解决实践问题。另外,法律硕士的培养方案中,要求法律硕士的毕业论文需要引用实践中的案例。在顶岗实习过程中,法律硕士可以将实务中发现的问题应用于毕业论文中,满足实务问题嵌入毕业论文中的要求。

(二)权利义务对等性

权利义务对等性,是指法律硕士通过在实务部门顶岗实习,履行工作职责,可以获得一定的报酬,即带薪实习。带薪实习(Co-operative Education)最早是由美国辛辛那提大学为改革对财务专业学生的培养模式而于1906年提出并开始实施的,后来在工业化国家广泛适用,在"CO-OP"教育模式上最有建树的是加拿大滑铁卢大学,其特点是时间灵活、管理科学,实践能力提升快。[1] 在我国,带薪实习模式同顶岗实习模式一样,都是适用于高职教育中,在本科及研究生阶段的实践教学中,"CO-OP"模式适用的较少。

法律硕士专业学位顶岗实习中的带薪实习,是一种研究生阶段实践教学的创新。一方面,带薪实习是基于良好的校地、校企关系,高校与法院、检察院、律所等实习单位经过充分协商,由实习单位提供实习岗位,并发放法律硕士实习生每月不低于2000元的工资作为工作报酬。带薪实习可以给法律硕士带来经济上的激励,令其认真对待自己的实习工作,将自己视为实习单位的一员,增强归属感与责任感。另一方面,带薪实习的一大特征是工学结合,在高职教育中主要是指在"以企业的要求来培养人才,有'订单式'教育一说"。[2] 法律硕士专业学位顶岗实习在工学结合方面,则是指增强培养单位与实习单位的联系,培养有针对性的法律人才。高校法学院在制定人才培养方案时,听取实务界的意见;对于实习单位反馈的,法律硕士在实习中出现的问题,学院认真对待,并及时调整教学内容,保证教学的实用性,促进学院与实习单位之间更好的合作。

三、法律硕士专业学位顶岗实习模式的运转机制

(一)签订战略合作协议为依托

法学院作为法律硕士培养单位,为推行法律硕士顶岗实习模式,需要做好

---

[1] 参见周敏:《加拿大高职教育带薪实习的启示》,载《科技视界》2015年第4期。

[2] 张维延、王清:《带薪实习创新应用型本科人才培养机制——以苏州大学为例》,载《中国成人教育》2015年第22期。

各种前期准备工作。除了顶岗实习相应的制度安排之外,学院与实习单位签订长期战略合作协议也是非常有必要的。利用签订协议这一具有法律效力的方式,约定双方的权利义务,保障法律硕士顶岗实习模式能够稳定运行。

以江苏师范大学法学院法律硕士专业学位顶岗实习模式为例,在2014年开始采用法律硕士专业学位顶岗实习模式之前,法学院已经与徐州市中级人民法院、徐州市人民检察院、徐州市泉山区人民法院等相关司法机关,以及江苏淮海明镜律师事务所、江苏茂通律师事务所、江苏元封律师事务所等各大律所签订战略合作协议,以平等互利、优势互补、共同发展等为协议的基本原则,且约定协议有效期为5年以上。

在组织机构方面,成立专门的战略合作工作小组,由双方各自的领导担任组长一职,派专人负责双方的日常沟通联系协调。对于合作的具体事项以及日后的发展,由小组共同商讨、安排、协调、监督合作内容的开展。

在人才培养交流方面,协议约定法学院可以依据学校规定的条件与程序,聘请法院、检察院等部门领导和办案法官、检察官担任法学院的特聘教授、诊所教师、硕士生导师、研究人员等,并参与到学生的课外法律实践与学术研究活动中,在情况允许时,开设实务方面专题讲座。同时,法院、检察院根据工作需要,组织批准,可以在履行相关程序后,聘任法学院副教授以上人员挂职担任副院长、副检察长、专家咨询委员、人民监督员等职务,依照规定参与到重大疑难复杂案件的讨论中并提供咨询意见。

在实践教学基地建设方面,规定法学院可以在法院、检察院等签订协议的单位,设立实践教学基地。各实习单位每年为法学院学生,预留学生实习名额,并指定至少一名业务能力好、责任心强的法官、检察官或律所主任担任实习生在实习期间的指导老师,具体安排法律硕士的实习工作内容,并在实习过程中,对实习生进行综合考核。在实习结束前,给出实习意见以及实习成绩。

在应用法学研究方面,双方可以选取实务中的重点、难点课题共同开展研究、共同申报重点法律研究课题,定期合作举办专题研讨会议,合作出版学术著作和案例评析等实务著作。同时,根据实习单位需要,法学院可以组织相关专业的教师就实习单位拟开展的重大司法改革试点、工作机制创新等进行专题的研讨与论证。

在资源共享方面,实习单位应法学院的需求,在法律和政策允许的范围内,为法学院提供教学、科研所需的相关案例、资料或信息。法学院为实习单位工作人员提供高校电子图书资源,实习单位工作人员凭有效工作证件,可以进入高校图书馆,免费借阅图书馆资料。

（二）集中实习严格管理为保障

1. 采用集中实习方式

现有的实习方式，主要是集中实习和分散实习两种。集中实习由相关学院统一安排实习单位，严格管理，定期考核，这种方式可以保证实习效果。分散实习则是学生自己联系实习单位，可以就近选择，较为方便，但存在难以管理、不能保证实习效果的弊病。因此，法律硕士顶岗实习模式采取的就是集中实习的方式，即由法学院统一安排法律硕士到已经确立了合作关系的实习单位进行岗位见习，实习生直接作为实习单位工作人员进行实习，履行岗位全部工作职责，接受实习单位规章制度的约束和管理。

在法律硕士顶岗实习前的实习单位选择上，遵循自愿为主、统筹协调的基本原则。学院为法律硕士安排实习单位时，首先遵从学生自己的意愿，在实习单位名额已满的情况下，与学生进行充分的沟通交流，安排其到第二志愿的实习单位进行实习。在统筹协调时，成立专项小组，以院长为组长，相关院领导为小组成员，保持公平公正的态度，处理学生实习单位安排的问题，使学生能够以积极的态度，面对未来的实习生活。

2. 坚持严格管理模式

为保证实习效果，必须加强法律硕士实习期间的管理。制定严格的规章制度，保证法律硕士高质量完成实习任务。法律硕士顶岗实习模式，要求实习生遵照实习单位的规章制度，在实习单位安排下，参与实习单位的办案工作。

顶岗实习中的考核，能够督促法律硕士认真对待实习工作，应做好各项考核。实习考核不能仅靠实习结束前的实习报告，要结合中期考核、定期检查综合考量。由实习单位所指派的校外指导老师依据实习生在实习期间的日常考勤、办案参与度等表现，做出评价，给出改进意见，打出中期考核分数。校外指导老师给出的考核分数，在法律硕士最终的实习分数中要占有50%以上的比例，提高法律硕士对实习的重视程度。

在实习过程中，法律硕士实习生每周都要填写“法律硕士联合培养工作站工作簿”，记录每周的工作内容以及存在的不足，并填写“学生对课程和教师评估表”“学生自我评估表”，由学生来反馈自己对顶岗实习模式的真实感受，并提出改进意见。临近实习结束时，撰写实习心得，记录实习过程中的真实感受，并且要有校外指导老师的指导意见。这样是为了收集法律硕士顶岗实习模式的资料，做好法律硕士实习后的反馈工作，以便后期改进顶岗实习模式中的不足，逐步完善顶岗实习模式。

（三）合理安排实习时间

法律硕士（非法学）专业学位按照培养方案有三年的培养时间，因此对于其实习时间的安排可以安排在研二,给予其一年多的理论学习时间,筑牢法学理论的根基,有了足够的理论知识做支撑,才能够真正参与到实习单位的实务工作中。对于法律硕士(法学)专业学位,考虑到其培养时间只有两年,时间比较紧,因此将法律硕士(法学)的实习时间安排在第一学年的第二学期,实习时间为六个月至一年。这样的安排是综合了各方面的考量后做出的决定,实践也证明这样的安排是具有合理性的。

如果将顶岗实习的时间,安排在最后一学年的第二学期,届时法律硕士的实习会与毕业论文写作、寻找工作等各种事情冲突。相较之下,学生会投入更多精力在毕业论文写作和寻找工作上,忽视实习的重要性,往往出现学生对待实习工作不认真,敷衍了事的现象,甚至有的学生根本不去实习,最后只是找了一个章盖在实习报告上,假装已经完成实习任务。这样的情况,显然与安排法律硕士实习的最初目的相违背。

在第一学年的第二学期安排法律硕士(法学)进行顶岗实习,此时学生已经具备了理论知识功底,也不会与其他事情产生冲突。法律硕士(法学)在本科时经过四年系统的法学知识学习以及法律思维训练,再经过研究生一学期的理论知识学习,已经具备了足够的法学理论知识去处理实践中的问题。因此,在法律硕士(法学)入学后第一学年的第二学期安排其去顶岗实习,既可以保证法律硕士有足够的法学理论知识去处理实务中的问题,也不会发生顶岗实习与毕业论文、找工作等事项相冲突的情况,确保法律硕士可以全身心投入实习中,以此达到一个良好的实习效果。

在实习时长上,法律硕士顶岗实习模式有至少六个月的实习期。这样的安排一方面符合《法律硕士专业学位研究生指导性培养方案》(学位办〔2017〕19号)的培养要求,另一方面也符合办案周期的科学要求。由于一般案件办案周期较长,至少六个月的实习期,可以使实习生完整的跟完一个案子。[1] 另外,要想掌握一项新工作也至少需要三个月,实习期较长,可以让实习生更熟练地掌握工作的内容,也可以让实习单位对实习生产生信任,允许其接触案件讨论、法律适用等办案核心内容。

四、法律硕士专业学位顶岗实习模式已取得的实效

(一)促进法律硕士理论与实践结合

法律硕士顶岗实习模式与一般实习有很大的不同,更加强调法律硕士的嵌入式实习。其严格的管理规章,避免了一般实习的浮于表面问题,保证实习生

---

〔1〕 参见李勇:《试论最高人民法院法律实习生制度》,载《法学教育研究》2018 年第 2 期。

能够真正参与到实习单位的正常工作中。顶岗实习要求法律硕士将理论知识与真实案件相结合,并且两者互为促进关系。自2014年实行法律硕士顶岗实习模式以来,江苏师范大学法学院已经有5届学生经历过这种实习方式,均对这一模式给予了良好的反馈意见,并且不少学生将在实习过程中发现的实务案例、问题加以研究,写到了毕业论文里面,并被评选为"优秀论文"。

(二)提高实习单位科研水平

法律硕士到实习单位顶岗实习,学生接触实务,实践能力可以提高。法律硕士也会与实习单位的指导老师共同完成在实务中发现的问题,形成相关课题,并完成相应的调研报告、案例梳理。这种形式有利于学生科研能力的增强,也能够在一定程度上提高实习单位的科研水平。同时,基于学院与实习单位的良好合作关系,对于实习单位在工作中面临的、具有应用价值的问题,学院也会与实习单位开展司法实务方面的合作研究,提升实习单位的办案水平。

(三)明确法律硕士职业方向

法律硕士是为了培养法官、检察官、律师等高层次法律专业人才而设立的,法律硕士尽早确立个人未来的职业发展方向,对其自身发展而言,有着极大的好处。法律硕士顶岗实习模式,可以让法律硕士利用实习的机会,提前了解法院、检察院、律所等各种法律部门、行业的实务工作内容,依据自己的能力、性格,确定自己适合何种职业,尽早做出未来职业方向的选择。在有了一定的职业方向指引后,法律硕士就可以针对性学习,为将来准备从事的职业方向所需要具备的技能而努力。在实习过程中,发现自身的不足,及时进行弥补,有助于法律硕士在毕业后尽快进入自己的职业角色。

五、法律硕士专业学位顶岗实习模式的不足与改进

(一)法律硕士顶岗实习模式存在的不足

1. 岗位间轮换不够

一般情况下,法律硕士到法院、检察院等实践基地见习,整个实习期间都是在法院、检察院中的一个业务部门里工作,[1]所接触的实务类型比较固定。例如,一个法律硕士实习生如果被分配到民庭后,那么其今后6个月乃至更长一段时间的实习工作都会在民庭度过,每天接触的也都是民事案件,很难接触到除民事以外的案件类型。这并不利于实习生充分了解各种部门法在实务中的运用以及熟悉法院、检察院各个庭之间的运作模式,对于法律硕士实习的效果也打了折扣。

---

[1] 参见陈文杰:《论全日制法律硕士专业学生的实习研究》,载《法制博览》2015年第13期。

另外,在法律硕士顶岗实习中,可能出现的一个问题就是,法律硕士在进入实习单位后,发现实习单位的具体工作与预先设想并不一样。继而,实习生对于实习工作可能会产生抵触心理,不利于实习工作的开展,也不能达到实习的目的。

2. 实践中问题意识不强

法律硕士专业学位的设置是为了培养应用型、复合型人才,因此,应当注重实践教学,培养其理论与实践相结合的意识。但在法律硕士专业学位顶岗实习中,由于法律硕士的校内校外两位导师,极少进行交流。对法律硕士的指导,也只是校内的导师负责法学理论知识的培养,校外的导师负责法律实务指导。加之法律硕士在无人刻意引导下的问题意识不强,也就导致了法律硕士虽然在实务中会遇到许多可以研究的应用型问题,但却没有将问题归纳整理的意识以及行动,不能达到实习预设的发现问题这一目的。

3. 顶岗实习模式维系问题

法律硕士专业学位顶岗实习模式,虽然已经运行了五年,但仍然处于探索阶段。现有法律硕士顶岗实习模式缺少一个完整的实习制度,明确规定法律硕士顶岗实习模式在每一个阶段应该做什么。也因为缺少完备的实习制度指引,法律硕士顶岗实习过程中可能会出现高校与实习单位职责约定不明、学生薪资不清等各种问题,导致法律硕士顶岗实习模式维系出现问题。

另外,实务部门的主要领导的更换,也可能出现法律硕士顶岗实习模式无法维持的问题。法律硕士顶岗实习的发展,离不开实务部门的支持。实务部门与高校法学院保持良好的合作关系,有利于法律硕士顶岗实习模式的维系,并探索促进双方合作的方式。但是当实务部门的领导更换,实务部门发展的方向也就可能有所调整。加之法律硕士顶岗实习模式暂时没有形成一套完整成熟的运行机制,高校与实务部门签订的战略合作协议一旦到期,双方也就没有了法律上的权利义务关系,实务部门根据自身发展需要,不再与高校继续合作,法律硕士顶岗实习模式也就无法维系。

(二)法律硕士顶岗实习模式的改进

1. 增强岗位间轮换

对于实习期间只能在一个业务部门工作的问题,学院可以与实习单位进行协商,在尊重学生意愿情况下,依据法院、检察院等实习单位的安排,对实习生的岗位进行定期的轮换,使学生能够了解各部门法在实务中的运用,也对法院、检察院的日常工作有充分而全面的认识。

同时,在实习初期,可以给予学生一至两周的岗位体验时间,在学院统筹协调后,实习生到学院安排好的实习单位实习,给予学生实习单位体验时间,可以在学生发现自己不适合实习单位的工作环境、工作模式时，及时向学院说明理由，由学院协调，安排学生到有意向的实习单位。当然，为了不影响实习的正常进度，这样的体验机会只有一次，而且只能在实习开始的前两周。

2. 注重双导师对接

对法律硕士进行培养教育时，采用双导师制。但双导师制并不是意味着校内、校外导师完全不交流，只要负责各自的内容。对于法律硕士的教育，双导师要经常交流，注重校内外的教学对接，以促进法律硕士的培养。校内导师在教授法学基本理论知识时，要与法律硕士共同探讨实践案例，增强其对真实案件的感知力，要求法律硕士具备实践意识。校外导师除了对法律硕士的岗位见习进行实践指导外，还要引导学生多阅读法学书籍阅读，增强其法学理论水平，引导其在实践中发现可研究的问题，促进其学术研究水平的提高。

3. 形成完备运行机制

法律硕士顶岗实习模式的运行机制，在总结现有的实行经验基础上，借鉴国外以及高职中的做法，不断完善法律硕士顶岗实习模式。同时，为了能够推广全国，可以做出大致方向的规定，各大高校在运用时，结合各地不同情况，对法律硕士顶岗实习模式进行详细规定。在运行机制内容上，要具体包括前期的实践基地建设，如何与实习单位签订战略合作协议；中期征求学生意见，安排实习单位，做好各种考核，严格管理；后期在实习结束后，做好实习的收尾工作，如学生上交实习心得、实习报告，填写自我评估表等，做好顶岗实习模式的反馈工作。在形成完备的顶岗实习运行机制后，为每一位法律硕士实习生在实习前发放实习手册，明确实习内容以及实习的考核依据。

六、结　语

法律硕士专业学位顶岗实习模式，能够满足法律硕士的专业需求，适应司法系统员额制改革的背景。顶岗实习的嵌入式实习和带薪实习，是法律硕士实践教学模式上的有益探索，是一种实践教学的创新。尽管仍然存在岗位轮换不够、实践问题意识不足以及顶岗实习模式的维系等问题，但有了前期经验积累，未来逐渐尝试在增强岗位轮换、注重双导师对接、形成完备机制等方面不断探讨，一定可以促进法律硕士专业学位顶岗实习模式的完善。

研究生教育内涵式发展的法律保障研究

张晨阳*
（江苏大学法学院）

摘　要：研究生教育内涵式发展是我国高等教育内涵式发展的重要组成部分，相较于日趋完善与稳定本科教育，研究生教育近年来，客观形势发生了较大变化，其发展中存在诸多特殊问题。本文将通过分析研究生教育内涵式发展的概念，阐释其追求发展质量的核心要义，提出研究生教育内涵式发展中存在的主要问题，探析其法律保障途径，从而建立体系化、明确化、常态化的研究生教育法律保障体系，为研究生教育内涵式发展的实现提供制度保障与人才支持。

关键词：研究生教育内涵式发展　发展质量　体系化　法律保障

一、前　　言

教育部于2012年发布了《全面提高高等教育质量若干意见》，其中提出了“坚持内涵式发展……走以质量提升为核心的内涵式发展道路”的明确要求。同年举行的十八大在报告中也提出了，要推动“高等教育内涵式发展”的明确要求。而后2017年的十九大也提出要“加快一流大学和一流学科建设，实现高等教育内涵式发展”。研究生教育作为高等教育的重要一环，起到了承上启下的重要作用，研究生教育的内涵式发展是高等教育内涵式发展的必然要求，也是双一流建设亟须解决的问题。通过制定法律来明确规定内涵式发展的要求、实施方法以及规制措施，从而建立完善的法律保障体系，是研究生教育内涵式发展体系建设之初出首先应当解决的问题。

二、研究生教育内涵式发展的概念

“内涵”一词，是指代一个概念所反映的事物的本质属性的总和，也就是概念的内容。学界主要将“内涵式发展”相对于“外延式发展”进行比较。如瞿振

---

* 张晨阳，江苏大学法学院硕士研究生。

元认为“内涵式发展”是以事物的内部因素作为动力和资源的发展模式,表现为事物内在属性的发展,[1]如提高发展质量、提升自身水平、优化本质要素、协调内部结构等。卢晓则将“内涵式发展”定义为多种发展结构模式中的一种,是以事物发展之内部因素作为发展资源与核心动力的发展模式,更强调提升发展质量、优化自身结构。[2] 综上所述,内涵式发展的核心要以便在于发展质量的提升。由此可知,研究生教育的内涵式发展可以定义为:以提升研究生教育质量为核心的教育发展模式。

三、通过法律进行保障的可行性

研究生教育内涵式发展的意义在于教育质量的提升,在实践之中,西方教育发达的国家取得的教育成就,都是靠有力的法律保障为后盾,法律作为研究生教育内涵式发展的重要保障已经被世界各国所使用。从立法技术来看,根据我国宪法与高等教育的相关法律、法规,紧紧围绕研究生教育质量发展中存在的重点问题,参考与学习西方国家在提升与保障研究生教育内涵式发展方面成功的立法经验,做到取其精华,去其糟粕,吸收符合中国研究生教育实际情况的经验,完全有能力构建,符合我国国情的研究生教育内涵式发展的法律保障体系。在实施能力方面,我国恢复研究生教育已经过了四十余年,在研究生教育方面取得了辉煌的成绩,培养了众多的研究生教育人才,通过全面推进依法治国,建成了相对成熟的法律实施体系,长足的经济发展,提供了有力的财政保障,有能力承担国家对研究生教育内涵式发展的投入义务。综上所述,我国完全有能力也有必要,通过法律对研究生教育内涵式发展进行保障。

四、研究生教育内涵式发展中存在的主要问题

研究生教育内涵式发展的核心要义便在于提升研究生教育质量,所以通过法律进行保障,其重点便在于通过法律规范与原则,解决影响研究生教育质量的现实问题。同时还可以通过法律途径,构建更加适合我国国情与现实需要的发展结构,防范相关工作走向形式化的隐患,协调相关机关在研究生内涵式发展中的相关工作。

所以在探析研究生教育内涵式发展的法律保障途径时,就必须先明确我国研究生教育工作中影响教育质量的主要问题。根据学界对研究生教育的研究,当今研究生教育中存在的主要问题在于以下几点:

---

〔1〕 瞿振元:《高等教育内涵式发展的实现途径》,载《中国高等教育》2013 年第 2 期。

〔2〕 卢晓中:《“双一流”建设背景下高等教育的内涵式发展》,载《苏州大学学报》(社会科学版)2018 年第 1 期。

(一)我国研究生教育招生人数增长迅速,但财政投入严重不足

根据相关统计,相较于2008年44万余人的研究生招生总数,2018年,研究生招生总数已接近86万,短短十年之间,招生人数增加了近1倍。而教育经费占财政支出的比例,只是从3.48%上升至了4.11%,并且近年占比还略有下降。[1] 在招生人数极速增长的同时,财政支出的增长却着实有限,必然导致了研究生教育的人均投入正在持续下降,教育质量缺乏经济保证。现如今的发展模式,与研究生教育的“精英化”特征存在天然的矛盾,成为阻碍研究生教育内涵式发展的重要“瓶颈”。

(二)研究生教育缺乏完善的淘汰机制

目前高校研究生培养缺乏统一的淘汰机制,普遍适用自行的相关机制。实践中,由于来自各方的阻力,淘汰机制大多形式化、虚置化。

首先,学生培养过程中缺乏淘汰机制,社会大众接受研究生教育的机会成本与经济成本较高,难以接受被淘汰的后果;此外,校方对研究生教育的投入也十分巨大,淘汰所带来的一系列损失,也阻碍了淘汰机制的落实。以至于研究生入学后,缺乏威慑与引导,没有形成正确的学习观念和学习态度,使研究生教育无法达到应有的质量。

其次,教师队伍中缺乏淘汰机制,缺乏对研究生教学内容质量的激励。不仅难以提升教学质量,甚至难以保障基本的教学质量要求,教学工作本身缺乏竞争,聘任制并没有得到有效落实,对于没有积极履行教学义务,无法保证教学质量的教师,亦没有明确的退出机制与标准。[2]

(三)研究生教育评估机制存在缺陷

评估机制作为教学质量最有效、最直观的教育质量保障措施,在研究生教育中亦是如此。从历史上看,我国研究生教育质量评估经历了政府评估为主的探索阶段(1985~1993年)到多元化发展阶段(1994年至今)的转变,[3] 研究生教育质量评估的研究开始的时间也较早。根据教学质量的影响因素来划分,研究生教育质量评价指标体系包括物质条件、导师指导、管理教育等维度。在评估方式方面,我国以往的研究生教育评价主要为合格评估和水平评估两种类型,这两类评估活动存在周期较长、过程静态化和结果滞后性等功能性缺陷。

[1] 国家统计局:《中国统计年鉴》,中国统计出版社2018年版。

[2] 王战军:《学位与研究生教育评估技术与实践》,北京高等教育出版社2000年版。

[3] 参见王战军主编:《学位与研究生教育评估技术与实践》,高等教育出版社2000年版,第4页。

五、研究生教育内涵式发展的法律保障途径

我国现行法律体系中,虽然《教育法》《高等教育法》对于研究生教育质量的保障方面作了原则性的规定,但相关法律法规的缺失,仍然是造成我国研究生教育内涵式发展中存在的诸多问题的重要原因之一。综观西方国家对研究生教育的内涵式发展的各类保障的方式,法律保障显然是最为有效的方式之一。法律通过确定各法律主体自身的权利义务,逐渐构建内涵式发展的长效机制,才能真正实现研究生教育内涵式发展的正本清源。

(一)研究生教育资金投入的法律保障

美国是现代社会最早将教育资金投入进行立法规范的国家之一。美国将高等人才的培养列为一项国家基本战略。“二战”结束后,世界形势进入冷战阶段,美国为了在与苏联在军备竞赛中取得优势,进一步认识到了高等人才培养之重要性,为保证高等教育事业能够进入更加健康的发展轨道,美国先后颁布了十多部相关法律以促进高等教育的高质量、内涵式发展。“二战”之后,日本的经济重振亦高等教育,尤其是研究生教育,高度重视的结果。日本国内为了保障教育投入的水平与质量,制定了《义务教育国库负担法》《学校教育法》等多部法律予以保障和规制,教育投入的比重常年保持在全球较高水平。欧洲的发达国家也紧随脚步,制定了多部相关法律,以保障自身教育投入的高水平、高质量。

我国与世界大多数国家的教育投入水平存在一定差距。我国于1993年就提了教育投入占我国国民生产总值4%的总目标,在十余年后才真正得到落实。其根本的原因在于《中国教育改革和发展纲要》是我国政府对于教育工作发展之规划的工作报告,从法律层面上缺乏应有的约束力,在我国现行的财政制度背景之下,增加教育投入的主体不明确,权责主体不清,其贯彻执行实属不易。国家财政对研究生教育的充分支持,是保证研究生教育内涵式发展的前提条件、亦是应有之义。国家财政对研究生教育投入的立法又是保证资金投入到位的先决条件,通过立法程序将其上升为国家的意志,明确职责主体与相应的财政制度,国家对研究生教育的财政资金投入才能得到保障。因此,我国迫切需要真正从法律制度上保障对教育(包括研究生教育)的足额投入。

依据《宪法》第19条和《教育法》第53条、第54条、第55条、第60条、第61条和第62条的规定,我国现行法律规定,规定了国家保障包括研究生教育在内的各项教育资金之投入的义务。而实践中,义务的履行程度却比较有限,究其原因,在于并没有制定明确、可行的计算依据来明确所需投入的金额,相关的比例也仅作原则性规定,缺乏强制力与可行性。除此以外,仅《教育法》第71

条规定了不履行教育费用投入义务的法律责任,并且根据现可得知的政府信息表明,不依法履行教育投入义务的政府机关主管人员,几乎没有受到过相应"行政处分"的案例。因此,在我国现行法律体系之中,通过法律保障研究生教育资金投入十分必要。

因此,我国应当通过立法,对研究生教育资金投入的相关法律责任进行进一步明确。法律通过权利与义务调整主体的行为,只有规定相应的法律后果,才能保障法律规则的有效执行。我国正在实行的《中华人民共和国高等教育法》没有实现对研究生教育经费的投入保障,因其所规定的法律责任较轻且可操作性较低,导致难以产生应有的社会效果。我国应该设定更加具有操作性与规制效果的法律责任,首先法律责任主体可以包含以下几类:第一,进行研究生教育的相关单位及其主管人员。第二,相关的督查、评估机构及其工作人员。第三,各项经费的给付义务机关以及相关人员。立法应赋予相关主体相应的权责,同时明确与之相对的法律责任。各项经费的给付机关的主要义务在于保证相关经费的储备充足、依照法律所规定的程序及时支付款项等。这是保障研究生教育充足的前提和基础,也是法律是否可以得到落实的核心,在其不履行或怠于履行该义务时,其法律责任应更加严厉。

应依法制定研究生教育相关经费投入的程序。首先应当对研究生教育的各项经费投入的规模进行评估预算,预算标准的核心在于,必须与历年招生人数挂钩。上文已述,研究生教育与其他教育水平的客观形势存在较大不同,本科及以下教育水平的历年招生人数已经稳定,并且随着出生人口的减少,存在明显的下降趋势,但研究生教育近年来招生人数激增,而教育经费的增加十分有限,人均经费投入的数额正随着招生人数的高速增长快速减少,必然导致研究生教学质量下降,无法实现研究生教学内涵式发展的明确要求。在我国教学经费短期内总额无法得到明显改善的背景之下,必要要求对研究生招生人数进行限制,保证研究生教育"精英化"的天然属性。同时,客观形势也要求我国研究生教育要提升经费使用效率,节俭与高效亦是其应有之义。

经费的支付程序亦应当通过立法进行规范,只有通过法律对款项的收支进行依法规范、监督才能保证款项被合法正当地使用、不被挪用。制定高等教育经费投入的程序应该包括两个方面:一方面应明确研究生教育经费的审批及支付程序。另一方面就是获得支付的时间。与现行法律规范相比,只有明确获得支付的时间,才能避免经费投入目标长期无法落实等情形的再次发生,没有明确期限的投入,即使明确了责任主体及后果,也无法保障规范的可操作性与效率性。

(二)通过法律规范教学评估制度

我国高等教育的普及之路已经经过了较长时间的发展,但直至今日,亦无任何一部保证高等教育质量的法律,而硕士、博士研究生教育相较于本科教育,无法进行普及化,保证研究生教学内涵式发展的现行法律更是无从谈起。完全依靠国家的政策引导无法形成稳定、高效的研究生教育质量保障体系,政策的执行相较于制定完备的法律,更容易因执行者注意力的改变而该改变,所以进行立法保障是研究生教育内涵式发展法律保证的必然要求。评估制度作为保证研究生教学质量乃至其内涵式发展的根本手段,通过法律建立公正、有效、稳定的评估制度,是通过法律保障研究生教育内涵式发展的必然要求。首先,应准许设立高等教育质量评估的专业机构,赋予其依法对各高校研究生教育中学科设置、教学水平等方面进行专业评估的职权。根据研究生教育质量评估的内容和类别,依法分别规定研究生教育质量评估的专业机构设立的条件和相关的权利和义务(包括专业机构设立的人员资质条件、经费来源、评估职权的行使和监管等)。让专业评估机构能依公平、公开、公正的原则,按依法制定的高等教育质量标准体系,依法行使评估职能,避免评估活动形式化、虚置化。

同时,评估标准的制定也应当坚持"评估实质化"的基本原则,在政策导向的当下评估机制中,"样板课""一日游""走马观花"的情形屡见不鲜,不仅无法达到全面评估教学质量的目的,还严重影响了各高校的正常教学与科研工作。定期评估机制沦为形式,大多是因为评估频率过低,不必要的评估内容过多,而对于教学中的重点环节,如结课考核、研究生课程学习程度等却被"选择性忽略",这不仅导致了评估工作受到敷衍,平日的教学工作与最后的考察工作也出现了形式化的趋势,众多"交论文""写感想"的考查方式,严重损害了研究生教育内涵式教育制度及我国高等人才的培养制度。评估标准的制定应当更加注重教学中关键环节的考核,不仅起到评价高校教学水平的功能,还可以对教学工作中的重点环节进行监督,进一步保障研究生教育的内涵式发展。同时精简考核内容,摒弃不必要的评估环节,增加评估频率,保证评估工作在严格重点环节的同时,实现评估的全程性与全面性。

(三)完善研究生教育淘汰机制

保证教育质量,就必须保证有效的竞争机制,以往的淘汰机制往往由各高校自行的各种规定组成,规范的法律效力有待商榷,同时执行落实也十分困难。缺乏法律带来的国家强制力的保障,无论是不合格学生的淘汰机制,还是不达标教师的淘汰机制,都会因社会生活的诸多阻力而被束之高阁。学生培养中缺乏淘汰机制,对不积极完成学业的学生缺乏威慑,即使建立再成熟的培养体系,也不能真正实现研究生教育的内涵式发展,亦不能实现国家进行高等教育之目的。而对不达标教师的淘汰机制,在现行法律体系下更是无法可依。大部分高校自身也无可行的淘汰机制,不达标教师的存在导致研究生教学质量严重下降,不从事教学任务的教师职工,也会浪费国家对于研究生教育的经费支出,阻碍研究生教育的质量与发展。

学生培养中的淘汰机制,应当以现行学位管理规范的基础之上,明确淘汰机制的具体内容,以及淘汰机制的实施程序以及相关救济途径。我国对于此方面的研究已经十分成熟,而如何将理论在实践中落地,就需要相关主管机关引起足够重视,意识到仅通过文件,通知等方式督促高校自行建立淘汰机制的工作路线,已经不足以满足教育实践中的需要,急需可操作、可持续、常态化的学生教学淘汰机制。

教师团队的淘汰机制建设,则鲜为学界提起,我国现有法律中,对高等院校师资素质的要求仅作原则性的规定,没有在法律上作出强制性要求,这也是造成目前我国研究生教育教师团队素质良莠不齐的主要原因。教师团队的淘汰机制,应当与评估机制挂钩,对教师素质与教学质量作出硬性规定,引入《公务员法》中的定期评价机制,通过立法,对连续评价为不合格的教师之淘汰进行强制规定。只有定期淘汰不符合法律、法规要求的教师成员,引入更多优质新兴人才,才能保证研究生教师队伍良性发展,不断进步。

六、结　语

我国研究生教育相较于日渐稳定与完备的本科教育体系,其客观形势与培养要求存在较大差异,其保障体制也急需进一步完善与发展。提出研究生教育内涵式发展,就是要求我国研究生教育应当更加注重质量提升,而不仅仅是规模的扩大。通过法律手段,完善研究生教育的财政支持制度,建立科学完备的教学评估体系,落实研究生教学中各领域的淘汰机制与淘汰标准,从而形成体系化、明确化、常态化的研究生教育之法律保障体系,从而提升发展质量,为我国研究生教育内涵式发展的实现提供制度保障和人才支持。

“互联网 +”背景下法律硕士培养路径优化探析

张　杰　王子璇*
（江苏师范大学法学院）

摘　要：新时代，互联网信息技术的日益发展使法学教育理念与方式发生了巨大转变，也为法律硕士培养模式的创新与路径的抉择提供了新的契机。在“互联网 +”背景下，如何利用互联网“新技术深化”应用型法律硕士的培养，是法学教育工作者共同面对的一项新课题。“互联网 +”背景下法律硕士教学方式应展现出以信息技术为依托、以学生自主学习为便利、以国际化为场域、以学生个性化培养夯实实践教学四个方面的特点，紧紧抓住当前“互联网 +”在改善教育资源分配不均、便捷信息交换和资源共享和降低实践性教学成本的有利因素，明确当前法律硕士的培养不仅要强化学生的理解、运用法律的能力，更要注重学生收集、分析、处理法律数据的综合能力及自主学习能力培养的目标，在课程设置、教学方法和考核方法等方面进一步优化，以期形成一套可鉴的“互联网 +”法律硕士培养体系。

关键词：“互联网 +”　法律硕士教育　实践教学　教学方式

“互联网 +”是指创新 2.0 下的互联网发展的新业态，也是致使社会创新 2.0 推动下的互联网演进及其催生的经济社会发展新形态。[1] 党的十九大以来，教育信息化正迎来重大发展机遇，习近平总书记在致首届国际教育信息化大会的贺信中就指出“要积极推动信息技术与教育融合创新发展、以教育信息化构建网络化、数字化、个性化、终身化的教育体系，建设人人皆学、处处能学、时时可学的学习型社会，培养大批创新人才”，这为“互联网 + 教育”指明了目标和方向。2018 年 10 月，教育部和中央政法委联合发布的《关于坚持德法兼修实施卓越法治人才教育培养计划 2.0 的意见》（以下简称《2.0 意见》）中第 6

---

* 张杰，江苏徐州人，江苏师范大学法学院硕士导师；王子璇，安徽宿州人，江苏师范大学法学院 2019 级法律硕士。基金项目：江苏省教育厅项目“法律硕士‘U’ + 工作站实习模式创建研究”（JGLX19_117）。

〔1〕 崔艳峰：《“互联网”时代法学教育面临的挑战与变革》，载《西北成人教育学院学报》2018 年第 1 期。

条意见明确提出“拓渠道,发展‘互联网+法学教育’”的要求。法律硕士自1995年国务院学位委员会批准至今已有20余年,其设置之初就已承载着“培养具有特定法律职业背景的职业性学位”的重任;“20年的探索与实践,法律硕士培养造就了大批服务于社会主义法治建设的法律人才,在一定程度上有效缓解了急需大批较高层次的应用型、复合型法律人才的社会需要”。因此,面对“互联网+”的信息化时代的今天,法律硕士的培养路径更应在《2.0意见》中关于“适应教育信息化与法治建设信息化新形势,推动法学专业教育与现代信息技术的深度融合,打破校园与法治实务部门间的时空屏障,将社会资源引进高校、转化为优质教育教学资源,建立覆盖线上线下、课前课中课后、教学辅学的多维度智慧学习环境。法治实务部门要向法学院校开放数字化法治实务资源,将法庭庭审等实务信息化资源通过直播等方式实时接入法学院校。重点建设校际优质在线课程资源共建共享平台、30个左右信息化课堂教学平台、50个左右庭审直播实践教学平台”的要求下,充分利用互联网高效、便捷、方便传播等特点,探究出更加符合时代要义的培养模式及路径,为法律硕士的培养探究出一条信息化的颠覆性改革。诚如查尔斯·狄更斯在《双城记》中所说,“这是一个最好的时代,也是一个最坏的时代”,在“互联网+”不断与教育融合的今天,法律硕士教育也迎来了前所未有的机遇与挑战。

一、“互联网+”时代下法律硕士培养特点的应然展现

法律硕士作为一种专业型的硕士研究生教育模式,与法学硕士培养类型不同、各有侧重,法律硕士目标是培养高层次的专门型、实务型法律人才,而法学硕士则以培养学术型、研究型的人才作为目标。传统的法律硕士培养基于传统法律硕士教育多是以课堂教学为主,授课方式为老师讲解、学生被动接受,除此之外辅以必要的实践教学如模拟法庭等。这种传统的教育模式受到了时间和空间的限制,虽然在过去很长一段时间内为我国培养了大批法治人才,但是如今已难以适应社会发展的需求。基于专门型、实务型的培养目标,法律硕士培养在“互联网+”背景下应呈现以下特点:

1. 以信息技术为依托

互联网信息技术和人工智能技术的高速发展必然带来法学教育的创新,以云计算、大数据、物联网为支撑的新型现代化教育方式逐渐成为一种教育趋势。基于“互联网+”建立的法律AI技术具有庞大的法律知识库和超强的学习能力,如“北大法宝—法律法规数据库”“中国裁判文书网”“北大法意”“HeinOnline法学全文期刊数据库”等,为学生查找收集法律文献、案例资料,检索法律信息及对比分析案例提供了更多的数据资源及便利,从而有利于法律硕

士进一步加深法学基础课程理解及拓展专业前沿问题的广度。先进的AI技术还可以提供各种虚拟案例审判场景,学生可以自主切换身份,深度体验法官或律师等不同角色,这都为应用型的法律硕士的培养创造了良好的硬件条件。"互联网+"时代下的法律硕士培养应充分利用现代化技术,将互联网带来的便利发挥得淋漓尽致。

2. 以学生自主学习为便利

随着信息技术的发展和智能终端的普及,大量信息触手可及,正如习近平总书记在致首届国际教育信息化大会贺信中所说建设"人人皆学、处处能学、时时可学"的学习型社会。"互联网+"时代下的法律硕士教育,学生可以在任何时间、任何地点,通过不同的方式从不同的地方获取知识,学习的场所也不再仅仅局限于教室,只要有一个可以接入互联网的移动终端,随时随地都可以形成"即时学习的课堂",提供更多学习的空间与时间,有利于学生根据自己的时间计划安排学习课程。"互联网+"实现了对教育资源的充分挖掘和有效利用,学生只需一个账号,就可以结合自身情况随时随地、不限次数地登录学习平台,挑选自己感兴趣的课程深入学习,而教师则可以利用大数据分析学生对知识的掌握情况及学习障碍,从而更好地完成教学任务。也就是说,在"互联网+"教育模式下,传统法律硕士教育中教师灌输、学生被动接受的情况将有所改观,教师逐渐从课堂中解放出来,以教师讲授为中心将逐渐转变为以学生自主学习为中心,触手可及的互联网资源给予学生们更多的发挥空间。

3. 以国际化为场域

基于互联网的广泛性、便捷性等特点,"互联网+"时代下的法律硕士教育打破了校园的壁垒、突破了时差的限制,法律硕士教育将走向国际化。学生可以通过互联网课堂如慕课平台在线学习世界一流法学院校的课程,聆听法学大家的讲座,还可以在线与世界各地的法学生实时交流、分享感悟。截至2019年11月,作为全球最大开放型学习平台MOOC官网已经收录了包括耶鲁、哈佛、麻省理工、斯坦福、普林斯顿等著名高校的1696门在线课程,涉及经济、金融、管理、哲学、历史等各个方面。[1]

4. 以学生个性化培养夯实实践教学

法律硕士的培养注重实践,而实践教学又有很强的个体差异性,每位学生的兴趣、实践需求各不相同,[2]然而,在法律硕士的培养中针对学生个性化的实践教学少之又少。而"互联网+"时代下的法学教育恰恰弥补了这一缺陷,互联网技术不仅为法律硕士实践教学带来了新的方式,庭审直播、VR法庭等

[1] MOOC中国网:https://www.mooc.cn/。

[2] 刘莉:《法学实践教学中的大数据思维及其应用》,载《长春教育学院学报》2018年第11期。

可以将案例以立体形象的方式呈现出来,将书本上的法律知识转化为鲜活的法律技能;而且学生根据自己的兴趣、需求选择不同的课程、不同的老师进行学习,可以发送弹幕及时向老师表达自己的困惑,通过大数据的收集、分析,教师可以跟踪掌握学生学习的特点、兴趣所在,并针对学生进行相应教学,为每一个学生“私人定制”教学方案,达到因材施教、提升教学质量的目的并最终实现法学精英教育大众化。

二、“互联网+”时代下法律硕士培养面临的新问题

1.教学模式僵化现象仍旧普遍

“互联网+”建立的大数据平台汇聚了海量法律资源,普通群众也可以利用搜索引擎精准找到自己需要的法律信息,这也就使更多的法律知识以常识的方式呈现在大众面前,“互联网+”时代下的法律市场正朝着更为广阔的方向发展,同时也从方方面面呼唤新型法律人才。这使社会对法律硕士提出更严格的要求,除取得硕士学位外,还要拥有熟练运用社交网络、大数据分析以及AI(人工智能)的能力,面对海量法律资源能够快速、高效地检索出自己所需要的信息。[1] 不可否认的是,许多高校的法律硕士教学模式仍以理论教学、概念教学,教师灌输、学生被动接受为主要方式,将法律知识作为区分专业分工的唯一模式,漠视法律思维在法学知识、法律实践中的作用,对法律资料查找分析检索能力的培养更未接触。而且高校教师本身对“互联网”技术在法律资料收集、查找等方面掌握程度并不很熟练,甚至相当一部分老师是一片空白,从而这种僵化的教学模式难以培养出符合社会发展要求的法律人才。从本质上分析,法学专业毕业生就业难的主要原因并不是毕业生人数与就业岗位严重失调,而是法学教育模式的僵化和滞后,导致法学专业学生的知识结构和能力结构不能满足社会各行业对于法律人才的要求。[2]

2.教学手段与方便比较落后

我国当前的法学教育仍然秉持着重理论、轻实践的教学方法,从而使整个法学教育存在重思辨、轻实证;重知识、轻思维的问题。学生在课堂上乃至在互联网平台上可以获取基础法律知识并且对于一些基础法学理论能够做到充分理解,但是由于缺乏实践教学,本应该以实践性为特点的法律硕士在面对实务工作时手忙脚乱、能力低下,很难达到社会对于一名法律硕士的要求。虽然在法律硕士培养方案中对于实践环节设置了必修的课程,但是实践类教学种类少、模式旧,难以满足“互联网+”时代下的实践要求,这种落后的教学方法培

---

〔1〕 王欣:《大数据时代法学教育的困境与改革》,载《高等财经教育研究》2016年第4期。

〔2〕 苏力:《当代中国法学教育的挑战与机遇》,载《法学》2006年第2期。

养出来的法律硕士难以将法律知识、法律技巧等应用于司法实际工作,无法适应现实社会需要。

3. 教学考核体系亦然陈旧

考核体系对于法律硕士培养具有现实的导向意义,而大多数法学院校对法律硕士的学期考核仍然是采用纸质试卷的方式,大多数学生只是上课时将老师的PPT复制到笔记上,考试前临时抱佛脚,考试时生搬硬套就万事大吉,在这种狭隘的考核体系下,即使高分考生也未必真的具有较高的法学素养。这种传统意义上的考核方式不仅很难激发学生主动学习的激情,也限制和阻碍了学生的创新意识。仅凭试卷考核也无法对学生在互联网平台上的学习成绩做出综合评价,对于实践性较强的课程更是难以通过这种方式来考核。并且,这种传统的考核方式无法适应"互联网+"时代的法律硕士教育,互联网技术的迅速发展对法律硕士提出了新要求,一名合格的法律硕士不应仅仅局限于懂得法律知识,还需要具有信息检索能力、团队协作能力等,而这些能力也是无法通过传统考核方式体现出来的。

三、"互联网+"时代下法律硕士培养面临的机遇

1. 改善教育资源分配不均的现象

法律硕士培养注重强化学生实务技能、提高学生实践能力,要求学生具备法律思维能力,这一培养要求看似简单却在实践中因为种种原因诸如高校师资力量不足、教学方式不当等问题无法得到贯彻,而基于"互联网+"时代下的法律硕士培养最大的优势就在于此。"互联网+"教育打破了传统教育的模式,传统教育以校园为平台,以班级为单位,是面向固定的、少数人的精英教育,普通高校的学生无法分享优质高校的教学资源,只能被动地接受教育。而"互联网+"时代下的教育以网络为平台,以兴趣为导向,是开放的、灵活的大众化教育,这种教育模式可以让所有有志学习的学生根据自己的兴趣选择适合的优质课程和优质院校,灵活安排学习时间,提升自己的法学修养。[1] 这一教育模式扩展了优质教育的范围,极大改善了教育资源分配不均的问题,进一步实现传统精英教育大众化。

2. 丰富便捷的信息交换和资源共享平台

"互联网+"时代所倡导的思维是共享、共赢、开放的思维,开放和共享才能使互联网平台获得更多的社会链接、汇聚更多的优质资源。国内基于互联网建立的法律资源平台起步较晚,2018年12月,由中国政法大学图书馆、中南财

〔1〕 崔艳峰:《"互联网"时代法学教育面临的挑战与变革》,载《西北成人教育学院学报》2018年第1期。

经政法大学图书馆、西南政法大学图书馆、华东政法大学图书馆、西北政法大学图书馆等联合发起的中国法律信息资源共享联盟成立,该共享平台建设的内容主要包括:联盟单位研究生学位论文全文数据库、特色数据库信息门户、商业数据库信息门户、图书馆馆员网络交流平台、知识总库等,联盟本着"共建共享"、"合作共赢"和"平等互利"的原则,致力于建设"中国法律信息资源共享平台"。[1] 随着联盟的不断扩大完善,学生可以借助联盟建立的共享平台获取丰富的资源,更好地促进优质法学教育资源的有效利用。此外,互联网具有很强的时效性,基于"互联网+"平台进行的信息交换和资源共享可以及时得到更新,使教学内容不断丰富变化。同时,"互联网+"背后是大数据技术的支持,大数据使浩繁的法条和案例通过数据库的整合、分析变得条理清晰,便于检索。学生可以借助互联网平台精确搜寻所需要的法条和案例,可以在互联网平台上与世界各地法学生共享自己的心得、体会。

3. 降低实践性教学的成本

我国自1977年法学高等教育恢复招生以来,国内开设法学专业的高校迅速增长,如今已近七百所高校开设法学本科专业,二百余所高校设立法律硕士培养点,法学教育迅速增长的背后是法学专业的粗放式建设,无论什么类型的高校,只要有几名可以教课的老师加上一些低成本的基础设施就可以申请设立法学专业,在师资并不充足的情况下,满足法律硕士实践性教学的教师少之又少,学习不得不从实务部门聘请兼职教师,同时实践性教学设施也相当匮乏,部分高校没有充足的资金购买专业的电子数据资源也没有能力建立法律诊所、模拟法庭、法援中心等设施,少部分有法律诊所或模拟法庭的高校,也因为缺乏带领学生参与实践的教师,其利用率极为有限。"互联网+"时代为法律硕士教育带来海量教学资源,网络庭审直播、AI法庭大大便利了法律硕士的实践参与,降低了高校实践性教学成本。

四、"互联网+"时代下法律硕士培养具体路径

1. 转变培养目标

符合社会发展要求的培养目标是"互联网+"时代下法律硕士培养模式优化的强大动力。如前所述,基于"互联网+"建立的大数据平台汇聚了海量法律资源,普通群众也可以利用搜索引擎精准找到自己需要的法律信息,这也就使更多的法律知识以常识的方式呈现在大众面前。同时,随着人工智能的快速发展,法律AI逐渐普及,法律AI可以将数以万计的案例在短时间内进行整合

[1] 中国政法大学图书馆网:http://library.cupl.edu.cn/ybdh/tsgyd.htm。

分析。2014年1月1日裁判文书网上公开的司法解释生效,我国进入案例大数据时代,根据中国裁判文书网显示,截至2019年11月19日,目前已经公布的裁判文书数量多达8075560件,[1]加上网络上的司法观点、案例评析、法学期刊等法律资源数不胜数,如此一来,社会对法律职业从业者已经不再像以前那样看重对法律条文的熟悉,其工作重心已经转移到如何精确检索信息并且充分利用这些互联网工具上。"互联网+"时代已经对法律硕士提出了更高的要求,而法律硕士的培养目标仍然停留在能力本位,依据这种培养目标培养出来的法律硕士难以应对社会发展的现实需求,导致法学教育与法律职业处于分离状态,这就使以实务型为培养目标的法律硕士真正面对实务工作时必须要花费很长的时间才能应对实务工作。[2] 所以"互联网+"时代下的法律硕士培养目标不仅仅要强化学生的理解、运用法律的能力,更要培养学生收集、分析、处理法律数据的综合能力及自主学习的能力。

2. 优化课程体系

顺应时代发展潮流的课程体系是"互联网+"时代下优化法律硕士培养模式的重要基础。课程体系是指同一专业不同课程按照门类顺序排列,是教学内容和进程的总和,课程门类排列顺序决定了学生通过学习将获得怎样的知识结构。国内两百余所开设法律硕士点的高校在课程体系上大同小异,基本上都是分为必修课、选修课、实践课和学位论文,部分高校的选修课包含专业选修课和特色选修课,各高校的具体课程设置也大体相同,刑法、民法、行政法、诉讼法等基础理论课程仍占据主要地位,对于法律硕士这种具有一定法学知识基础的学生,对于基础理论课程可以适当减少,对实践性课程可以相应增加。同时,未来法律硕士除掌握法律知识外,还需要具备一定的人工智能相关知识,以便适应不断发展的大数据时代,因此,法学院有必要在法律硕士的必修课中加入大数据分析、编程语言等相关课程。国外一些高校早就开始探索革新法学教育与互联网的融合,早在2012年,乔治城大学法学院即开始提供一个技术创新与法律实践的实践课程,形成特色的"Iron Tech Lawyer"比赛项目,培养学生的法律开发能力。2015年,墨尔本大学法学院开始提供如何开发法律应用的课程。自2019年起,斯坦福大学政策研究中心新开设一门法律和计算机科学交叉的课程"算法管理:在规制型国家中的人工智能"(Administering by Algorithm: Artificial Intelligence in the Regulatory State),这门课程由斯坦福法学院教授和加州最高法院大法官共同教授,并邀请了25位律师、计算机科学家和算法工程

---

〔1〕 中国裁判文书网:http://wenshu.court.gov.cn/。

〔2〕 杜启顺:《我国法律硕士培养模式优化研究——以卓越法治人才教育培养计划2.0及衔接法考改革为视角》,载《南宁师范大学学报》(哲学社会科学版)2019年第5期。

师作为技术和理论支持。[1] 相比之下,国内的发展起步较晚,2017 年 12 月 6 日,西南政法大学成立全国首家人工智能法学院,以"回应国家战略、坚持错位竞争"为发展理念,以"智慧法治研究前沿、法律实务教育高地"为发展目标,致力于为法治中国培养"通识和专才皆备、知识和技能并举"的卓越法治人才、在全国率先实现"人工智能 + 法律"复合型人才的"本、硕、博"贯通式培养。[2] 2019 年 5 月,上海政法学院成立人工智能法学院,学院开设《人工智能法学》《法律人工智能》《计算机法学》《大学计算机》等特色课程。"互联网 + "时代下的法律硕士教育应当本着活学活用的原则立足社会需要,优化课程结构,如可以围绕"人工智能 + 法律"开设法律知识图谱技术与应用、人工智能技术导论、人工智能法律规制等新课程,以满足社会对法律硕士的需求。

3. 更新教学方法

科学的教学方法是"互联网 + "时代下优化法律硕士培养模式的必要条件。教学方法包括教师教的方法(教授法)和学生学的方法(学习方法)两大方面,是教授方法与学习方法的统一。在教授方法层面,传统法律硕士教育大多是"填鸭式"教育,教师讲、学生听,这种教学方法极大地扼杀了学生的积极性和主动性,并且难以保障学生有效参与课堂互动。"互联网 + "为创新教授方法提供了诸多便利条件,理论教学方面,教师可以通过大数据筛选典型案例结合理论知识进行讲解;实践教学层面,可以辅之现代化信息手段,如庭审直播、VR 庭审等,借助 VR 信息技术,学生可以自主选择模拟法官或律师,结合所学的理论知识,更直观地认识法官或律师等不同角色所需处理的实务问题,从而增强学生的积极性。在学习方法层面,学生可以借助互联网平台根据自己的兴趣挑选优质网络课程进行在线学习,互联网课堂不受时空限制,可以最大限度地利用碎片化时间进行学习。同时学生还可以借助大数据平台分析、整合典型案例,提高自己分析和处理法律信息的能力。"从本质上分析,法学专业毕业生就业难的主要原因并不是毕业生人数与就业岗位严重失调,而是法学教育模式的僵化和滞后,导致法学专业学生的知识结构和能力结构不能满足社会各行业对于法律人才的要求"。[3] "互联网 + "时代下的法律硕士教育应当更新教学方法,教学由传统的"以教师为中心"转变为"以学生为中心",充分利用互联网技术带来的便利,多种途径进行理论教学和实践教学。

4. 完善考核体系

完善的考核体系是"互联网 + "时代下优化法律硕士培养模式的有力保

---

〔1〕 腾讯研究院:《当法律与 AI 碰撞,未来将有十种发展可能》,载《东方资讯》2017 年 8 月 8 日。

〔2〕 西南政法大学人工智能法学院网:http://alc.swupl.edu.cn/。

〔3〕 苏力:《当代中国法学教育的挑战与机遇》,载《法学》2006 年第 2 期。

障。传统的考核体系多数采取纸质考核,教师将授课过程中的重点难点以简答题、论述题等方式呈现在试卷上,学生只要将该门课程的重点进行机械化记忆,考试时将背诵的内容搬上试卷,一般都能取得良好的成绩,[1]这种考核方式很大程度是在考核学生的勤奋程度和记忆力好坏,而"互联网+"时代下,海量的法律资源触手可及,打开搜索引擎就能找到你需要的任何法律条文,这种单纯记忆的能力已经不再是一名法律硕士所必须具备的了。传统的考核方式极大地限制了法律硕士的创新意识和实践能力,并且难以考核"互联网+"时代所要求法律硕士具备的创新能力。"互联网+"时代的到来为法律硕士培养提供了多元化的考核方式,传统的纸质考核不能全面反映学生的综合能力,应当依据课程性质的不同设置不同的考核方式,如对于理论性要求较高的专业课程比如法理学等课程仍可以采用传统的纸质考核模式;而对于实践性要求较高的模拟法庭和短期实习等课程可以采用案例大赛、撰写小论文来进行评测;[2]对于在网络平台上学习的课程可以结合学习时长、线上互动的次数等加以考核。"互联网+"可以从技术层面实现律师、法官、检察官的全真模拟,从而考查学生团队协作能力,通过庭审模拟中法律文书的写作、法庭辩论等可以充分考查学生法律思维能力和应用能力,从而客观评价法律硕士的法律素养。

五、结　　语

法律硕士培养自1996年发展到今天,经历23年的沉淀,由稚嫩臻于成熟,为我国法治事业输送了一批又一批优秀的法律人才。但在看到法律硕士教育不断发展的同时,我们对传统法律硕士培养模式在"互联网+"时代暴露出来局限性也不能忽视,如今信息网络技术的不断发展,"区块链""大数据"兴起,社会已经对法律硕士提出了新的发展要求,如果我们不能把握时机、转变观念、优化模式,那么培养出来的法律硕士必将被社会淘汰。我们要乘着"互联网+"这股东风,立足高校的现实情况,从培养目标、教学体系、教学方法、考核体系等方面进行优化,形成一套可供复制的"互联网+"法律硕士培养体系,更好地培养社会需要的法治人才,为全面推进依法治国提供人才保障。

---

〔1〕 崔艳峰:《"互联网"时代法学教育面临的挑战与变革》,载《西北成人教育学院学报》2018年第1期。

〔2〕 袁合川、曾诗:《应用型法律人才培养的思考》,载《法制与社会》2019年第19期。

新文科视野中的法学教育：科学与人文冲突的重新审视

张明新　张玉苏*
（江苏师范大学法学院）

摘　要：近代中国开展法学教育以来，就存在科学与人文两种倾向冲突的问题，这种冲突的根源在于我国参照西方法学体系而设置的法律部门，以及社会对于法治人才的迫切需求。近年来国家已经注意到法学教育中该冲突的存在，并陆续出台了新的政策加以调整；同时学界也提出"新文科"概念，为缓解冲突提供了新的方法论工具。在此基础上，将法学教育按照本科生和研究生阶段进行区分，提供侧重点不同的教育内容，或许是缓解科学与人文冲突的可行方法之一。

关键词：新文科　法学教育　科学与人文

十余年前，笔者之一就曾关注到当代中国法学教育中主要体现科学主义理念的"唯理性教学模式"与更多体现大学培养全面发展的"宽口径、厚基础、强能力、高素质"的通识人才之间的冲突问题，并对之进行了初步的研究，形成了《从科学与人文冲突视角看中国法律教育问题》一文[1]。当时笔者指出，近代以来中国社会出于"启蒙"的需要，对来自西方的"赛先生"过分尊崇，法学教育普遍采取"唯理性教学模式"，科学主义部分与人文主义部分严重失衡，法律这一带有极强人文色彩的社会规则被当作科学知识讲解，导致许多受教育者缺乏社会理想和人文关怀，对法条之外更加广阔的人文领域缺乏应有的认识和重视。时至今日，国家和社会对法学教育有了新的要求和政策，并于 2018 年 9 月 17 日，由教育部、中央政法委发布了《关于坚持德法兼修实施卓越法治人才教育培养计划 2.0 的意见》；学界也有了新的看法，以徐显明教授于《中国大学教学》2019 年第 10 期发表的《新文科建设与卓越法制人才培养》为代表的"新文科"概念，也为重新审视科学与人文冲突提供了新的方法论工具。笔者从 1993

---

* 张明新，江苏师范大学法学院教授。张玉苏，江苏师范大学法学院硕士研究生。

〔1〕 该文发表于《河南省政法管理干部学院学报》2008 年第 1 期。

年起就一直以教育者身份从事法学教育与研究工作；另一笔者于2013年开始正式接受法学本科教育，目前已经成为法学研究生，连续接受了6年的法学教育，作为受教育者对现代法学教育的成败得失长短利弊有着切身的体验与感受。我们认为，十余年前法学教育中就曾为笔者关注的科学与人文的冲突时至今日仍然没有得到彻底地解决；但随着中国进入新时代，在新的政策基础上以新的概念和方法对该问题进行重新审视，将会帮助我们对法学教育的本质和存在的问题有更加清晰和深刻的认识，同时也有助于探索出解决这些矛盾和冲突的方向。

一、当下科学主义与人文主义冲突的根源：法律部门与社会需求

法学教育是高等教育的重要组成部分，而高等教育以高等学校为基本单位来进行。高等学校分为本科层次和专科层次，具体有大学、专门学院、高等职业技术学院、高等专科学校等类型。值得注意的是，我们即使以较广义的法学类专业，包括法律事务专业、法律文秘专业、司法助理专业等为对象进行检索，全国也仅有四十余所专科院校开设相关专业，其中绝大部分为专门的地方政法和警官学院，如陕西警官职业学院、湖南司法警官职业学院、山东政法学院等；作为对比，仅参与2017年教育部法学学科评估的高效就达到144所——从数量上来看，法学教育更多是以大学本科及研究生教学为主。专科院校由于以培养技术型人才为办学目的，法学教育自然多以科学主义为重，争议不大；科学主义与人文主义的冲突主要存在于本科及研究生教育之中，故本文将以普通高校中的法学教育为讨论重点。

在讨论高等教育之前，不妨将目光先投向作为整个教育体系基石的义务教育。2016年，教育部办公厅发布了《关于2016年中小学教学用书有关事项的通知》（以下简称《通知》）。《通知》明确，从2016年起，将义务教育小学和初中起始年级“品德与生活”“思想品德”教材名称统一更改为“道德与法治”。这一改革标志着法治教育正式进入中小学必修课程，法律知识成为义务教育的基本组成部分。义务教育作为国家对适龄儿童和青少年进行的统一的教育，要求坚持“五育并举”，全面发展素质教育，可以说这一阶段所进行是培养一个基本的现代公民所需的最低必要限度的通识教育。义务教育阶段将法律作为和语文、历史、数学、物理等并列的课程，为我们讨论的“法学教育”、也就是高等教育阶段的法学专业与学科教育提供了某些启示：

1. 科学与人文对于人的全面成长来说缺一不可。长久以来，文史哲被视为典型的人文科学，数理化被视为典型的自然科学，经管法被视为典型的社会科

学;但是在义务教育阶段,三者都被视为“使适龄儿童、少年在品德、智力、体质等方面全面发展”[1]所不可缺少的教育内容。纵览目前全国义务教育的课程安排,虽然有语文、数学、道德与法治等学科分类,但是本质上这些课程都是以人的全面发展为最终目的和最高追求,在这一层面上所有的知识都是同样必不可少的。

2. 考试内容会对教育主体产生重要影响。如前所述,虽然道德与法治已经成为义务教育阶段的必要组成部分,但是从各地区各学校的教学安排来看,道德与法治课程的课时数和师资力量的权重地位显然无法与传统的语数外分庭抗礼,甚至有的地区在临近中考、高考之时,道德与法治课会和体育、艺术课程一起为“主科”让路。这种安排固然将不同学科分成了“三六九等”,但实际上确实无可指摘:学科的受重视程度基本与其在中考、高考中的比重基本成正比,这是几乎所有教育者和受教育者都心照不宣的默契。

有关科学主义与人文主义的定性及过于泛滥的科学主义在法学教育中的影响,前述论文中已经有过详细阐释,故在此不再赘述。概括起来可以总结为,法学教育本应当以人文主义为追求,且由于法学教育中法律知识具有包括实践性、复杂性、变化性以及多面性等固有属性,所以很难与追求确定性和规律性的科学主义方法相适应;而目前我国法学教育却受到来自科学主义的过多干涉,科学主义与人文主义在法学教育中存在严重冲突以至于过于失衡。这种冲突在时间上的原因,在于我国引入“赛先生”的新文化运动与废弃中华法系、进行资产阶级法律体系改革的时间十分接近,在当时的中西方发展程度悬殊的历史环境下,对于法学研究及教学不可避免地受到科学主义思潮的影响;中国自辛亥革命成功、颁布《中华民国临时约法》以来,我国的法律体系直接受到法国、德国、日本、苏联等国的影响,直到目前,我国大陆地区在法律体系的形式上使用的仍然是传承自法国民法典的典型大陆法系。大陆法系以成文法典为基础,强调理性,加之普遍使用的司法三段论逻辑,自然也就带有更强烈的客观性和稳定性。《拿破仑法典》历经一百多次修订,至今仍在使用,几乎所有可能发生的民事关系都可以在这部法典中找到对应的条目,按照其规定适用司法三段论的方法即可推导出比较固定的结论,从这个角度上来说,目前适用的大陆法系本身就带有极强的科学主义倾向,也无怪乎法学教师们试图以一种固定不变的理论模式来包容和穷尽各种法律现象。

大陆法系强调法律法典化,对某一类社会关系的立法集中于某一部或几部

[1] 《义务教育法》第3条:义务教育必须贯彻国家的教育方针,实施素质教育,提高教育质量,使适龄儿童、少年在品德、智力、体质等方面全面发展,为培养有理想、有道德、有文化、有纪律的社会主义建设者和接班人奠定基础。

法典之中,进而形成不同的法律部门。截至2019年年初,我国已经颁布的法律、司法解释和有法律效力的相关文件共计超过1100部,可以分为宪法和宪法性法律、刑法类、民法类、行政类、经济法类、财务税收类、劳动法类、诉讼法类、行政法类等许多法律部门;与此对应,教育部在《普通高等学校本科专业目录和专业介绍(2012年)》中规定的法学专业核心课程包括法理学、中国法制史、宪法、行政法与行政诉讼法、刑法、刑事诉讼法、民法、民事诉讼法、经济法、商法、知识产权法、国际法、国际私法、国际经济法、环境资源法、劳动与社会保障法共计16门,其中除法理学和中国法制史以外,全部都是按照法律部门设置的课程。由于作为专业核心课程的法理学和中国法制史的存在,我们不能断然说法学教育已经全部被科学主义占领;但是典型的人文主义课程与科学主义浓厚的部门法教程在数量上达到了一比七的悬殊比例,可以很直观地感受到法学教育中人文主义元素的"含量"未免过低。这种一一对应的课程设置,必然导致法学教育的主要内容向法律文本方向倾斜:最能体现法律人文精神和历史积淀的部分已经放进了专门的两门课程(部分学校会在大一开设作为法理学基础的法学导论课程),其余14门课程也就没有必要再多次重申法律承载的人文主义精神;反过来说,这14门部门法课程本身所承载的价值取向并不完全相同,甚至可能互不兼容:民法部门强调意思自治,法无禁止即可为;相反行政法部门强调权力制衡,法无授权即禁止;刑法强调罪刑法定原则,只有符合法律预设才能治罪;商法却灵活得多,国际经济法中甚至允许交易习惯作为行为准则。这种差异导致部门法课程在教学过程中传递各自的人文价值的同时,必须将法条以科学主义进行解读,用技术上的深化强调价值取向的差异,进而使自己有别于其他部门法。有的学校试图在专业核心课程之外通过开设法学生必须选修的专业选修课的方式来进行平衡,但实践中,专业选修课的设置也明显的偏向科学主义,法律文书、犯罪学、法医学、逻辑学等课程的数量远远多于西方法制史、法哲学、法律与宗教等代表人文主义的课程。

雪上加霜的是,即使是看起来人文主义情怀最为"纯洁"的法理学课程,也在受到科学主义的影响。19世纪西方三大法学派兴起,新自然主义法学派继承发展自古典自然法学派,带有启蒙运动时期浸染的浪漫主义气息和追求道德正确的人文主义精神,暂且不谈;分析实证主义法学主张将法律与道德剥离,以纯粹技术的角度来看成文法条,以致凯尔森提出应当建立与价值无关的纯粹研究法律结构的"法律科学"即"纯粹法学派",将科学主义在法学中应用到极致;社会法学派以功利主义和实用主义为基础,将法学研究的对象扩展至其他具有强制力的社会规则,更加强调规则的作用而不仅仅是文本内容,但是这种吸纳其他社会规则本身就是以"能否产生强制力"为判断依据,带有极强的功利性,扩展后的法学仍然带有更强的规范社会运行的目的性,规则的复杂化导致了法律技术的复杂化,反而增加了法学中科学主义的成分。现代法学研究者们试图将三大流派相互融合以创造新的法学思想,但目前来看,这三种理论流派仍然泾渭分明,且新自然主义法学派越来越有超脱于现实法律而向法哲学领域迈进的趋势。因此在法理学课程教学过程中,科学主义的研究方法和价值取向也会占据越来越大的比例。

之所以会出现这种情况,与法学教育的内容——也就是法律——在社会发挥功能的方式是直接相关的。检法部门组成的国家司法系统与法律适用最直接相关,相当多数法学生毕业后也都向往进入这两个部门以从事法律工作。但是目前绝大多数法院仍然区分民事审判庭和刑事审判庭,甚至民事审判庭内部还要进一步细化为民一庭、民二庭乃至民三庭、民四庭等,以对诸如民间借贷、建筑工程、婚姻家事、知识产权等不同类型的案由进行分类审判。担保法和婚姻法虽同属民法体系,但具体内容和立法精神相去甚远;合同法和人身损害赔偿法规定的内容虽然经常同时发生,但在违约和侵权法律关系中选择一个之后,审判方法和责任分配又完全不同。而与法官总会接触各种案件不同,检察官们接触的最主要的就是刑事法律部门。即便如此,检察院内部仍然按照审查起诉、批准逮捕等程序细分成了许多部门,而每个部门的检察官对其他部门的法律又都不求甚解。部门法之间虽有相通,但沟壑同样明显,这就导致若法学教育中若不加大科学主义的成分,对各部门法细分后对各自的概念进行定义、对法条进行讲解、对法律方法进行精确化规范,则法学生毕业后很难在短时间内有效应对法律事务:纵使人文主义教育可以极大地扩展受教育者的视野,将其培养成“一个具有文化修养和广博知识的人士”[1],当他直接面对真实案件、需要做出判决之时,依赖的仍然是部门法知识。

由此可以引出下一个问题,即社会需求对法学教育会产生多大的影响。我们对此的结论是,虽然法学教育作为高等教育的一部分,应当尽可能地维持其纯洁性,但就目前的客观情况来说,法学教育不得不将社会需求作为极其重要的考量内容。社会需求对法学教育的影响可以从积极和消极两个层面来分析。从积极方面看,几乎所有开设法学教育的高等院校都非常看重本校学生的法律职业资格考试通过率,甚至有的法学院在新生入学时就告诉他们参加法学学习的首要目标就是取得法律职业资格。一方面,是因为愿意填报法学志愿的学生们大多都追求最后从事法律相关职业,学校应当帮助他们取得入行敲门砖;另一方面,2018 年 4 月 25 日司法部公布《国家统一法律职业资格考试实施办

---

〔1〕 [美]博登海默主编:《法理学——法律哲学与法律方法》,邓正来译,中国政法大学出版社 1999 年版,第 507 页。

法》,要求报考法律职业资格考试的人群必须有本科以上有法学教育背景或三年以上从事法律工作经验,某种程度上意味着2018年后各法学院必须承担起向社会供给几乎所有的法律职业从业人员的义务。法学生对从事法律职业的向往(法学生的需求也是社会需求的一部分)和整个社会对受过法学教育的法律从业者的迫切需求,导致法学院必须以实践为向导,乃至于将通过应试作为重要的教学目标。如前有关义务教育所述,应试内容将会很大程度上影响教育主体,迫使法学教育者更多地将有助于通过考试的格式文本、量化分析、唯一定义等内容添加到法学教育中去。消极方面,抛去所有高等教育都要进行的通识必修课所承载的现代基本素质,法学教育所特有的人文主义精神——主要指法律的道德追求,包括对自由、公正、法治等美好前景的追求,固然是一个杰出的法律人所应具备的品质,却并非社会急需的法律从业者一定要有的追求。目前我国正处于一个发展过渡的阶段,法律从业者的缺口过大,更紧迫的任务在于解决从无到有的难题,对于更高的价值意义只能是作为追求的目标而不能作为要求的底线。此消彼长,从这个角度上来说,法学教育中必然呈现科学主义内容占更多比例的现象。

二、新转机与新视角:新政策与"新文科"

马克思主义辩证法指出,矛盾双方是对立统一的,法学教育也必将进行自我扬弃。事实上,从当下科学主义与人文主义冲突的根源中,正在萌发新的生机。

前文提到了两份国家级重要文件,一份是2018年4月25日司法部公布的《国家统一法律职业资格考试实施办法》(以下简称《办法》),一份是2018年9月17日由教育部、中央政法委发布的《关于坚持德法兼修实施卓越法治人才教育培养计划2.0的意见》(以下简称《2.0意见》),巧合的是,2018年法律职业资格正是于9月21日、22日进行,政策和事件的连贯性表明,国家已经注意到了目前法学教育中科学主义和人文主义的冲突,并试图用政策方法进行调整。将两份文件放在一起解读,并参照近来我国社会变化的情况,可以看出法学教育中扭转科学主义占比过重现状的以下转机:

1.《办法》虽然将参加法律职业资格考试的人群限定为有本科以上有法学教育背景或三年以上从事法律工作经验者,但是在考试流程和考试内容上实际是大大放宽了要求的。在考试形式上,新的法律职业资格考试实行开卷考试,考试现场提供法律汇编供考生使用,大大减轻了考生的记忆负担,而更加侧重于考察学生的综合素质:虽然从应试的角度来说固定模式和套用公式仍然好用,但是思辨能力更强、法治信仰更坚定的学生也可以用人文主义的方法从法条中独立推导出正确的答案。在考试内容上,就今年改革后第一届考试情况来看,大大增加了法理学、法制史科目所占分数,与强调综合知识的国际法、国际私法和国际经济法一起压缩了原本作为重中之重的传统部门法科目所占比例,哪怕从应试的角度来说,这也将鼓励法学教育将更多的资源分配到人文主义精神更加浓厚的课程上。在考试流程上,先进行客观题考试,通过者将有两次机会参加主观题考试,大大延长了学习时间,缓解了学习压力;同时将通过偏向科学主义、有固定解题思路的客观题作为参加偏向人文主义、对综合素质要求更高的主观题的前置要求,一定程度上说明司法部认为科学主义是法学教育中的基础和前提,但最终目的还是完成人文主义的教育,培养综合素质水平较高的人才。

2. 作为佐证,《2.0 意见》中将法学教育的目标定位"培养造就一大批宪法法律的信仰者、公平正义的捍卫者、法治建设的实践者、法治进程的推动者、法治文明的传承者"。将法治信仰排在第一位,说明人文主义教育是一切法学教育的根基和起点,纵使国家仍然需要大批实用型"法律技术"人才,但是在法律职业者在投身法律实践之前,心中必须有对法律的敬畏,而不能仅仅将法律作为工具。同时,《2.0 意见》在"改革任务和重点举措"段落,将"厚德育,铸就法治人才之魂"作为第一措施,突出体现法学教育作为高等教育所应有的人文关怀。第二措施就是"强专业,筑牢法学教育之本",突出强调法学教育应具有一定的学术纯洁性,同时具体要求"鼓励高校深入实施主辅修制度,丰富学生跨专业知识,培养学生跨领域知识融通能力和实践能力",即笔者之一论述过的,提供给法学生的法学教育至少还应包含社会、历史、政治、经济等诸多其他学科的知识,这样才是真正完整的素质教育。

3.《2.0 意见》相比于"卓越法律人才培养计划",最根本性的区别在于明确了法学教育培养的目标是德才兼备的高素质法治人才,习近平总书记对此特意在 2018 年 8 月 24 日的中央全面依法治国委员会第一次会议上的讲话提到,"坚持建设德才兼备的高素质法治工作队伍",要求"加强法治人才培养",更好发挥"法学教育基础性、先导性作用,提高法治人才培养质量"。

有了方向指引之后,我们还需要一定的方法论工具来指导法学教育进行改革。我们认为,以教育部高等学校法学类专业教学指导委员会主任委员徐显明教授为代表之一提出的"新文科"概念将是强有力的改革指导。

1. 首先值得注意的是,"新文科"提出要把西方话语体系主导下的文科转向中国话语体系主导下的文科,这在法学教育中至关重要。中国自废弃中华法系采取资产阶级法律体系以来,法学研究和法学教育就几乎单纯沿袭了西方法律制度、法典体例和法律设施以及西方法律理论,比较法研究甚至在某一时期出现了将东西方法律罗列，凡是不同就是东方落后的情况；近年来随着中国特色社会主义法律体系的不断完善，随着习近平总书记提出的文化自信和制度自信的不断增强，法学教育中的中国话语体系正在逐步构建，以张晋藩先生为代表的中国法制史学者提出的新中华法系概念的影响力正在日益扩大，法学教育也逐渐将注重法条解释和法律方法的西式着重点转向更加注重人与社会关系、注重人的道德需求的东方关怀之上。

2. 在作用上，"新文科"提出应从探讨人文社科所涉对象的规律性转向对社会价值观的重塑和形成国家软实力，为理工科甚至为国家和社会提供指导思想上，也就是说作为一门人文社会科学，法学教育应当指引其他理工科的发展思路，不能让理工科反客为主，用过度的科学主义作茧自缚，反而使自己的眼界变得狭小。

3. "新文科"对法学教育提供了创新的目标和追求。"新文科"认为，人的生活中最重要的是价值选择，而人文学科的创新就是发现价值，通过发现新的价值来创造新的生活方式。在法学领域进行这样的创新显然是看重分析既成事实的科学主义难以完成的任务，因此更加需要注重人文主义精神在法学教育中的地位，提升法学教育者自身的法学理论水平，才能自上而下的传授给法学受教育者正确的法学理念。

4. "新文科"要求法学学科可以结合国家的政治、经济、社会发展实践提供咨政服务，这进一步要求法学教育必须提供完整的社会科学教育，不能仅仅以科学主义态度对于法条和文本的解读。法学本身就是政治的延伸和国家统治的基石；经济基础决定上层建筑，法律与经济一开始就密不可分。这样密切的联系，说明科学主义过度影响下的法学教育本身就是不完整的法学教育，自然也就无法提供新的社会服务。

5. "新文科"提出了生源构成、培养目标、教学内容、师资队伍和人才培养五给创新方向，指引着法学教育摆脱科学主义纯粹分析方法的空中楼阁，在自己人文科学的定位上做好本职工作，以来自社会实践的内容来弥补科学主义的空洞，进而培养更好的法律人才。

三、冲突缓解的出路：分类培养

国家的新政策和学界的新概念为我们寻求科学主义与人文主义的平衡提供了思路，但是有一点仍然没变，那就是法学教育作为高等教育的一种，可以说是人文社科中与实践距离最近的学科；而实践之中，不同岗位上适用法律又需要以部门法为单位、互相差异极大地工作方法。法学教育内容的固有属性决定了以满足社会需求为主要目标之一的法学教育必然存在大量科学主义的要素——事实上我们也从不否认科学主义在法学教育中起到了十分重要的作用,充分体现科学主义的"唯理性教学模式"甚至可能是一定范围内最佳的法学教育方法——因此解决冲突的关键在于如何进行平衡。有关法学教育到底是职业(专业)教育还是素质(通史)教育,笔者之一已经有过阐述,我们认为这部分至今并没有根本性的变化。新政策和"新文科"概念给予我们的新转机,或许可以结合最基本的高等教育模式,即本科生和研究生的区分来综合考量,以寻求新的出路。

本科阶段的法学教育直接承接高中教育,在全国多数地区已经将高中纳入义务教育的情况下,可以说本科法学教育是义务教育道德与法治课程的深化。义务教育的目标在于使一个人具备现代社会所要求的基本素质,高等教育则是培养高级专门人才和职业人员的主要社会活动。我们认为,教育部规定本科阶段法学专业必须教授的16门法学专业核心课程,说明合格的本科阶段法学教育应当全面地教授各个部门法知识,结合法律职业资格考试也设置了全面的考查科目来看,国家在知识量上对于法学生的要求是至少应做到每一门部门法都有基本的掌握,在本科毕业后即能投入法律相关的实践岗位之上。从这个角度上来说,本科阶段的法学教育接受适量的科学主义指导是有其必要性的。然而,更加实际的情况是,从历年来法律职业资格考试(包括改革前的司法职业资格考试)的结果来看,通过率往往连15%都无法达到,近年来更是跌至接近10%,这意味着绝大多数法学教育的受教育者其实是无法取得相关职业资格的——这并不能说明法学教育普遍失败,而只是国家对于法律职业从业人员需要从严选拔,以让更加有能力的人承担建设法治事业的重任。另外,即使从功利的就业角度来说,成为律师的基本前提的通过法律职业资格考试,其难度前文已经说明;而公务员系统、包括公检法部门每年所能提供的岗位相对于广大毕业生来说又有些捉襟见肘,从结果来看,每年毕业后直接进入社会参加工作的法学本科生,至少一半以上无法从事法律相关职业。在这种情况下,相比于掌握专门的法律条文和法律技术,更加具有普世价值的人文主义素养将更有利于法学生融入社会。因此我们的结论是,法学教育的本科阶段,由于国家的要求和社会的需求,科学主义在一定程度上是必不可少的,但是从高等教育的目标和更为普遍的法学本科生就业现状的角度来说,法学教育者们所能提供的更好的服务和教学内容其实是人文主义的社会整体关怀,在进行教育之时就应当明确,在法律知识之外,政治学、经济学、历史学乃至心理学、伦理学等知识,不能仅仅作为无关痛痒的边角料和补充阅读,应当将其放在几乎同样重要的教学地位。

研究生阶段法学教育的自主性则相对大了许多,在科学主义和人文主义上可以有更加明确的倾向。2019 年，来自研招网考研调查、各省级管理部门官网及各省市新闻报道等的数据显示，全国范围内专业硕士的报考比例已经超过了学术硕士。这固然有教育部提供的指标的影响，但也同时反映出专业硕士学位越来越受到社会和考生的认可。我国目前研究生阶段的法学教育可以分为法律硕士（专业学位）和法学硕士（学术学位）两类。法律硕士作为专业硕士，以务实致用为教学指导，教学的主要目标在于学生毕业后即可具备较坚实和系统的法学基础理论素养，掌握较宽广的法律实务知识，具有宽口径、复合型、外向型的知识与能力结构。能综合运用法律、经济、管理、科技、外语和计算机等方面的专业知识，独立地从事法律实务工作和有关管理工作。[1] 可以看出，法律硕士阶段的法学教育完全以实际运用为导向，全面倾向于以文本解释和司法技术为代表的科学主义精神。值得注意的是，直到 2009 年之前，我国仅招收非法学本科的法律硕士，而这些非法本法硕的学生入学后的最重要的基础学习内容就是学习部门法学，由此可以反推出本科阶段法学教育中科学主义的不可或缺——2009 年之前，本科法学教育所提供的科学主义内容几乎可以满足没有接受过本科法学教育的高等教育受教育者攻读法律专业学位所需的基本要求。2009 年后，我国开始设置面向有本科法学教育基础的法律硕士，而大多数院校的法本法硕都是两年的学制——法本法硕可以省下补充基本法律知识的时间，从而将更多的教学时间投入（几乎强制的）岗位实践中去。由此我们的结论是，对于专业学位的研究生法学教育，应当以科学主义的教学内容为主，强调法条解读、法律技术运用技巧、最新的法律工具等，辅以必要的人文主义精神指导，主要包括基本的法律价值追求和社会主义法治理念作为确保政治正确的护栏即可。

而对于学术学位的研究生法学教育来说，则必须突出其人文主义特征。典型的学术学位法学学科包含以 0301 开头的 10 个二级学科。区别于法律硕士，法学硕士是普通硕士教育，以培养教学和科研人才为主，在教学科目上与法律硕士部分专业的全面法律知识培养不同，法学硕士在入学时就需选定一个二级学科作为主要研究方向，课程设置上也明显侧重于该研究方向，其他法律部门的课程较少或几乎没有。如果说法律硕士由于其实践导向和社会需求所以必须做到博闻强识，那么法学硕士更多的则是在自己选择的学科内精益求精。摆脱了急迫的就业需求和外部因素，法学硕士生们可以较为自由地在学术的象牙塔内进行研究。在这种条件下，法学教育的人文主义色彩可以得到最大程度的发挥，研究生法学教育应当回归法学本源，突破法律条文的禁锢，进行更加具有

〔1〕 国务院学位委员会《法律硕士专业学位研究生指导性培养方案》（学位办〔2017〕19 号）。

普世价值的法学研究,充分体现法学作为人文社科的自由性和引领性,完成“新文科”概念赋予的思想创新带动生活创新的任务;在当下特定历史时期,还要完成将法学教育由西方话语体系向中国话语体系的转变,这需要用东方智慧来对法学教育进行重新解读、规划和指引。从这个角度上来说,研究生阶段的法学教育受到社会需求的压力较小,而承担了更加宏大的法学任务,因此应当以人文主义为核心,辅以进行研究所必要的科学主义元素,如科学分析法、逻辑学等即可。另外值得注意的是,即使是法理学和法制史方向的法学研究生,每年仍然有相当比例可以通过法律职业资格考试,这从一个侧面反映了以人文主义为重点的教学足以使受教育者达到精而通的水平层次,人文主义法学教育可以一定程度上达到科学主义法学教育的要求。

四、结　语

十余年前笔者之一所面对的问题,即使经过了长时间的实践探索和学界的争论,目前仍然很难说得到了彻底的解决;但是新的国家政策和学术理念为科学主义与人文主义冲突的缓解提供了新的转机和思路。我们的结论是,科学主义与人文主义注定将在法学教育中相生相随,而为了消除或者防止二者出现失衡的情况,可以将作为高等教育的法学教育按照阶段进行区分,在不同的教育阶段提供不同的侧重点不同的法学教育,以此达到因材施教、对症下药的教学目的。

论卓越法学人才培养的标准及其实施路径

张玉萍*
（江苏海洋大学法律与公共管理学院）

摘　要：卓越法学人才的培养标准是造就、养成被培养者的洞察能力、破解能力和坚韧不拔的自信力量，其实施途径在于优化学习科目、抽象思维等教学模式，变革招考遴选、教育体系、考核标准等培养机制。

关键词：法学人才　教育培养　实施途径　教学改革

关于卓越法学人才的培养标准，学术界众说纷纭，莫衷一是，“每人都有一定的道理，谁也不会被逻辑论据完全驳倒”。[1] 鉴于此，不妨本着知行合一原则，紧密联系当前法学教育的实际情况，全面、冷静地审视法学卓越人才的培养标准及其实施路径的基本问题，以期实现“人类对于具体问题想得最多的时候，最后一般都能想得很正确”[2]的结果状态。

一、卓越法学人才的培养标准

标准是衡量事物的准则，饱含特定主体所追求的特定事物的特定价值。因此，卓越法学人才的培养亦需像“思想走在行动之前”[3]那样，预先确立可以准确反映其内在联系的造就、养成卓越法学人才的衡量准则。

法学的使命在于促使人类睁开智慧的双眼，探究迷茫的世界。既然要探究迷茫的世界，那么，卓越法学人才的培养理当以造就、养成被培养者的敏锐的洞察力为首要目标。一是善于发现的洞察力。法学以法律现象为研究对象，法律

---

* 张玉萍，江苏海洋大学法律与公共管理学院副教授。

〔1〕［保］瓦西列夫：《情爱论：引言》，赵永穆等译，三联书店1986年版，第3页。

〔2〕［英］威廉·葛德文：《政治正义论》（第2卷，第3卷），何慕李译，商务印书馆2015年版，第492页。

〔3〕［德］亨利希·海涅：《论德国宗教和哲学的历史》，海安译，商务印书馆2016年版，第154页。

现象错综复杂,千变万化,某种程度上诚如罗素所言:“不仅仅一切事物都永远在经历着某种质变,并且一切事物还都在变化着自己的全部性质。”[1]面对现实,应当转换思维,更新观念,着力造就被培养者发现新的研究对象和研究领域的洞察能力。譬如,根据人工生殖、基因工程、生物医学等新兴学科的研究动态,结合婚姻家庭法学的基本理论和实践活动,引导被培养者思考和创立人工生殖法学、基因工程法学等边缘学科性质的部门法学。根据国际法与国内法的关系,激励被培养者思索和开辟国际法律规则国内化的研究领域。如果说教育的直接目的在于启发智力,摆脱愚昧,那么,卓越法学人才的培养目的就是锤炼被培养者的“最有学识的人追溯到世界的开始,而天使看得更远”[2]的洞察和发现新命题、新领域的卓越能力。二是善于质疑的洞察力。经过漫长的耕耘,法学研究已经积淀相当健全的知识架构和理论体系。一方面可以满足和保障人的意志的法律化,另一方面也显露出某些滞后于时代的陈腐成分,甚至出现“真理却同大量的错误见解混淆在一起”[3]的异常状态。针对此种情形,卓越法学人才培养应当求真务实,改弦更辙,努力造就、养成被培养者“善于批判地进行独立思考”[4]的求索精神和学术品格。譬如,对于我国现阶段刑法学的犯罪构成理论,可以引导、启发被培养者沿波讨源,条分缕析,严密考问此种犯罪构成理论的逻辑结构、存在依据及其规范效果和社会效应,进而尝试和探求犯罪构成理论的重大变革。对于曾被奉为“帝王规则”的意思自治原则,可以引导、启迪被培养者反思其隐伏的消极要素及其可能酿成的理论与实践的困扰结果,继而探索是否可以创立更能准确反映人的本质属性的法律原则。“怀疑乃是公正和沉思的根源”,[5]怀疑的精神就是求索的精神、科学的精神。在“怀疑必须有张力、观察、思索”[6]的基础上,务必敦促被培养者深切领悟“真正的知识不是出自他人的权威,更不是源于对老朽教条的崇拜”,[7]或者“科学可以给知识确定一个界限,但不能给思想确定一个界限”[8]的内在真谛,从而沿着“真

---

〔1〕[英]伯兰特·罗素:《西方哲学史》,何兆武译,天津人民出版社2014年版,第174页。

〔2〕[法]帕斯卡尔:《思想录》,何兆武译,商务印书馆1995年版,第133页。

〔3〕[法]埃蒂安-加布里埃尔·摩莱里:《自然法典》,黄建华,姜亚洲译,译林出版社2011年版,第1页。

〔4〕[俄]普列汉诺夫:《论个人在历史上的作用问题》,王荫庭译,商务印书馆2010年版,第69页。

〔5〕[德]尼采:《权力意志》,孙周兴译,商务印书馆2007年版,第394页。

〔6〕同上书,第315页。

〔7〕英国科学家罗哲尔·培根之言。引自胡峰:《世界上下五千年(文化艺术卷)》,内蒙古人民出版社2000年版,第195页。

〔8〕[英]伯兰特·罗素:《西方哲学史》,何兆武译,天津人民出版社2014年版,第16页。

理寓于深思"[1]所指明的道路致力于法学研究和法律实践的开拓创新的宏伟事业。

敏锐的洞察能力仅是发现问题的基本素质,而超强的破解能力才是解决问题的关键要素。卓越法学人才培养应当打破陈规,独辟蹊径,切实造就、养成被培养者认识问题解决问题的超强的破解能力。一是超强的抽象思维能力。法学是以法律现象为研究对象的科学活动,旨在形成关于各种法律现象的理论体系。尽管"理论的东西本质上包含在实践的东西之中",[2]但人是局限性的生物,过分地要求人在短暂的一生中去实践其认识世界的每一件事情简直就像痴人说梦一样的荒唐。因而,卓越法学人才培养应当高度重视被培养者的"利用先辈的经验,最大限度地避免先辈的错误"[3]的抽象思维能力。譬如,对于历史上的专制主义的法律现象,应引导、促使被培养者从当时的历史背景出发,追探其存在的依据和变动的促成因素。对于人与法的关系,应当引导被培养者深入体会人类的创造物永远不能主宰人类、"人的身上概括了我们正在认识的一切"[4]的基本原理。对于民法上的不动产,应当引导被培养者从分子运动学、天体物理学的角度认识它的"相对静止是事物存在和发展的必要条件"[5]的内在属性。对于婚姻法的一夫一妻制,应以民俗学、习惯法的现实资料为依据,引导被培养者认识人类婚姻家庭模式的多样性以及人们啧啧称道的一夫一妻制所隐含的反自然的固有因素。归根结底,应当想方设法激活被培养者的抽象思维能力,察常人所不察,思常人所不思,述常人所不述,深刻领略越是简单的事物越蕴含深奥的哲理、越是常见的现象越是人类难以破解的问题,从而扭转一度存在的"我们的知识阶层特别倾向于狂热地接受每日从我们混乱的精神状态中所生出的一切谬误"[6]的不良状态,尽力提升卓越法学人才培养的"用自己的光明照耀自己的道路"[7]的整体效应和社会价值。二是超强的应对处置能力。法学是一种应用学科,其与法的运行之间构成一种双向的互动关系,以至于"离开'活法'的社会规范,便无法理解实在法"。[8] 因此,法学卓越人才培养应当坚守学以致用原则,倾力造就、养成被培养者的应对处置各种新情况、

[1] [英]葛德文:《政治正义论》,何慕李等译,商务印书馆 2015 年版,第 195 页。

[2] [德]黑格尔:《法哲学原理》,范扬等译,商务印书馆 2016 年版,第 15 页。

[3] [奥]恩斯特·马赫:《认识与谬误》,洪佩郁译,译林出版社 2011 年版,第 4 页。

[4] [法]德日进:《人的现象》,范一译,北京联合出版公司 2014 年版,第 233 页。

[5] 魏钦公主编:《马克思主义哲学简明教程》,中共中央党校出版社 1989 年版,第 28 页。

[6] [法]奥古斯特·孔德:《论实证精神》,黄建华译,译林出版社 2011 年版,第 60 页。

[7] [德]亨利希·海涅:《德国宗教和哲学》,海安译,商务印书馆 2016 年版,第 78 页。

[8] [美]博登海默:《法理学——法哲学及其方法》,邓正来、姬敬武译,华夏出版社 1987 年版,第 134 页。

新问题的综合能力。譬如,对于私法自治与社会责任之间的冲突问题,应引导、锤炼被培养者权衡利弊的应对能力,谋求"法律的目标是在个人原则和社会原则之间形成一种平等"[1]的最佳选择。对于习惯法与国家制法的冲突现象,应引导、教育被培养者真切理解"法律是立法者制定的具体和精确的制度,习俗和风尚则是一个国家的一般性制度"[2]的内在含义,渐次养成法律文化多元意识,不断增强在现实生活中调适习惯法与国家制定法之间的冲突关系的应对处置能力。"法是由事物的本性产生出来的必然关系",[3]但"它像人类创造的大多数制度一样也存在某些弊端"。[4] 因此,法学卓越人才培养就是要有的放矢地造就、养成被培养者应对处置由于法的某些弊端可能导致的影响、制约"法的生命在于它的施行"[5]的异常情状的综合实践能力。

不言而喻,自信是法学研究和法律实践的基本心理素质。法学卓越人才培养应当造就、养成被培养者的坚韧不拔的自信力量。一是绝不盲从的自信力量。随波逐流、一味盲从无异于法学研究和法律实践的天敌,其结果只能销蚀法学研究和法律实践的进取意志和独特品格。为此,卓越法学人才培养应当激发、呵护被培养者"我算不了什么,但我必须主宰一切"[6]或者像德谟克利特所言的"我要论述一切"[7]的昂扬向上的自信心态。譬如,对于经典法学著作,应鼓励被培养者在汲取其学术精华的同时,敢于视之为学术批判的对象,正确认定其学术价值和存在的内在缺陷。对于犯罪构成、过错责任、免责情形等几乎被视为真理的法学理论,应鼓励、淬化被培养者的有质疑才有发现、有发现才有突破的考究激情。即使对于现行的一些规范性法律文件,也可以正确引导被培养者以审视的目光予以深邃、细致的研究和驳难,原因在于"一种制度如果不受到批判,就无法得到改进;任何东西如果永远不去找出毛病,那就永远无法改正"[8]。绝不盲从的自信固然是造就、养成卓越法学人才的基本要素,但也要避免绝不盲从变异为盲目批判,切忌陷入"一种方法得出的结果必须用另一种

---

〔1〕[美]博登海默:《法理学——法哲学及其方法》,邓正来、姬敬武译,华夏出版社1987年版,第101页。

〔2〕[法]孟德斯鸠:《论法的精神》,许明龙译,商务印书馆2015年版,第367页。

〔3〕[法]孟德斯鸠:《论法的精神》,申林编译,北京出版社2007年版,第1页。

〔4〕[美]博登海默:《法理学——法哲学及其方法》,邓正来、姬敬武译,华夏出版社1987年版,第388页。

〔5〕沈宗灵:《法理学》,北京大学出版社2000年版,第357页。

〔6〕中共中央马克思恩格斯列宁斯大林著作编译局:《马克思恩格斯选集》(第1卷),人民出版社1972年版,第12页。

〔7〕[法]帕斯卡尔:《思想录》,何兆武译,商务印书馆1995年版,第31页。

〔8〕[英]边沁:《政府片论》,沈叔平等译,商务印书馆1995年版,第99页。

方法去纠正"[1]的被动格局。二是绝不畏缩的自信力量。无论法学研究还是法律实践活动,均会遭遇来自不同领域的形形色色的困扰因素。因此,法学卓越人才培养应当面向现实,统筹考虑,造就、养成被培养者在学术研究和法律实践的困难面前决不退缩的坚韧品格。譬如,对于深奥艰涩的经典著作,应当帮助、勉励被培养者坚持不懈地阅读、理解并内化为自己的学术素养。对于超前或挑战性的法学研究命题,应激活、烁化被培养者的必胜信心,克服困难,坚持不懈地攻克这一学术命题。如果说自信就是力量,那么,卓越法学人才培养的重要使命之一则是造就、养成被培养者"不要孤傲地坚持你的判断,而仅仅关心以一种确当的方法来探究"[2]的充满自信的心理素质。

二、卓越法学人才培养标准的实施路径

标准是尺度、目标,可以指明特定价值的追求取向。所以,卓越法学人才培养应当按照预设的衡量标准选择卓越法学人才的造就、养成的可行途径。

培养始于教学。卓越法学人才培养应当审慎选择、实施和不断优化教学模式。一是拓展学科教学。长期以来,法学教学专注于主干学科和选修学科,即使有所变动,也不过有限度地增设法学逻辑、法律英语、模拟法庭之类的无关紧要的教学科目,某种程度上过于淡忘"一个只懂法律的人,只是一个十足的傻瓜而已"。[3] 面对光怪陆离的人类社会,法学卓越人才培养应当适度拓展与特定法学专业或者法学科目密切关联的其他自然科学和社会科学的教学科目。譬如,对于学习、研究理论法学的被培养者,应为其开设政治学、社会学、辩证法、历史学以及中外法学经典著作研读等相关课程。对于学习、研究商法学的被培养者,应为其开设金融学、经济学、航海学等相关课程。对于学习、研究婚姻家庭法的被培养者,应为其开设解剖学、遗传学、民族学、人类学、生殖医学等相关课程。拓展学科或者教学科目旨在丰富被培养者的知识结构,可以采取"浅尝辄止、不必深究"的教学方式,促使被培养者由在其法学专业之外的"不通"转变为对其法学专业相关的自然科学或社会科学的"半通"或者"略通",从而拓宽被培养者学习、研究法学专业的科学视野,增强他们发现问题、解决问题的综合能力。二是强化思维教学。毋庸讳言,现阶段的法学教学从本科生到硕士研究生、博士研究生均不同程度地存在消极意义的一脉相承的"内在联系",最突出的莫过于比较普遍存在的相当数量的研究生导师不过将本科教材的基

---

〔1〕[英]边沁:《政府片论》,沈叔平译,商务印书馆1995年版,第64页。

〔2〕[古罗马]马可·奥勒留:《沉思录》,宿春礼、邢群麟译,中央编译出版社2008年版,第29页。

〔3〕[美]博登海默:《法理学——法哲学及其方法》,邓正来、姬敬武译,华夏出版社1987年版,第491页。

本内容掺入某些学术界新近的研究成果,再煞有介事地阐发一番,转而灌输给其本人和社会寄予厚望的莘莘学子的教学现象。鉴于此种情况,应当根据不同的教育层次和被培养者,设身处地地造就、养成被培养者“敏锐和怀疑的眼睛善于深入隐秘深处”[1]的抽象思维能力。譬如,对于死刑的存废问题,应当引导被培养者以人的基本属性为依据予以慎重、稳妥的考量,而不可为一时的情感冲昏抽象思维的冷静头脑。对于年迈、丧失生育能力的老人,应当引导被培养者审视是否还有适用近亲结婚的禁止性规则和一夫一妻制的法律原则的必要价值。既然天文学、化学可以凭借抽象思维预测和发现新的天体、新的元素,那么,抽象思维同样可以在法学领域聚变成一股预测和确认法律现象变动发展的基本取向及其内在规律的巨大力量。三是注重专长教学。综合能力、全面发展固然重要,但特异能力、单项发展也会像体育赛事那样凭借单项优势产生某些造就、养成法学卓越人才的强大功能。为此,应当注意发现和倾心培育在某一方面或者特定领域具有特别见解或者特别培养价值的被培养者。譬如,对于侵权法有浓厚兴趣和独到见地的被培养者,不必拘泥于全面发展或者专业要求而予以特别培养,使之成为法学研究或者法律实践的卓越人才。对于倾心学习、研究某一特定民族习惯法的被培养者,可以予以专项教学和特别培养,使之成为独具专长的法学研究工作者。宁可培养一个专业狭隘的天才,也不要培养一万个专业宽泛的庸才,原因在于专业狭隘的天才可以在沉寂混沌之中迸发一束令人心悸的耀眼光芒,而一群庸才只能在别人开辟的田地里东奔西忙,终究难逃“既果实累累,又颗粒无收”[2]的荒凉结局。

一切都在变革,“没有任何东西可以为我们停留”。[3] 法学卓越人才的培养模式亦须顺应时代发展的正当要求而不断地革故鼎新,臻于完善。一是改革遴选制度。通常情况下,卓越法学人才培养始于硕士、博士研究生教育阶段。硕士、博士研究生招考、录取制度逐步健全完善,业已积淀相当丰富的成功经验。但是,任何事物都具有矛盾的两面性,“没有矛盾的另一面,就不可能有矛盾的这一面”[4],其突出表现就是硕士推免、博士研究生申请—审核、直博申请等考录制度普遍存在的以211院校、985院校、双一流学科等所谓高等院校的等级标签作为审定、录取考生的至关重要的衡量标准,严重混淆考生的母校身份与其真才实学之间的界限关系。鉴于此种状况,卓越法学人才培养应当打破

---

〔1〕[德]尼采:《权力意志》,孙周兴译,商务印书馆2007年版,第35页。

〔2〕[德]尼采:《尼采谈自由与偏见》,石磊编译,天津社会科学院出版社2014年版,第6页。

〔3〕[法]帕斯卡尔:《思想录》,何兆武译,商务印书馆1995年版,第33页。

〔4〕中共中央马克思恩格斯列宁斯大林著作编译局:《马克思恩格斯选集》(第4卷),人民出版社1972年版,第63页。

门第观念，最大限度地回归一视同仁的招考、录取制度，不拘一格地选拔、培养真正的、出类拔萃的法学研究和法律实践人才。中国法学历时100多年，迄今未能创立一个如同法国学者耶林的过错责任理论那样的法学定律，也未开创一个在世界范围内独树一帜，且获得普遍公认的法学学科，反而在相当程度上亦步亦趋地追随日本、德国、美国等大陆法系和英美法系的法学研究和法学理论的后尘，某种意义上足以证明我国法学教育确实到了应当反省法学教育模式，其中包括法学人才的招考、录取方式的优劣得失的关键节点。二是改革培养体制。当前，我国实行本科生、硕士研究生、博士研究生以及辅助性的博士后的法学教育体制，硕士研究生分为学术型和专业型法学教育，博士研究生分为普通招考博士和服务国家特殊需要博士的法学教育。此种培养体制同法学卓越人才的培养之间具有直接的、必然的内在联系，却又在一定程度上存在“好比两人平行，不能趋近一线一样”[1]的错位现象。面对现状，应当继往开来，推陈出新，加快卓越法学人才的培养体制的改革进程，创设以卓越法学人才培养为目标的硕士研究生、博士研究生以及博士后的教育培养模式。譬如，在法学或者特定法学专业实力雄厚的高等院校和科研机构，单独设立卓越法学人才硕士点、博士点和博士后工作站，专门从事法学卓越人才的教育、培养工作。在服务国家特殊需要博士点的基础上，增设服务国家特殊需要的法学博士点或者法学博士专业，专门培养服务国家特殊需要的法学卓越人才。当然，在必要或者条件成熟时，亦可协调现行法学教育培养体制，将法学卓越人才的培养融入现行的法学教育培养体制。诚如是，则可以统筹兼顾，整合资源，优势互补，相得益彰，不断强化法学卓越人才的培养模式及其应有的教育效果和社会效应。三是改革考核制度。法学卓越人才培养的焦点在于法学卓越人才。既然是法学卓越人才，那就不可以一般的、宽松的考核标准去衡量被培养者的法学研究能力和法律实践水平，相反，应当制定、实施严格的甚至近乎苛刻的考核标准，确保被培养者最终成为能够担当法学研究和法律实践活动的卓越人才。譬如，对于专门研究中华法系的被培养者，应集中考核其对中华法系的综合研究能力、发表的专题论文或者系列论文的学术水平以及能否形成见地独到、造诣深厚的学术思想体系。对于专攻法经济学的被培养者，应当重点考核其经济法学、经济学等相关学科的知识功底、开展经济法学研究的综合能力以及科研成果的学术价值。在严格考核的前提下，推行递进淘汰制度。具体言之，就是分阶段、分层次、多环节地筛选、淘汰被培养者，凡被淘汰者，即授予相应阶段、相应层次的学历证明或者相应的学位；凡未被淘汰者，即升入和接受更高阶段、更高层次的教

〔1〕［英］马尔萨斯：《人口论》，郭大力译，北京大学出版社2008年版，第117页。

育培养,直至造就、养成符合社会需要的卓越法学人才。通过考核淘汰制度,确保法学卓越人才培养的整体质量和教育培养资源的产出效益的最大化、多样化。四是健全保障机制。教育是社会的基石,改变了教育也就改变了一切。但是,教育也是消耗资源的事业,必须投入雄厚的保障要素。因而,卓越法学人才培养应当聚合资源,广开财源,不断加大人力、物力、财力以及其他保障要素的投入,其中最重要的就是专项培养经费的充裕保障。譬如,国家投入专项经费,确保法学卓越人才培养的顺利实施。大型企业、事业单位独资投入,委托培养符合国家认定、考核标准的从事法律实践活动的卓越法学人才。国家设立专项资金,资助法学卓越人才的被培养者,确保其工作境况、生活待遇优于或者至少不低于同等学力或资历的其他社会工作人员。国家和培养机构设立专项科研基金,专门资助法学卓越人才的被培养者从事法学研究和法律实践活动。总之,法学卓越人才培养必须奠基于坚实的保障机制,否则,它"就像没有基础或基础不牢的建筑物,无论什么时候都是很危险的一样",〔1〕难免流于形式而违背法学卓越人才培养的美妙构想和创始初衷。

三、结　语

卓越法学人才培养是一项法学教育模式的重大变革,其衡量标准是造就、养成被培养者善于发现、敢于质疑的洞察能力,抽象思维、应对处置的破解能力和绝不盲从、坚韧不拔的自信力量,其实施途径在于不断优化学科教学、思维教学、专长教学等教学模式,改革招考遴选、教育体系、考核标准等培养机制。"一切认识由讨论产生"。〔2〕对于法学卓越人才的培养标准和实施途径亦须在反复讨论的过程中才能逐渐产生清晰的认识,作出正确的选择。

〔1〕［意］马基雅弗利:《君主论》,张亚勇编译,北京出版社2007年版,第43页。

〔2〕［法］德萨米:《公有法典》,黄建华等译,商务印书馆1996年版,第100页。

“一带一路”背景下法学本科双语教学的困境与出路*

赵银仁**
（河海大学法学院）

摘　要：“一带一路”背景下，法学双语教学的极具紧迫性。法学双语教学具有自身的专业特点，其不是简单的教授外语专业词汇，亦不同于国际经贸双语教学，在当下，其具有重要的现实需求。由于现有教学资源不足、师资不足、受限于固有教学模式、靶向课程少、学生受益情况差异大等难点，开设法学双语教学的高校较少。现阶段，高校应该顺应时代需求，争取政策支持，合理配置资源，采取有效方式，积极推进法学本科双语教学。

关键词：“一带一路”　双语教学　法学本科双语教学

随着“一带一路”倡议的推进，我国与沿线国家之间的贸易更加紧密和频繁，由此引发的贸易摩擦和争端增多，[1]这也使参与者发现缺少熟悉相关国家语言和法律制度的人才。作为“一带一路”倡议的发起国和主要参与者，我国需要大量的复合型法律人才，以更好地服务相关国际贸易领域。这也为我国的法学双语教学，尤其是本科阶段的双语教学提出了更高要求。[2]

一、“一带一路”背景下法学双语教学的必要性

（一）法学双语教学的提出

我国教育部早在2001年9月便下发了《关于加强高等学校本科教学工作提高教学质量的若干意见》，明确提出了我国高校应尽快提高法律等专业在教学实践中外语课程所占比例的要求，“力争3年内，外语教学课程达到所开课程

* 本文系江苏省社会科学基金项目（项目号：18FXC001）的阶段性成果。

** 赵银仁，河海大学法学院讲师。

〔1〕 盛斌、黎峰：《“一带一路”倡议的国际政治经济分析》，载《南开学报》（哲学社会科学版）2016年第1期。

〔2〕 聂帅钧：《“一带一路”倡议与我国涉外法律人才培养新使命》，载《重庆高教研究》2019年第2期。

的5% ~10%”;[1]2005年1月教育部又在《关于进一步加强高等学校本科教学工作的若干意见》中再次明确要求“提高双语教学课程的质量，继续扩大双语教学课程的数量”。[2] 提出这一意见的重要目的之一，便是适应中国加入世界贸易组织（World Trade Organization，WTO），为更全面、更规范、更安全地投入经济全球化浪潮中提供人才支持。可以说，正是新时代的需要，催生了中国高校双语教学，而法学双语教学，无疑是高校双语教学的重要部分。

（二）法学双语教学的紧迫性

1. 国际贸易常态化的需求

国际贸易的发展绝非一帆风顺。作为当代最重要的国际经济组织之一，世界贸易组织于1994年4月15日在摩洛哥的马拉喀什市举行的关贸总协定乌拉圭回合部长会议上发起并成立。在WTO成立后，国际贸易迅猛发展，大到国家间的政府采购，小至民众日常的海淘、海购，国际贸易呈现常态化趋势。同时，随着国际政治、经济形势的发展和变化，国际贸易出现了严峻的局面，贸易保护主义在不少地区重新抬头，贸易摩擦在全球主要经济体之间呈现加剧的趋势。[3]

贸易摩擦的产生，除了利益的争斗外，还有一个重要原因，就是各国间法律法规的冲突、政策制度的冲突，以及对对方的法律、政策的无知和误解。因此，要解决摩擦问题，首先就需要相互弄懂对方的法律、政策，努力弥合法律、政策之间的矛盾，努力使相互之间在法律、政策层面达成基本一致，或至少同向而行，而非背道而驰。随着国际贸易常态化，需要大量掌握双语的法律人才，需要通过他们去打通法律障碍，努力消除摩擦。良好的法学双语教学，将有助于为我国培养善于解决国际贸易摩擦的人才。

对于我国来说，由于“一带一路”倡议的推进，国际贸易、国际投资的自由化系大势所趋。虽然贸易摩擦一时风起云涌，但最终仍然难挡国际贸易、国际投资不断壮大发展的趋势。在当前的国际贸易摩擦消解之后，我们将更加需要掌握双语的法律人才，熟练地运用法律武器，为国际贸易、国际投资保驾护航，消除障碍，并防范今后再度出现逆潮流的贸易摩擦。

因此，贸易摩擦不但自身需要掌握双语的法律人才参与化解和消除，而且，更让我们认识到培养双语法律人才的重要性。

---

[1] 中华人民共和国教育部，《关于加强高等学校本科教学工作提高教学质量的若干意见》（教高字〔2001〕4号），2001年9月。

[2] 中华人民共和国教育部，《关于进一步加强高等学校本科教学工作的若干意见》（教高〔2005〕1号），2005年1月。

[3] 李杨、孙俊成：《特朗普政府的贸易保护主义政策——基于政党政治的研究视角》，载《美国研究》2019年第3期。

2. 法学双语人才匮乏

以往的法学教学强调对条文的理解、运用,即使存在比较法的学习,也往往局限于部门法的法学理论比较,而外国法律条文大多已有中文译本,因此法学双语教学只是不急之务。但当前的国际贸易摩擦,却使我们清醒地认识到国际贸易中双语法律人才的重要性。以涉及世界贸易组织的条约、法律为例:世界贸易组织前身是关税与贸易总协定(General Agreement on Tariffs and Trade, GATT),其规则在一定程度上是西方法律的国际化,体现着美国主导建立的痕迹;世贸组织的官方语言为英文、法文和西班牙文,[1]使用这三种语言的文本才为有法律效力的正式文本,而中文不属于世界贸易组织官方语言,中文译本仅供参考,尚不能直接援引。在贸易摩擦过程中,中方在一些事项上引用中文版本提出己方观点,最后却因与英文版本存在差异而不被承认。在处理涉及世界贸易组织的事务中,缺少双语法律人才,犹如"盲人骑瞎马,夜半临深池"。法学双语教学,是培养能够更加准确运用相关法律规避和解决国际贸易争端的法学人才的当务之急。

二、法学双语教学的专业特点

(一)法学双语教学不是简单教授外语专业词汇

法学双语教学属于法学专业课程的一种授课形式,是以中文和外文双语进行法学课程教学,区别于以教授外语法学专业词汇为主的"法律外语"课程。它不仅仅是认识和记住用外语表达的法律专业词汇,也不仅仅是学会用外语表达法律意见,更是要以外语锻炼学生的法学思维,通过直接学习以外语原文表述的外国法律,以外语原文表述的文书,通过用外语讨论法学问题,用外语模拟法庭程序,从而了解文化差异、理解国外研究者对法学的认知,完善课程内容,增加学生对外国法的直接认知,培养学生关注法学方面国际学术或实践最新动态的兴趣。

(二)法学双语教学不同于国际经贸双语教学

为适应我国加入世界贸易组织后对法律、金融、贸易等专业相关人才的需求,国际经贸专业和法学专业都被要求开展双语教学。对于国际经贸专业双语教学,人们往往认为理所应当,而对于法学双语教学,有人却认为没有必要,认为外国的法律条文就写在那儿,只要认得外国文字,需要时拿来用就行了,这种认识极其片面。

国际经贸双语教学,注重培养掌握现代国际经贸发展状况、熟悉国际贸易

[1] 世界贸易组织网:https://www.wto.org/english/thewto_e/thewto_e.htm,最后访问日期:2019年11月1日。

通行规则与法律、了解中国外贸政策法规、具备经济学基本原理及国际贸易基础知识、具有国际视野能熟练运用外语进行交流的经贸应用型人才。而法学双语教学,着重培养系统性掌握法学专业知识,熟知国内外法律和政策,能运用法学理论与方法分析与解决问题的专业人才。

二者都涉及要求学生掌握法律知识,了解国家政策动向,要求专业知识与实际运用相结合,但国际经贸专业教学更偏向以经济学类知识为基础,管理类和法学类为辅;而法学专业教学的法律知识指向性更强,其双语教学着眼于培养学生在以后工作中解决国际贸易中的合规问题、预防法律纠纷、解决法律矛盾的能力,更加注重掌握和运用外国法律的精准性、严密性。

三、法学双语教学应从本科抓起

(一)国内本科法学双语教学基本尚未开展

关于国内高校开展法学双语教学的具体数据尚难取得,但网络学习平台可以为让我们窥见一斑。截至 2019 年 10 月,国内最大的网络学习平台"中国大学慕课 MOOC"(massive open online course)平台上有 144 门双语课程,其中仅有 2 门双语课程为法学相关(国际环境法、外国民商案例选读);在该网站所展示的 153 门法学课程中,双语教学课程占比仅 1.3% 左右。[1] 由于各高校一般都会把优秀课程挂到慕课网上,我们可以推知,线下课堂里的法学双语教学,同样是这样寥寥可数,远未达到教育部提出的最低 5% 的要求。其他网络学习平台如网易公开课和 CCtalk,其平台有上百堂法学相关课程,但无一堂法学双语教学课。网络视频平台如腾讯视频和爱奇艺,其中不乏法学相关娱乐科普或教学视频,但都检索不到法学双语课程。从上述数据可粗略判断,国内本科阶段法学双语教学的现状。

(二)本科法学双语教学将开拓法学教育新的"蓝海"

单纯的法学专业本科教育,已经处于较为饱和的状态。以司法部数据为例,2017 届法学本科生毕业半年后就业率为 85.3%,低于 91.9% 的平均就业率,而作为行业门槛的司法考试施行 16 年来平均通过率约为 14.8%,[2] 可见法学本科生就业压力之大,也从侧面反映出传统法学本科教育已是一片"红海"。

开展本科法学双语教学,可以开拓法学教育新的"蓝海"。在当前"一带一

---

[1] "中国大学慕课 MOOC"网统计:www.mooc.cn,最后访问日期:2019 年 11 月 1 日。

[2] 司法部负责同志就《国家统一法律职业资格考试实施办法》答记者问,载中华人民共和国中央人民政府网:http://www.gov.cn/zhengce/2018-04/29/content_5286847.htm,最后访问日期:2019 年 11 月 1 日。

路”倡议背景下,更加凸显双语法律人才的匮乏。此时,开展本科阶段法学双语教学,既能为国家为社会输出一批急需的国际贸易法律人才,又能分流一部分传统法学学生,缓解传统法学教育领域的就业压力,同时满足部分学生的差异化需求。而如果我们选择只在研究生阶段开展法学双语教学,将难以满足当前对双语法律人才的数量需求,也不利于让学生尽早、充分地接受双语的熏陶,不利于培养出基础功底更加扎实的双语法律人才。

(三)本科法学双语教学可与研究生教学相得益彰

本科即开展法学双语教学,对于法学生在国内继续法学研究生深造,抑或出国接受法学研究生教育,都有着重要的基础性作用。研究生法学教学应当注重双语教学,这已经成为大家的共识;本科阶段开展法学双语教学,有利于实现与研究生阶段的无缝对接。同时,面对“一带一路”背景下国际贸易的实际需求,以及国际交流的常态化,越来越多的法学本科生寻求到国外深造研究生。对他们来说,如果本科阶段即接受法学双语教学,无疑是对国外研究生学习的有力铺垫。以美国为例,在其当前教育体系中,本科阶段不设置法学专业,只有获得了大学本科及以上学历者,才拥有进入法学院学习深造的机会。其法学院当前设置了法律学位和法学学位,分为法学硕士 L. L. M(Master of Law)、法律博士 JD(Juris Doctor)、法律科学博士 JSD(Doctor of Juridical Science, SJD)。[1] 从设置目的上来看,LLM 学制为一年,时间较短,了解英美法系效率较高,也成了诸多留学生的首选。

显而易见,赴美深造对留学生的外语能力有一定要求,除了纯语言类要求如托福(TOEFL)、雅思(IELTS),对希望攻读三年制 JD 的中国学生,还涉及法学院入学考试 LSAT(The Law School Admission Test),其题型对考生运用外语阅读复杂材料、书面论证能力要求极高。尽管中国本科毕业生赴美学习 LLM 并不需要通过 LSAT 考试,但其作为美国法学院入学考试反映的对进入美国法学院学习的学生在全外语环境下进行逻辑推理与论证的能力要求,可作为赴美深造学生的能力的参考,因此,法学生在本科阶段接受双语教学对研究生阶段出国的帮助,不止在于破除语言障碍提前熟悉使用外语的教学环境,更在于培养法学学习的思维方式。尤其在中美之间贸易摩擦加剧的背景下,赴美学习法学知识十分具有现实意义,知己知彼方能更高效地解决涉外法律问题,同时也能增进彼此文化与法律交流,减少文化差异隔阂与涉外法律事务中的误解。

我国本科法学双语教学不一定要以服务于出国深造为目的,尽管双语教学可以让学生出国之路更为宽阔平坦,但无论学生选择出国与否,法学双语教学

---

[1] 朱兴文:《美国的法律精神与法学教育》,载《怀化学院学报》2012 年第 12 期。

都有助于学生全面发展,开拓视野激发想象,提供多元选择。

四、本科法学双语教学的难点与尝试

(一)法学双语教学的小调查

笔者在对本校法学专业学生的采样调查中显示,八成的受访者表示开展双语教学"非常必要",其余受访者均认为"必要",高校法学专业学生对开展双语教学的肯定和迫切需求自不待言。至于开展双语教学的主要障碍,过半数受访者认为在于课程专业内容难度大,其余小部分认为是语言基础弱。法学的专业性强、口径宽的特点,决定了其专业课程的深度深、体量大,即便是母语教学都需要学生投入大量时间和精力。双语教学在语言和思维上的要求更高,这需要学生主观有自我突破的魄力和更综合的学习能力。

(二)高校开展法学本科双语教学的障碍

虽然有教育部的指示和诸多学者对法学双语教学必要性与重要性展开了论证,但推广普及高校法学专业开展一定比例的双语教学这一设想仍然难以落地生根。原因大致有如下几点:

一是现有相关教学物质资源不足。首先,双语教材编写明显滞后,法学双语教学出现时间较短,相关教学较少。教材编写者需要同时具备法学专业知识和外语专业知识,不能只是运用外语能力简单地将中文翻译成英文,而要配合更灵活的案例和额外的英文多方面阐释核心概念以及结合法律知识避免产生歧义和知识错误。否则难免生硬难懂,多误多歧。其次,教学大纲尚未统一成熟,各大高校没有统一的标准。最后,相关教学读物和辅助资料的编写更是难以被目前这样狭小的市场需求驱动,教师备课利用什么、如何利用素材制作双语课件尚未形成标准化步骤。因为各高校缺少权威统一的标杆,教学成果也难以横向量化比较。

二是师资不足,培养引进成本高。法学双语教学,不是让外语水平明显高于学生的外语老师换一套课本课件就去上法学专业课,也不是意味着外语能力参差不齐的法学专业课老师都能够准确而流利地站在台上以外语授课。在现实情况中,可能会出现知识准确性和使用外语不可兼顾的情况。这对教师的综合能力要求非常高,这是一个不容忽视的人才缺口,尤其是部分不太重视法学或学校整体层次较低的学校,可能并不愿意斥资培养或引进这样的教师人才队伍。

三是固有传统教学模式的惯性。我国对学生应试能力的培养非常成功,在学生能力国际评估考试中名列第一，远胜英美国家学生。[1] 这从侧面反映中国的教学模式和主要外语国家的教学模式差异显著。中国学生擅长记忆和应试模式下规范化输出，离不开课堂上屡见不鲜的老师灌输填鸭现象。老师与学生信息传递多为单向的，上课勾画重点，下课作业巩固，考前集中记忆，衡量标准单一等，从义务教育到高等教育皆是如此。而双语教学课堂重要内容可能会以英文形式呈现，要求英文互动，而传统模式下学生抄PPT，只听不说等习惯可能会阻碍气氛活跃的双语课堂的开展。

四是双语教学靶向课程少。目前阶段的法学双语教学非常讲究实用性，甚至可能直接和就业相对接，其原因也离不开前文所提到的法学双语教学现有教学资源不足、人力成本和材料成本较高等问题。培养法学专门人才解决涉外贸易问题也牵引了双语教学的方向：比如目前多以国际商法、国际贸易法等学科开展，此外，国际私法、国际经济法、世界贸易组织制度等也是课程方向。这些课程方向充分体现了法学双语课程与世界贸易接轨的动机。但对于如刑法、宪法、婚姻法等课程便几乎没有学校开展双语教学。对于学校而言，因开展法学双语教学而专门投入的资源利用面过小，性价比不高，尤其是对于没有细分法学专业的学校而言，这也在无形中形成一道门槛，阻碍着更多高校开展法学双语教学。

五是学生受益情况差异大。教学之核心乃是培养学生。学生是所有教学资源的接收者。法学双语教学的预期益处是否实现，关键在于对学生受益程度的评判。而如前所述，法学双语教学对老师和学生都是一个挑战，专业知识难、语言障碍大是两大痛点，由于课堂形式较灵活，学生受益程度与个人兴趣和学习能力关系密切，即便是层次再高的高校也不能保证每一个法学院的学生专业知识学习能力和外语听说读写能力都同时过硬，更何况层次稍低的高校。因此，法学双语教学，对于一些高校来说，可能是一件费力不讨好的买卖。

（三）国内高校开展法学双语教学的尝试

虽然法学双语教学存在诸多难点和障碍，国内部分高校还是进行了有益的尝试，并取得了不俗的教学成效。这些学校的有益尝试对未来法学双语教学起到一定的引领和示范作用。

中国政法大学开展涉外法律人才培养模式实验班，自2013年至今已培养300余名学生，其教学理念更新快、课程特色突出，放眼全球治理和国际间法律事务，与国外组织和著名高校均有合作关系，邀请国外专家开展交流活动，配备专门外文阅览室，部分学生甚至接受英、法双外语教学，经过4年学习培养出外

〔1〕 孙薇、郁钰：《应试教育与素质教育并非水火不容》，载《中国教育学刊》2016年第5期。

语能力与法律基础知识相结合、国内法律与国际规则灵活运用的法学人才。[1]华东政法大学设立涉外卓越国际金融法律人才实验班,其设立与所在地建立国际金融中心和航运中心息息相关,该班以法律、金融、公司结合为特色,不仅有双导师、送出国与引进国相结合等模式,还有假期英文论文大赛和国际化比赛等,首届毕业生有22%选择出国深造也体现其国际视野。[2]

五、当前背景下如何开展好法学双语教学

(一)破除国内推广法学双语教学的障碍

第一,国家重点支持已顺利开展法学双语教学的高校编写教材和相关学习材料,并举办交流会分享前沿备课与教学经验,给其他高校提供教材参考,发挥带动作用,降低高校引入法学双语教学的门槛。同时,鼓励高校教师编写优质法学双语教学教材和资料。通过高校间的交流一步步打磨形成教学大纲和考核标准的共识。

第二,引入有留学背景的人才,重视年轻教师队伍建设。国际贸易摩擦加剧的影响不总是坏的,至少它引起了人们参与国际间文化与法律交流的兴趣。近年来国外高校法学院招收国际生的数量总趋势是增长的。无论是招聘接受过全英文法学教育的海归,还是吸引在中国深造的优秀海外留学生,都可以吸收具备专业和语言能力的新鲜血液。而且法学双语教学这个具有巨大成长空间的事业容易在价值观方面与高发展潜力的年轻教师的追求相契合,从而激发教师建设专业的热情,还可以以自身经历引导学生关注法学的国际价值,投身相关事业中,学以致用。

第三,尊重学生兴趣,扩大人才流动性。高校开展双语教学大多采用法学院设置普通班与双语实验班的模式。双语实验班为保证教学质量固然应当加强对法学院学生专业学习能力和外语能力筛选,但另外也应把握双语学习中学生兴趣的作用,提供非法学专业学生考入双语实验班的机会。放大学生主观能动性作用,同时也扩大法学双语教学影响力,体现法律平等精神。

(二)注意规避可能出现的问题

首先,注意避免法学与双语两张皮。法学双语教学的要点是通过双语教学让学生熟悉国际相关法律,养成国际法律思维习惯,而不仅仅是让法学学生多掌握若干国际法学词汇,因此法学与双语一定要深度融合,学习外文原版的法

---

[1] 法学(涉外法律人才培养模式实验班)专业,载搜狐网:https://www.sohu.com/a/320414729_668093,最后访问日期:2019年11月1日。

[2] 法学(涉外卓越国际金融法律人才实验班)情况介绍,载华东政法大学本科招生网:https://zsb.ecupl.edu.cn/3060/list.htm,最后访问日期:2019年11月1日。

学文献、法律条文,追踪国外热点的法律问题,开展外语表达的讨论辩论,而不是一堂中文法学课、一堂外国语言课,两者各行其道。

其次,注意避免将纯粹国内相关的法学内容纳入双语教学。在新时代,不要为了国际化而忽略保持中国特色,如刑法、行政法、宪法等非常明显体现中国特色社会主义法治国家的内容,就不一定要采用双语教学,既是集中体现社会主义的优越性,又避免投入不必要的过多的资源备课。

最后,注意避免"换汤不换药"——换教学语言不换教学思维。应避免教师灌输填鸭现象出现,而应以互动促思考,以思考促思维,从外语到外国法的思维。应该避免教师一言堂,而应采取以兴趣式研讨教学或实践教学为呈现形式,强调启发性与互动性,教师主要起引导作用。

(三)将国内学生法学双语教学与吸引外国法学留学生结合起来

教学相长,学生并非仅仅是接受教学的对象,同时也可以成为传授、传播、切磋知识的能动主体。在双语教学中,利用外国留学生的母语优势和对其所在外国法律掌握的优势,可以较好地弥补学校双语师资的不足。为此,具备条件的高校应当将推出法学双语教学与吸收法学留学生结合起来,将外国留学生的语言优势利用起来,实行外国留学生与国内学生混编成班,首先在混编班采取双语教学。

(四)法学双语教学模式设想

第一,实行双教师同堂授课。在开展法学双语教学的早期,鉴于师资力量的实际情况,以及切入国外法律过程中可能出现的不适,可以采取国内国外两位法学教师同堂授课的方式,通过国内教师针对国外教师授课内容中的关键之处进行进一步释疑,带领学生逐步适应外语教学,并站在本国角度对双方之间的不一致之处进行点拨,避免国外教师茫然不知为何中国学生连这个也不懂,避免中国学生茫然不知为何外国教师会这样说来的情况。一方面可以通过不同观点的交流碰撞活跃课堂并提供更为贴近生活的语言环境,另一方面也可以在侧重英语阐述和专业知识构建上有所分工,弥补教师能力短板,提高课堂综合水平。当然,双教师同堂的成本是比较高的,但其良好效果使其成本效益并不低。

第二,发挥双语网课资源的效用。由于法学双语教学较高的难度和成本,我们有必要设计资源共享机制,增加对课程供应的消费量,扩大课程供应产生的效用。建议由教育部出面协调相关重点高校,推出高质量的双教师同堂授课的法学双语教学视频课件,放在慕课网上供学校和学生共享。近年来网络学习平台不断出现和发展,包括法学在内的网课如雨后春笋般出现,其中也包括一些双语教学课程,一定程度上激发了学生学习法学的兴趣、降低了法学本科生和非法学本科生学习门槛和成本。整体来说,目前借助互联网共享法学双语教学课堂资源受益广大学生、提高法学双语教学的影响力的愿景还没有完全实现。网络平台成本低、影响广、传播快的优势没有发挥出来。

当然,由于网课缺乏课堂互动性,可能导致法学双语教学对培养学生双语沟通和表达逻辑思维能力的效果有所削弱,但其通过共享而扩大课程效用的效果,相比于双语课程的缺乏,毕竟是有利的。

第三,丰富双语课外活动。通过举办双语模拟法庭、英文法学论文大赛等较为规范正式的活动,以及举办更为轻松自由的法学英语沙龙、研学旅行等,寓教于乐,丰富教学内容,扩大课堂教学边界。

六、结　语

在“一带一路”倡议推进下,当前我国企业在涉外国际贸易中对双语法律日常需求旺盛,加快推行、扩大推行法学双语教学,既是当务之急,不得不推,也是恰逢其时,推出效果可期。高校应当顺应时代需求,争取政策支持,合理配置资源,采取有效方式,从本科阶段到研究生阶段配套推行,让法学双语教学在服务国际贸易和国际投资方面,发挥更大更好的法律保驾护航服务。

思政教育有效融入法学专业人才培养问题研究*

郑 祺 丁宇峰 王艳丽**
（南京审计大学法学院、南京农业大学人文与社会发展学院）

摘 要：要在新时代开展思政教育新工作，培养德法兼备的法学专业人才，必须把握教师队伍建设、课程思政建设、实践思政建设、制度体系建设四个方面的内容，秉持显性教育与隐性教育相结合、授业解惑与身体力行相结合、普适教育与特别教育相结合、传统教育与改进创新相结合的四项建设原则，结合自身的教学特色与成果，以课程思政建设为基础，以实践思政建设为重要环节，将思政教育融入法学专业人才培养全过程，打造"从课内到课外，从校内到校外"全方位、立体化的专业思政体系。

关键词：思政教育 法学 人才培养

党的十九大报告阐明："中国特色社会主义进入了新时代，思想政治工作也进入了新时代。新时代要有新气象、更要有新作为，思想政治工作也必须适应新形势、新任务，拿出新思路、新举措，展现新气象、新作为。"自习近平总书记在全国高校思想政治工作会议上强调"把思想政治工作贯穿教育教学全过程，开创我国高等教育事业发展新局面"以来，全国各高校积极研究如何把立德树人作为教育教学中心环节，把思想政治工作贯穿教育教学全过程，实现全程育人、全方位育人，改变长期以来学生只注重学习专业知识、抵触思想政治教育内容、高校思想政治教育与专业教学相互脱离的状况。为此，高校教育教学工作必须利用好课堂教学这个主渠道，发挥各类课程与思想政治理论课同向同行的协同效应，引导广大师生做社会主义核心价值观的坚定信仰者、积极传播

* 本文是江苏省教育科学"十三五"规划2020年度课题"思政教育有效融入法学专业人才培养研究"（D/2020/01/41）的阶段性研究成果。

** 郑祺，南京审计大学法学院讲师，美国凯斯西储大学法学博士。丁宇峰，南京农业大学人文与社会发展学院副教授、法学博士。王艳丽，南京审计大学法学院教授、副院长，法学博士。

者、模范践行者。[1] 本文是在此背景下,对培养德才兼备、全面发展的法学专业人才的进一步探讨。

一、专业思政建设的目标

(一)新时期中国法学教育的目标

新时期中国法学教育的目标是培养"德法兼修"的社会主义法律人才。法学专业有很强的专业特点,法学专业毕业生主要就职于公检法等政府部门,或进入企事业法务部门、律师事务所工作。长期以来,法学专业学生的培养以实用性为主,侧重于知识储备和实务技能训练,学生只关心所学知识是否能应用于司法考试和法律实务,忽视了法律人才与其他专业人才相比,更肩负着依法治国、维护社会公平正义的重任。"一定要有法律学问,才可以认识并且改善法律;一定要有社会的常识,才可以合时宜地运用法律;一定要有法律的道德,才有资格来执行法律。"[2]

在当今的时代格局中,法律人才承担了重要的使命——习近平总书记在中国政法大学考察时指出,在全面推进依法治国这项长期而重大的历史任务中,需要众多坚持中国特色社会主义法治道路、立德树人、德法兼修的高素质法治人才,为实现"两个一百年"奋斗目标、实现中华民族伟大复兴的中国梦的理想信念而砥砺前行。何为"德"? 党的十九大精神指出,不仅要求法律人才有良好的职业道德、社会道德,还要有坚定的理想信念,坚守社会主义核心价值观,拥党爱国,旗帜鲜明。"德法兼备",即是在具备坚实的法律素养的基础上,目光不局限于个人成就,勇于承担社会主义法治建设的大任。

法律人才若不具备过硬的道德素养,将极大影响我国的社会主义法治建设的进程。思想政治教育作为德育教育工作的主要内容,在教育教学活动中占据着举足轻重的地位。教育部在《关于加快建设高水平本科教育 全面提高人才培养能力的意见》中强调,培养有理想、有本领、有担当的高素质专门人才,要在改进教育教学工作中加强思想政治理论课程,发挥"协同育人机制",铸就法律人才之魂。思政教育工作与新时代"卓越法治人才教育培养计划2.0"的教育目标相契相合,有共同的出发点和归宿,即"建立起凸显时代特征、体现中国特色的法治人才培养体系……培养造就一大批宪法法律的信仰者、公平正义的捍卫者、法治建设的实践者、法治进程的推动者、法治文明的传承者,为全面依法治国奠定坚实基础"。

---

[1] 《习近平在全国高校思想政治工作会议上强调,把思想政治工作贯穿教育教学全过程 开创我国高等教育事业发展新局面》,载《人民日报》2016年12月9日,第1版。

[2] 孙晓楼:《法律教育》,商务印书馆2015年版,第12~13页。

(二)高校法学专业思政的根本目标

高校法学专业思政的根本目标是培养复合应用型、“德法兼修”的社会主义法律人才。法学专业的应用性学科性质,决定了法律人才的培养必须服务于民主法制建设和经济社会发展的要求。随着社会的不断进步,法学教育的目标也在不断地更新。经济的蓬勃发展、政治的独特面貌、对外开放水平的不断提高和社会分工的进一步细化,使传统的单一型法律人才逐渐不能满足社会进步的需要。当代法律教育应致力于培养全面发展的人才,不仅需要具备相应的思想道德素质、专业知识体系和理论体系、法律专业思维和职业伦理,更需要努力做到“又博又专、愈博愈专”。[1]

习近平总书记曾说过,我国有自己特有的历史文化、体制机制和国情,在法学教育上“要兼收并蓄、突出特色,深入研究和解决好为谁教、教什么、教给谁、怎样教的问题”。不同的高校根据自身的人才培养特色又有具体的专业思政目标。如南京审计大学坐落于江苏省,同时又以审计为品牌,依托于学校在审计领域的优势与审计系统的紧密联系,法学专业开办了法务会计和法务金融两个极具特色的专业方向,未来要将思政教育融入法学专业人才培养的全过程,构建起从“课内到课外、从校内到校外”的法学专业思想政治教育的系统框架,探索出包含“课程思政”在内的法学“专业思政”教育路径,从而培养出“德法兼修”的高素质社会主义法律人才,满足国家尤其是江苏和长三角地区未来发展对财经领域法治人才的需要。而南京农业大学法学专业的优势在于与学校的农学、土地资源管理等优势学科的结合,培养“德法兼修”、满足国家尤其是江苏和长三角地区未来发展对复合型法治人才特别是涉农领域法治人才的需要。

二、专业思政教育的原则

专业思政教育工作要实现有效性和针对性,关键是对症下药、有的放矢,根据当代大学生独立意识强、喜爱创新理念、重视自我表达、强调差异性等特点,坚持以学生为本,引导学生树立社会主义核心价值观,培养学生的职业理念和创新精神。因而,明晰和坚持高校思想政治教育针对性的基本原则有重要的实践意义和指导价值。笔者认为,法学专业思政教育应当秉承“四个结合”。具体而言:

1. 显性教育与隐性教育相结合

显性教育和隐性教育是思政教育工作的两种形态。显性教育指的是直接外显、公开鲜明的教育方式,如思政理论课教学、主题讲座、形势与政策课等,内

---

[1] 习近平:《习近平在中国政法大学的重要讲话》,2017年5月3日。

容系统、组织严谨;隐性教育指的是间接内隐、春风化雨式的教育活动,以历史、文化、环境、情感等为切入点,让学生在分享体验中不知不觉接受教育,获得精神重塑。显性教育和隐性教育不是相互割裂的,而是要在教育的全过程中有机统一,才能使教育效果最大化。

我国传统的思政教育以显性教育为主,正是持之以恒的显性教育的灌输,使学生了解我国的国情和历史,形成了强烈国家荣誉感和民族自尊心,在复杂的意识形态斗争前坚持走中国特色社会主义的道路。思政教育工作必须不放过显性教育的机会,坚定不移地强化各种思政理论,反复淬炼道德精神。譬如在宪法学教育中,增加关于马克思主义法学理论的内容,深刻阐明人类社会发展规律、社会主义建设规律、共产党执政规律,给学生深刻的教学体验,增强学生的“四个意识”,坚定“四个自信”,做到“两个维护”。

显性教育是思想政治教育的重要形式,并不意味着可以轻视甚至忽视隐性教育的重要作用。从古代的“孟母三迁”,到今天的“舆论阵地”,都是对这一理念的现实诠释。思政教育工作必须不放松隐性教育的环节,充分运用各门课程和活动蕴含的思想政治教育资源,发挥隐性教育的渗透功能。如通过讨论法律时事热点,引导学生关注社会现实、思考国计民生,培养学生建设社会主义现代化国家的使命感和责任感,实现显性教育和隐性教育的完美结合。

2. 授业解惑与身体力行相结合

如前文所述,打造一支高素质的教师队伍是思政教育工作的重要内容。教师的一言一行、身上散发出的个人魅力和思想境界,无不对学生有莫大的感染和熏陶作用。教师要教导学生形成坚定的思想政治理念,自己就必须先对思政教育理论有深刻的理解,在生活中奉为圭臬、身体力行。

教育工作不是一个简单输出的过程,而是“默而识之,学而不厌,诲人不倦”,在观察和思考中找到教导别人的方法。要在教育教学中引导学生提高思想政治素养,就必须关注学生的心理发展和成长需求,选择好思想政治教育在专业教学中的结合点,通过学生喜闻乐见的教学形式,深入浅出地阐明两者之间的内在逻辑,在授业解惑的过程中融入思政教育的内容,避免单调生硬的说教。

“动人以言者,其感不深;动人以行者,其应必速。”思政教育不能局限于讲台之上,而是应当加强教育的亲和力和感染力,寓教于乐,将所思所想自然而然地传递给学生,推动学生的参与和践行。譬如通过带领学生参加公益活动和法律志愿服务,带动他们用所学的法律专业知识帮助别人,用积极的生活态度影响别人,言传身教,双管齐下,使学生感佩于心,效法其行,主动做社会主义法治国家的建设者和维护者。

3. 普适教育与特别教育相结合

高等教育作为一种公共教育形式,需要传授在一定时期得到社会公认的最正确、最通用的知识,主要指那些被选入教材、写入教学大纲的基本概念、专业术语和规则,这使高等教育具有普适性和通用性。而在此过程中,会不可避免地过滤掉部分个性知识和人文关怀,导致教育手段过于单一、教育成效不够理想。因此,在不同的情境下,需要发挥普适教育和特别教育不同的功能,使思政教育实施更为灵活有效。

针对全体学生,必须把控整体的意识形态和政治面貌,制定统一的思政教育培养和教育目标、教育方案。无论是十九大报告,还是本科教育培养意见,都明确了中国需要的是思想坚定、艰苦奋斗、追求卓越、德才兼备的社会主义事业建设者和接班人。这就要求思政教育工作必须以此为出发点,满足国家发展的普遍需求,解决学生发展的共性问题。如采取思政理论集中学习、集体讨论的形式,完成统一的学习目标,形成整体的学习成果。

共性之外亦有个性,世上没有两片完全相同的叶子,也没有两个完全相同的人;即使思想认识问题相似,产生的原因也不会完全相同。思想政治教育活动中,根据不同学生、不同问题,也应当采取不同的方式方法,制定特定引导和教育方案。尊重每一个学生的个性特征和自我需求,承认不同学生的个体差异,细心观察、耐心思考,对不同情况有的放矢、对症下药,努力做到具体问题具体分析,防止思想政治教育工作简单化、"一刀切"。[1]

4. 传统教育与改进创新相结合

在长期的思政教育工作中,传统的思政教育模式已经凝练出了许多行之有效的方法,为现在的思政教育工作提供了宝贵的经验和结论。前人栽树,后人乘凉,充分利用传统有效的思政教育方法,可以让思政教育工作高台筑基,事半功倍。诸如必修思政课程、观看爱国主义教育电影、参观历史文化纪念馆、聆听主题教育报告等传统思政教育方法,已经有了成熟的教育模式和培养流程,也有了广泛的社会认可度和群众基础,执行起来可操作性强、易于发展,应当坚持继续开展和进一步完善。

与此同时,技术的进步、改革的深化、社会环境的变化,给思政教育带来了新问题、新挑战,这使我们必须紧跟中国社会的发展形势,不断丰富思政教育的内容和形式,努力开拓思政教育的新渠道,使之适应社会发展和学生需要。例如,运用网络平台,开展思政网课和在线交流,让学生参与时间的灵活性大大增加,也避免了师生面对面交流的拘束感,使双方在交流时能更加平等自由、畅所

〔1〕 郑佳然:《新时代高校"课程思政"与"思政课程"同向同行探析》,载《思想教育研究》2019年第3期。

欲言。又如随着大数据技术的发展,许多高校建立了自己的信息门户和智慧校园网络,高校教师可以通过大数据分析,及时了解学生的心理状况,对思想风险适时干预,增强思政教育工作的科学性。

三、专业思政的建设内容

自2014年起,上海高校率先开展课程思政试点工作,近年来,全国各高校纷纷探索以课程思政为载体的、“知识传授相结合与价值引领相结合”的课程思政建设。课程思政是一种理念,认为高校的各类课程都承担着立德树人的职责,都能成为高校思想政治教育的重要载体。课程思政建设,不是要替代思政课程,也不是将法学专业的专业课程都建成思政课程,而是通过紧紧抓住课堂,在传递知识过程中结合思政教育,将思政教育全面融入法学专业人才培养的全过程,发挥思政教育在人才培养中的引领作用,让法学专业的课堂、法学专业的教师、法律实务部门等都承担起知识育人和德育育人的功能,构建以思政教育为目标的管理体系,实现从“课程思政”到“专业思政”的提升。

1. 教师团队建设

俗话说,育人先育己,因而建成一支德法兼修的教师队伍是专业思政建设的前提。教育包含着“教书”和“育人”两项重要职责,“育人”不只是简单的知识传授,亦包含了道德教育的内容。为了培养新时代的接班人、中国梦的逐梦人,高校教师作为青年学子前行路上的引导者,在思政教育工作中的作用尤为重要。高校教师肩负着“传道受业解惑”的神圣使命,只有自己“明道”,才能向学生“释道”。同时,教师也是学生观察模仿的对象,除了“言传”之职亦有“身教”之责,如果自己的思想政治素养只停留在口头说教,学生自然上行下效。因此,教师需要提升自我思想政治素养,身体躬亲,才能变有意为无意,潜移默化地提升学生的政治觉悟及修养。

要培养复合型社会主义法律人才,首先要打造一支德法兼备的教师队伍。传统模式下仅让思政课教师、党政人员和辅导员独挑大梁是远远不够的,不仅需要法律专业教师的大力参与,发挥自身深厚的法学素养和丰厚的育人理念,让学生更易于接受;也需要实践教师的通力配合,通过丰富多彩、生动活泼、贴近现实的实践活动,让学生乐于奉行,才能扩大思政教育工作的影响力,让思政理论贯穿于法律专业教育的全过程,营造一个善学乐学的思政教育环境。[1]

2. 课程思政建设

课程建设是专业建设的基础性问题,因而法学专业思政的基础是课程思

---

〔1〕 童潇:《非思政课专业教师应特别增强授课中的思想政治教育意识》,载《红旗文稿》2017年第14期。

政,应当建成以专业基础课、主干课和特色课为主导的思政教育课程体系。

习近平总书记说,“各门课都要守好一段渠、种好责任田,使各类课程与思想政治理论课同向同行”。我国高校教育的法学专业课程体系中,一般由思想政治理论课承担着塑造学生三观和政治素养的主要责任,法学专业课程教授法学基本理论知识和技能,综合素养课程传授历史文化、哲学道德、艺术、科学等方面的知识。法学专业的课程往往仅围绕着民法、刑法、诉讼法等专业基本内容,没有在法与道德、理想信念与职业精神等层面进一步挖掘,做好价值引领。因此,如何融合专业课程教学与思政教育工作,是法学专业思政中应当积极探索的新问题。

作为法学教师,必须抓好法学课程教育教学这一主阵地,以此为开展思政教育工作基本着力点。具体而言,一是以专业基础课程为依托,在法理学、法制史、宪法等法学基础课程教学中,加强社会主义法治建设的教育,培养学生的理想信念和职业荣誉。二是加强各高校法学主干课和特色课的思政教育,在知识产权、律师实务、国际法等课程中,结合就业岗位的素质要求,引导学生树立爱岗敬业、廉洁自律的职业道德。将社会主义核心价值观渗透进法学课程,把思想政治工作做在日常、做到个人,才能充分发挥专业教师在思政教育工作中的实施优势,筑建专业思政的良好基础。[1]

3. 实践思政建设

实践思政建设是专业思政建设的重要环节,拟建成以特色活动和品牌实践项目为核心的实践思政体系。

在高校学生的学习过程中,实践课程是打磨专业技能、提升综合素质的重要环节。实践是检验真理的唯一标准,一切思政理论也应当从实践中来、到实践中去。高校教师除了课程教育这一途径,也不能忽略通过教学实践来进行思想政治教育,把思政理论和思政文化渗透到实习实训、拓展训练等过程中,让学生在实践中切身体会思政理念的真知灼见。

法学专业是个就业范围广、综合实践性强的应用型专业,南京审计大学法学专业更是有财经方向复合型的特点。在开展思政教育工作中,一方面应注意发挥自身的教学资源优势,以模拟法庭、财务模拟训练、创业实践、校外实习等为实践互动平台,开展各项思政教育工作,建成以特色活动和品牌实践项目为核心的实践思政体系,培养学生的创新思维和自立精神。另一方面要关注学生在各类实践活动中的言行举止,这也是学生真实思政素养的体现,通过实践教学的反复锤炼,让思想政治基础理论知识不再停留于口号和文字,而是内化为

---

〔1〕 李国娟:《构建“同向同行、协同育人”新机制》,载《红旗文稿》2017年第12期。

行,真正提高学生自身的思想政治觉悟。[1]

4. 制度体系建设

制度体系建设是专业思政建设的重要保证,应当建成以推动和保障专业思政建设为目标的管理制度体系。

思政教育工作是一个“全员、全过程、全方位育人”的系统工程,需要教师队伍、教学管理部门、教育行政部门、实践平台的多层次协同运作,各种途径拓展思政教育工作的深度和广度,形成一个“大思政”格局。很多高校的思政教育缺乏成效,就是因为对思政教育工作的过程中欠缺系统性、整体性和协调性。因此,构建一个良好的管理制度体系是专业思政建设的重要保证。

一个良好的思政工作管理制度体系,一方面要强调共性,即思政教育工作不是某一职务的专有任务,而是包含专业教师、辅导员、实验实践教师、部门领导等在内的所有人员的必要工作,“立德树人”应成为全体人员的共同目标,防止出现相互推诿的扯皮现象。另一方面要突出差异,即思政工作应当有一个管理严格、权责明确、奖惩得当的考评机制,对在思政教育工作中表现突出、成效显著的工作者应予以各种形式的嘉奖,同时对思想政治教育过程中出现问题也及时处理和反馈,通过奖惩得当的管理制度,调动思政工作的积极性,起到应有的激励和约束作用

四、专业思政建设的方案——以南京审计大学为例

借鉴其高校思政教育工作的有益经验,结合自身的教学特色与成果,笔者认为,法学专业思政建设的基本思路为:以教师团队建设为前提,以课程思政建设为基础,以实践思政建设为重要环节,完善以推动和保障专业思政建设为目标的管理制度体系,将思政教育融入法学专业人才培养全过程,打造“从课内到课外,从校内到校外”全方位、立体化的专业思政体系,形成高校专业思政品牌。

思政教育工作的建设内容和基本原则,体现了思政教育工作是一项全员、全过程、全方位的系统工程,需要在具体实施中既关注全面建设、稳固大局,又要重点突出、特色明确。南京审计大学(以下简称南审)法学专业的思政教育工作是基于统筹兼顾的基础上,多维度、多形式开展的建设落实工作。

(一)校内

1. 课内——课程思政

构建专业课程思政体系,必须紧扣时代发展的需要,掌握学校办学特色与

---

[1] 朱强、谢丽萍、朱阳生:《财务管理专业“课程思政”的理论认识与实践路径》,载《学校党建与思想教育》2019 年第 6 期。

专业优势，充分挖掘课程本身的思政资源，思政教育贴近生活，才能引导学生的思考和参与，激发学生的兴趣和热情。[1] 南审法学一级学科是学校硕士单位建设的支撑学科和学校重点学科，围绕法学理论、宪法学与行政法学、经济法学、刑法学4个二级学科凝练整合出4个建设方向，审计法研究作为学校特色更是当之无愧的行业翘楚。南审法学专业课程思政工作的开展，离不开对专业主干课和特色专业课的进一步打磨，使其专业属性和政治属性都得到进一步提升，变成南审法学专业的“金字招牌”。

在课内方面，南审法学院课程思政教育工作应以“金课”[2]建设为抓手，在专业基础课、专业主干课、特色专业课中融入课程思政内容，发表系列课程思政论文；打造3~5门有特色的国家级金课，由领导班子负责指挥教育教学工作，协调和组织各方面的力量。目前拟建设以刘旺洪校长为负责人的审计法、秦国荣书记负责的经济法、刘爱龙院长负责的法理学、程乃胜主任负责的宪法学和汪自成教授负责的行政法与行政诉讼法学等多项金课课程，提升金课的创新性与挑战性，打造南审法学思政教育的品牌特色。

2. 课外——活动思政

南审的学生活动丰富多彩，有民乐团、声乐团等艺术活动，诗社、汉服俱乐部等文化活动，跆拳道、空手道等体育活动，还有讲座、沙龙等专业活动。学生活动反映了学生的兴趣之所在，让学生在课堂之外找到另一片自我教育、自我提高的天空。以校内活动为契机，将思政教育融入多样化的课外活动中，并形成系列专业思政活动成果，是一个很好的与时俱进的思政教育途径。

南审法学院设置了一些面向不同对象的课外活动，让师生有进一步沟通的渠道和平台，使学生在提升专业水平的同时接受思想道德的洗礼。例如，面向青年教师和学生开展的法学沙龙，让师生有机会紧追时事热点，讨论前沿问题；面向青年博士和学生开展的法学博士论坛，让师生在激烈的头脑风暴中碰撞出思想的火花，绽放思想的光芒；而专为法学院教师和学生创办的《南审法苑》（专业思政专刊），更是提供了牢固先进思想、巩固教育成果的平台，让师生的思政教育工作成果可以以专刊形式展现，也可以为思政教育工作提供整理和反馈的一手资料。

（二）校外——实践思政

各大高校目前主要从以下方面开展社会实践活动：一是专业提升类，如专

---

[1] 张俊玲：《将“课程思政”理念基因式融入专业课堂教学的探索》，载《教育教学论坛》2018年第46期。

[2] 各高校要全面梳理各门课程的教学内容，淘汰“水课”，打造“金课”，提高课程教学质量。参见教育部《关于狠抓新时代全国高等学校本科教育工作会议精神落实的通知》，2018年8月。

业实习基地、实验操作基地、产学研联动基地等;二是素质拓展类,如文体活动、学科竞赛等;三是社会体验类,如勤工俭学、创业实践、志愿服务等。有的实践活动已经走出了一些思政教育的成功路子,使学生在实践中了解社会、服务社会,收到了很好的社会效果。但是总体而言,实践思政的融合度还不够高,需要通过研究专业教育与思政教育的结合方式,逐步探索出创新、灵活、多层面的实践思政模式,形成"课程思政—活动思政—实践思政"的良性循环,构建高校思政教育实践教学的长效工作机制。

在实践活动的选择上,南审法学院以省级实践示范中心为平台,将思政教育融入学生校外实践和社会服务中,与实践基地共建合作,实现"教师—学生—社会"的专业思政传导,打造1~2门专业思政实践金课和1~2项专业思政品牌活动。与南京大屠杀纪念馆合作的"模拟东京审判"活动,每年都是社会与其他院校关注的焦点,使学生能以史为鉴、以史明志,打响了南审法学专业思政的首个品牌。与江苏省司法厅合作的法律诊所,仿照美国法学院学生"诊断"法律实务问题并处理的过程,使学生加强对法学理论的研究和理解,培养学生的法律职业技能和职业道德意识,实现法学理论与法律实践的统一。由青年教授领头的宪法宣传和实习基地活动,让学生走出学校,探索社会,培养脚踏实地的实干精神和解决问题的团队协作能够力。

为了培养符合时代要求的、德法兼备的法律人才,将思政教育融入法学专业人才培养是新时代思政教育展现新气象、新作为的必由之路。在教学方式、管理制度、实践活动上进行适当创新,也是增强思政教育工作的有效性和灵活性的必然选择。

法学专业线上线下混合式“金课”建设的内涵解读与特征阐释研究*

周德军　方晓霞　沈　洁**
（江苏大学法学院）

摘　要：课堂教学历来是人才培养的核心和关键。优质课程的有效供给，是高等教育人才培养的重要保障。消灭“水课”，建设“金课”是新时代我国高等教育改革的重要内容，必将对我国高等教育人才培养产生重要而深远的影响。“金课”建设的提出是当前高等教育课堂教学改革的重要突破，在高等教育不同专业人才培养中具有不同的内涵和具体要求。基于新时代卓越法治人才教育培养计划 2.0，对法学专业线上线下混合式“金课”建设的内涵进行解读并阐释其特征，对于有效提升高等教育法学人才培养质量，为社会培养优质的新时代法治人才，具有积极的现实意义。

关键词：线上线下　混合式“金课”　内涵解读　特征阐释

全面依法治国战略的积极推进，需要大量的法治人才，为新时代全面依法治国战略的推进和实现提供优质法治人才的有效供给，是高等学校法学专业人才培养的重要目标和根本任务。随着新时代信息技术在教育教学方面的广泛应用，法学专业的在线开放课程不仅改变了传统的教学方法与教学手段，还最大限度地实现了优质课程资源和个性化学习的普及与推广。[1] 2018 年 6 月 21 日，教育部部长陈宝生在新时代全国高等学校本科教育工作会议上第一次

* 基金项目：2019 年江苏省高等教育教改研究立项课题“基于卓越法治人才教育培养计划 2.0 的法学专业线上线下混合式‘金课’建设理论与实践研究”（项目编号：2019JSJG324）；江苏大学 2019 年高等教育教改研究课题“基于卓越法治人才教育培养计划 2.0 的法学专业线上线下混合式‘金课’建设理论与实践研究”（项目编号：2019JGZZ009）；2019 年江苏省研究生教育教学改革课题“新时代高校研究生教育内涵式发展的机制构建与模式创新”（JGLX19_177）阶段性成果。

** 周德军，江苏大学法学实践教学协同创新中心副教授，硕士研究生导师；方晓霞，江苏大学法学院副院长，法学实践教学协同创新中心副教授，硕士；沈洁，江苏大学法学院讲师。

〔1〕 金楠、阮志鹏、林琦：《依托线上线下混合式“金课”的课堂教学模式研究与实践》，载《中国现代教育装备》2019 年第 17 期。

提出真正把"水课"转变成有深度、有难度、有挑战度的"金课"。随即在当年的8月,教育部专门印发了《关于狠抓新时代全国高等学校本科教育工作会议精神落实的通知》(教高函〔2018〕8号)提出,"各高校要全面梳理各门课程的教学内容,淘汰'水课'、打造'金课',合理提升学业挑战度、增加课程难度、拓展课程深度,切实提高课程教学质量"。"金课"打造的真正目的是提高本科人才培养质量,实现学生更好发展,从而实现高等教育强国的伟大梦想。当前,"金课"和"水课"已经成为高等教育领域的两个热词,深受高教战线和社会媒体关注。将"金课"概念引入法学专业课程建设,是新时代法科人才培养的必然选择。创新教育理念,拓展育人思维,运用科技手段,丰富教学内容,推进高校法学专业线上线下混合式"金课"建设,具有积极的理论价值和实践意义。

一、法学专业线上线下混合式"金课"建设的内涵解读

"以本为本植根课程——一流本科教育与一流课程建设"的内涵之一是建设中国"金课"。自从教育部提出淘汰"水课"、打造"金课"要求以来,全国高校积极响应。但对什么是"金课"、什么是"水课"理解不一,在执行过程中也出现了一些偏差,主要表现在重治理、轻培育。〔1〕 课堂教学是"金课"的主阵地、主渠道、主战场。而对于线上线下混合式"金课"的确切内涵,则尚未出现统一的界定。现有的关于"金课"的权威表述,主要都是基于教育部吴岩司长的讲话。

一般认为,所谓的线上线下混合式"金课",是指在人才培养过程中综合运用优质的线上教学资源和线下课堂教学,坚持高阶性、创新性、挑战度的课程建设标准的优质课程。我们认为,法学专业线上线下混合式"金课"建设,是指基于新时代法治人才教育培养2.0视野下,高校在法学专业教学过程中综合运用线上网络教学平台、教学资源和传统课堂教学优质供给,注重法科学生知识能力素质的有机融合、培养学生解决复杂问题的综合能力和高级思维"高阶性";课程内容反映前沿性和时代性,教学形式呈现先进性和互动性,学习结果具有探究性和个性化的"创新性";课程教学内容有一定难度,需要"跳一跳"才能够得着、老师备课和学生课下有较高要求的"挑战度"的新时代法学专业课程教学活动的总称。〔2〕 法学专业线上线下混合式"金课"建设不是单一的教学模式改革或创新,而是高校在法学专业人才培养过程中,综合运用混合线上线下教

〔1〕 王竹立:《论信息时代的"金课"》,载《煤炭高等教育》2019年第3期。
〔2〕 吴岩:《建设中国"金课"》,载《中国大学教学》2018年第12期。

学方式手段的多元化教学探索；法学专业线上线下混合式“金课”建设和推进也不是某个高校单个教师就能任意开展，而必须依托教学团队、综合社会资源和高校联合、校内网络平台建设和课堂质量建设为一体的整体教学改革。

二、法学专业线上线下混合式“金课”建设的特征阐释

何为“金课”？可以认为是高质量课程的统称。这里所指的“课程”，总体而言还是以课堂为核心，涉及课堂内外、课程始终、师生角色、考核评价。[1] 对于什么是“金课”？吴岩司长将其归结为“两性一度”：即高阶性、创新性和挑战度。这是官方对“金课”概念的和特征的明确界定，理应适用于高等教育的所有学科“金课”建设。具体到法学专业线上线下混合式“金课”建设，我们认为其主要具有以下特征：

（一）时代性

法学专业线上线下混合式“金课”建设的基础特征在于时代性。线上教学与线下教学理念的提出是“互联网 +”信息化背景下的新生事物，是新时代高等教育发展的现实背景。具体来说，法学专业线上线下混合式“金课”建设的时代性主要表现在两个层面，其一，法治人才教育培养 2.0 的时代背景是推进法学专业线上线下混合式“金课”建设的现实需求。随着中国社会经济发展进入了新时代，社会对法治人才的需求越发多样化和优质化，传统的法学教育人才培养不能适应现实的需求；其二，当前高校法学教育的对象已经从“80 后”、“90 后”过渡到“00 后”，伴随着电子信息产品长大的一代对信息网络化教学更加适应，对碎片化学习理念和 MOOC 学习工具的理解和领会无处不体现了当前我国高等教育人才培养的时代性。法学专业线上线下混合式“金课”建设也充分体现了这一基础特征，课程教学内容具有更强的时代性和丰富性，课程教学设计更适合学生的学习需要和特点。

（二）信息化

法学专业线上线下混合式“金课”建设的关键特征在于信息化。信息化教学就是在信息化环境中，教育者与学习者借助现代教育媒体、教育信息资源和教育技术方法进行的双边活动，教学改革的推进必须以信息技术为支撑。法学专业线上线下混合式“金课”教学资源的制作、供给、运用、传播，都必须给予信息化的手段和平台；法学专业线上线下混合式“金课”的开发和运用不再局限于某一所高校的具体一间教室，而是穿越时空的“无线”，通过学生的手机、平

---

[1] 陆国栋：《治理“水课”打造“金课”》，载《中国大学教学》2018 年第 9 期。

板等信息终端工具完成教学和学习的创新模式。法学专业线上线下混合式"金课"建设必须依赖于智慧教学平台,这是传统教学无法比拟的。在混合式"金课"建设和教学运行过程中,教师角色、教学模式、评估模式等都必须借助信息化的手段展现或者实施。

(三)创新性

法学专业线上线下混合式"金课"建设的本质特征在于创新性。无论是时代的发展、社会的进步还是教学对象的代际演化,都要求高校教师不断改革创新,在提升教学质量方面下功夫,见实效。法学专业线上线下混合式"金课"建设是当前我国高校"金课"建设的重要组成部分,是高等教育法治人才培养的重要创新和探索,旨在通过人才教育培养环节的创新和实践,提升法治人才的育人质量。这不仅是社会发展的必然需求,同时也是法治人才成长的自身要求。法学专业线上线下混合式"金课"建设注重理论与实践相结合,综合运用线上线下教学手段的优势,注重个性化人才培养,以差异化人才培养理念为指引,课堂教学综合信息技术和灵性互动,有效激发学生的学习兴趣,提升学生的理论水平和实践能力。

(四)多元化

法学专业线上线下混合式"金课"建设的形式特征在于多元化。混合式教学的多元化不仅表现为教学手段的多元化、教学工具的多元化,同时也表现为教学理念的多元化、教学效果的多元化。混合式教学可以突破纸上谈兵的"瓶颈",立足线上理论课程、线下重点教学和课外实践环节:线上课程在于时间灵活性和知识碎片化管理,从而调动学生学习知识的自主性;线下课程则在线上学习的基础上引导帮助学生内化和强化重难点;教学实践环节贯穿其中,培养学生把理论知识和实践操作相融合的能力。法学专业线上线下混合式"金课"建设将有效结合法学专业理论教学和实践教学,注重高阶课堂、对话课堂、开放课堂、知行合一、学思结合,[1]充分激发法学科班学生的学习热情,有效提升法学专业学生人才培养质量。此外,科学合理的评价体系既是"金课"建设的重要组成部分,也是提高人才培养质量的基本保证。[2] 基于法学专业线上线下混合式"金课"建设多元化的属性,对高校法学教师教学能力的多样性带来了更多的挑战。

[1] 李志义:《"水课"与"金课"之我见》,载《中国大学教学》2018年第12期。

[2] 陈翔、韩响玲、王洋、张鸿雁:《课程教学质量评价体系重构与"金课"建设》,载《中国大学教学》2019年第5期。

三、法学专业线上线下混合式“金课”建设的现实困境

教育教学是高校的基本功能,教育教学的主阵地是课堂教学。[1] 线上线下混合式“金课”建设不仅对教师的专业能力、教学水平提出了更高的要求,尤其对教师的信息化能力的要求,是目前对高校教师的重要考验。调研认为,法学专业线上线下混合式“金课”面临着如下的现实困境和问题主要体现在以下几个方面:

(一)线上资源建设资源供给不足

法学专业线上线下混合式“金课”建设重要层面之一是线上教学,而线上教学资源的优质供给和有效供给是线上教学质量的根本保障。我国目前地方高校的信息网络化水平参差不齐,一些高校校园网的基本流畅性都很难得以保障。线上网络学习资源的建设和运行需要大量的人力和财力成本维系,在目前地方高校教育课堂教学投入普遍较低的情况下,法学专业线上线下混合式“金课”线上资源很难得到有效保障。此外,为了防止学生沉迷于网络,高校在学生网络使用管理方面亦出台了很多针对性的措施,学生在校期间利用网络受到诸多制约。以上限制因素,严重阻碍了法学专业线上线下混合式“金课”建设的线上建设实施。

(二)线下课堂教学模式创新不足

究竟应该如何开展推进法学专业的线下课堂教学,这是传统的教育教学改革研究的问题。法学专业线上线下混合式“金课”建设需要突破传统,但是具体如何做,显然没有一个统一的尺度和标准,需要高校法学教师在教学实践中不断的摸索,既要运用创新的形式,又不能流于形式;既要考虑的学生就业,又不能只考虑“法考”本身。法学专业教学实际线下教学目前的普遍做法是将传统的教师黑板板书通过 PPT 的形式展示,其本质并未发生实质变化,除了展示板书的形式发生变化,并没有多少实质性的创新。法学专业线上线下混合式“金课”建设的线下层面创新变革不足,缺少突破性的教学改革。教师对法学专业线上线下混合式“金课”建设理念掌握不充分无法在实践中灵活运用。

(三)传统课程教学优势发挥不足

线下教学是法学专业线上线下混合式“金课”建设的必不可少的组成部分,最终线上教学效果的实现和教学目标的完成仍然要通过线下教学环节来进行检测和体现。法学专业课程建设和其他专业课程比较,具有很强的专业特

---

[1] 陈光磊:《论“金课”的层面与维度》,载《临沂大学学报》2019 年第 3 期。

色,尤其是法学专业理论教学,是不可能脱离传统的理论教学要求,一味的追求形式上的创新只会使法学理论教学是去应有的方向。法学专业线上线下混合式“金课”建设不应只重视线上资源和课程开发,其根本仍然应着眼于线下课程教学,将教师的传统课堂教学能力提升作为法学专业线上线下混合式“金课”建设的根本。

(四)现代信息网络教学能力不足

法学专业线上线下混合式“金课”建设的关键在于人,而高校法学教师作为高等教育法治人才培养的主导,其现代信息网络教学能力直接影响着法学专业线上线下混合式“金课”建设目标的实现与作用的发挥。现在高校法学教师的主要教学力量和教学群体以“70 后”、“80 后”为主,教授则集中在“60 后”,这一群体对法学教学中的信息网络的基本运用没有问题,但是如何体现出线上教学的优势和水平,则是对教师的现代信息网络教学能力的严峻考验。制作运用 PPT 和播放视频已经属于教师职业技能的最基本要求,法学专业线上线下混合式“金课”建设如何解决教师的信息网络教学能力问题,是现实的困境和难点。

四、法学专业线上线下混合式“金课”建设的路径探讨

由上述论述可以看出,目前究竟何为线上线下混合式“金课”其实并没有统一的确切的概念,是我们高校教师在教学实践中不断发展完善和充实的新生事物。如何切实有效的开展线上线下混合式“金课”,不同的院校、不同的专业、不同的教学对象都需要因时制宜、因时制宜、因人制宜。“金课”不仅要实现目标层面、人格层面、价值观层面的要求,还要在课程体系的基础上实现为学生构建能力导向、广博精专的知识结构,是突出创新创造、理实一体的实践教学。[1] 具体到高校法学院专业人才培养过程中的线上线下混合式“金课”建设而言,必须紧密结合新时代法治社会人才需求的现实考量,提出有针对性的对策思路,切实提高新时代法治人才 2.0 培养质量,服务于全面依法治国战略的实现。

(一)加强线上“金课”建设,保障线上资源建设资源供给

法学专业线上教学不仅仅是在传统法学课堂教学的基础上对教学媒体和手段的改变,而且是以现代信息技术为基础的整体的教学体系的一系列的改革和变化,其前提和基础是信息网络资源的优质供给和有效供给。教师基于现有的资源才能组织专业可能的线上教学,学生基于丰富资源才能有效地开展具体

---

〔1〕 陈光磊:《论“金课”的层面与维度》,载《临沂大学学报》2019 年第 3 期。

的学习，离开了具体的网络资源，一切都是无缘之木。为确保法学专业线上线下混合式“金课”建设的有效实现，必须打造系统的优质的线上教学资源库。在信息爆炸的现今社会，单个教师很难完成大量的课程教学资源的建设，因此，组建专业课程组进行课程的线上资源库建设，是一项有益的举措。由于资源库的建设需要大量的人力物力财力的投入。高校在推进法学专业线上线下混合式“金课”建设过程中，必须以团队建设的方式，保障教师教学理念的完美实现，通过加大资金投入，完善团队平台，持续监督跟进，实现法学专业课程的线上资源库建设的人力资本供给和运行人力资本保障。

（二）强化线下“金课”建设，推进线下课堂教学模式创新

线下教学活动的有效组织是法学专业线上线下混合式“金课”建设的重要内容。推进法学专业线上线下混合式“金课”建设，其关键在于激发学生的学习兴趣，提升学生的学习热情，而单一的网络学习很难实现线下教学的师生情感互动，保障即时交流的通畅。无论是 MOOC 教学还是翻转课堂，在线学习的内容和效果归根结底还是要通过线下的教学互动才能得以完美的互动和检验。推进线下课堂教学模式创新时候法学专业线上线下混合式“金课”建设不可或缺的重要组成部分。在现有教学环境和线下教学资源供给的实际现状下，加强以案例教学法为主要教学方式的法学专业线下教学，从改革教学内容、教学方法和教学评价等多重视角进行创新改革，[1] 是地方院校提升法科学生实践应用能力的重要教学模式，要充分运用现有网络资源创新案例教学的实践方式，加强师生互动，提升教学效果。“金课”的本质是优质课程的有效供给，不仅注重课程内容的优质供给，而且应包括课程教学环节的优质供给，即课程考核环节的有效设计和课程教学环节的有效组织，此外还应包括课程教学活动的有效反思。通过多个周期的循环改进与不断完善，才能有效实现“金课”含“金”量的不断提升，真正成为受学生欢迎的优质课程。

（三）重视传统“金课”建设，坚守理论课程教学优势发挥

建设中国“金课”是新时代高校教育改革重要主题，法学教育与人才培养的根本在于人才法学素养的养成的法律职业能力的获取。法学素养的养成和法治思维的提升是要在长期理论学习过程中不断积累和沉淀的。法学专业线上线下混合式“金课”建设是着眼于法治人才综合素质提升的重要教学手段的人才培养模式创新。法学专业传统课堂教学为法科学生的成长和成才提供了重要的土壤和环境氛围。加强法学专业线上线下混合式“金课”建设，必须坚守法学理论课程的传统课堂教学方式手段的运用，重视传统“金课”建设。鼓

---

〔1〕 李志义：《“水课”与“金课”之我见》，载《中国大学教学》2018 年第 12 期。

励教师在法学专业线上线下混合式“金课”建设的线下课堂教学过程中不仅聚焦“金课”,更应回归课堂,将线下课堂教学作为教育培养学生的核心环节,有效提升人才培养过程中的互动式教学、案例教学、小组式教学等不同的教学方式的有益探索,其实提高学生的理论素养和实践能力。我们认为,对于法学专业人才培养而言,传统理论课程教学仍然具有不可替代的作用,教师真是用自己的言传身教,用自己健全的人格影响着法科生的成长,最终为社会培养出杰出的法治人才。这是线上网络教学资源无法替代的人格的独特的魅力之所在。需要思考的问题是如何在“金课”建设的理论教学环节,深入挖掘专业理论教师的人格魅力,更好地发挥传统理论教学的优势。

(四)提升建设“金课”水平,提升现代信息网络教学能力

教育大计,教师为本。有好的教师,才有好的教育。法学专业线上线下混合式“金课”建设的改革创新其根本在教师的“金课”建设能力和运用能力,加强教师现代网络教学能力提升,是“金课”建设的重要人力资源保障。无论是线上还是线下教学资源的建设和实际运用,都必须依靠优质的教师资源。法学专业线上线下混合式“金课”建设不仅要重视教学内容建设、更要重视人力资本建设。法学教师担负着为社会培养法治人才的时代重任,肩负时代的使命感和职业尊荣感,只有热爱法学教育职业、投身法学教育职业,将法治人才培养作为自己的事业,才能切实提升我国高校法治人才培养教师队伍的整体水平。高校不仅要提高法学专业线上线下混合式“金课”建设经费投入水平,同时也应注重对法学教师人才队伍建设的投入和支持,加强教师队伍建设,提升教师教学质量水平。在当前信息网络技术普遍运用于教学的大背景下,学校和学院应积极采取切实有效的培训措施,提升教师的在线教学水平,是新时代高校教师教学胜任力的必然要求。在深入剖析、反思传统高校法学课程教学质量评价体系特别是过分强调定量评价等现状弊端的基础上,立足新时代法治人才培养的现实需求,从总体设计、实施过程、计算办法和评价结果运用等方面对高校教师教学能力提出了重构定量与定性有机结合的高校课程教学质量评价体系,亦是提升法学“金课”建设水平的重要内容。[1]

五、结　　语

法学专业线上线下混合式“金课”建设是高校法学专业人才教育培养的重要创新和积极探索,是高校法学人才模式应对卓越法治人才教育培养计划2.0的积极应对。考虑教学对象的变化,信息时代的背景,移动通信手段的广泛应

[1] 陈翔、韩响玲、王洋、张鸿雁:《课程教学质量评价体系重构与“金课”建设》,载《中国大学教学》2019年第5期。

用,线上教学已经势不可当;在积极应对信息网络时代给高等教育法治人才培养带来的机遇和挑战的同时,我们应该不忘初心,聚焦专业特色,不是一味地跟风和盲动,不仅要打造法学课程的线上“金课”,更要坚守法学课程线下“金课”,治理“水课”、打造“金课”必须实现教师为中心到学生为中心、考试为中心到学习为中心、学科为中心到专业为中心的转变,[1]充分发挥法学专业理论课程线上线下教学的综合优势,打造线上线下混合式“金课”,培养新时代卓越法治人才。

〔1〕 陆国栋:《治理“水课”打造“金课”》,载《中国大学教学》2018年第9期。

后　记

《新时代卓越法治人才培养与法学教育创新》是《法学教育评论》第四辑，同时也是江苏省法学会法学教育研究会2019年年会的研讨成果。此次年会以“新时代卓越法治人才培养与法学教育创新”为主题，来自江苏省内各大高校法学院系的70余名专家学者会聚江苏师范大学，共同探讨了卓越法治人才2.0背景下法学人才培养的模式创新、一流法学专业建设目标及路径、高校与实务部门联合培养法治人才的体制机制、法律职业伦理教育的模式创新、现代信息技术与法学教育、卓越法治人才培养标准、法学课程体系优化等主题，展示与交流了法学教育领域最新的研究成果。

值此文集出版之际，感谢江苏省法学会、南京师范大学法学院一直以来对于江苏省法学会法学教育研究会的支持，感谢江苏省内各个法学院系对于法学教育理论研究的热情投入，感谢江苏师范大学法学院承办江苏省法学会法学教育研究会2019年年会并为研究成果的出版工作所做的努力，同时也感谢法律出版社对江苏省法学会法学教育研究会年会论文成果出版工作的持续支持。希望我们以《法学教育评论》的出版为契机，搭建法学教育研究的理论展示平台、实践交流机制，凝聚共识，努力培养卓越法治人才，为我国法学教育事业的发展贡献力量。

编者

2020年9月

图书在版编目(CIP)数据

法学教育评论. 第四辑 / 夏锦文主编. -- 北京 : 法律出版社, 2020
ISBN 978-7-5197-4845-6

Ⅰ. ①法… Ⅱ. ①夏… Ⅲ. ①法学教育-研究 Ⅳ. ①D90

中国版本图书馆CIP数据核字(2020)第147180号

法学教育评论(第四辑)
——新时代卓越法治人才培养与法学教育创新
FAXUE JIAOYU PINGLUN (DI-SI JI)
—XINSHIDAI ZHUOYUE FAZHI RENCAI PEIYANG YU FAXUE JIAOYU CHUANGXIN

夏锦文 主编

策划编辑 肖 越
责任编辑 肖 越
装帧设计 鲍龙卉

出版 法律出版社
总发行 中国法律图书有限公司
经销 新华书店
印刷 北京虎彩文化传播有限公司
责任校对 李景美
责任印制 胡晓雅

编辑统筹 法商出版分社
开本 710毫米×1000毫米 1/16
印张 17.75
字数 308千
版本 2020年9月第1版
印次 2020年9月第1次印刷

法律出版社/北京市丰台区莲花池西里7号(100073)
网址/www.lawpress.com.cn
投稿邮箱/info@lawpress.com.cn
举报维权邮箱/jbwq@lawpress.com.cn
销售热线/400-660-8393
咨询电话/010-63939796

中国法律图书有限公司/北京市丰台区莲花池西里7号(100073)
全国各地中法图分、子公司销售电话:
统一销售客服/400-660-8393/6393
第一法律书店/010-83938432/8433 西安分公司/029-85330678 重庆分公司/023-67453036
上海分公司/021-62071639/1636 深圳分公司/0755-83072995

书号:ISBN 978-7-5197-4845-6 **定价**:78.00元
(如有缺页或倒装,中国法律图书有限公司负责退换)